Marianne und Wolfgang Peuster

W0189215

Gott spricht in meinen Tag hinein

Prophetische Bilder, Träume, Visionen – ein Leitfaden für den Alltag

GGE verlag

Geistliche Gemeinde-Erneuerung
in der Evangelischen Kirche

Impressum

Marianne und Wolfgang Peuster
Gott spricht in meinen Tag hinein.
Prophetische Bilder, Träume, Visionen – ein Leitfaden für den Alltag
5. Auflage 2014

Soweit nicht anders angegeben, wurden die Bibeltexte entnommen aus:
Neues Leben. Die Bibel, Hänssler Verlag, Holzgerlingen, 2. Auflage 2006

© GGE-Verlag
Arbeitskreis für Geistliche Gemeinde-Erneuerung in der Evangelischen Kirche e.V.,
Schlesierplatz 16, 34346 Hann. Münden, www.gge-deutschland.de, www.gge-verlag.de

ISBN 978-3-9812055-1-0

Satz und Gestaltung:
Katja Gustafsson, www.kulturlandschaften.com
Titelbild: mi.la/photocase.com

Druck: Gustav Winter, Druckerei und Verlagsgesellschaft mbH

Inhalt

Geleitwort

„Eigentlich habe ich das Buch nur aus Höflichkeit gekauft, weil nach Ihrer Predigt darauf hingewiesen wurde. Aus Neugier habe ich es dann doch gelesen und bin so froh darüber, weil ich jetzt meine eigenen Erlebnisse mit Gott viel besser einordnen kann." – „Ich bekam euer Buch geschenkt und wollte vor dem Einschlafen noch ein wenig darin lesen. Dann war ich aber so fasziniert, dass ich die ganze Nacht weitergelesen habe – bis zum Schluss." – „Das Buch ist ja spannend wie ein Krimi!" meinte kürzlich eine Leserin und lud uns ein, im Rahmen eines Seminars über das Hören von Gottes Stimme mehr zu berichten.

Eine kleine Auswahl von Reaktionen auf das Buch, das Sie gerade in Ihren Händen halten. Prophetie im Alltag ist aktueller denn je, und so war es auch aus Sicht des Verlages unumgänglich, eine gründliche Überarbeitung und praxisgerechte Ergänzung der Erstauflage von 2008 vorzunehmen, was mit der dritten Auflage 2012 geschah. Zwei Jahre später haben Sie jetzt die fünfte Auflage vor sich liegen – die Sehnsucht nach der persönlichen Gottesbegegnung und der Wunsch, seine Stimme zu hören, scheinen ungebrochen.

Im August 2011 träumte Marianne innerhalb weniger Tage dreimal den gleichen Traum: „Mein Mann Wolly ist in Lebensgefahr; er stirbt, und dann bin ich Witwe." Wie üblich sprachen wir beim Frühstück über diese Träume, und nachdem wir beide jetzt 40 Jahre verheiratet sind und Marianne mir in den vergangenen Jahrzehnten eine Vielzahl prophetischer Träume erzählt hatte, die tatsächlich eingetroffen sind, konnte ich diese aktuellen Träume nicht einfach als Urängste einer besorgten Ehefrau beiseiteschieben. In gemeinsamen Gebeten hatten wir den Eindruck, es handelte sich um von Gott gegebene Warnträume, die nicht mein geistliches, sondern mein körperliches Leben betreffen. Der Umstand, dass diese Warnung in drei Träumen kurz hintereinander auftauchte, schien uns ein Zeichen besonderer Dringlichkeit zu sein[1], so dass wir umgehend handelten. Regelmäßige Vorsorgeuntersuchungen waren bisher ohne Befund geblieben, doch was ich noch nie gemacht und auch wegen meiner sportlichen Betätigung nicht als notwendig angesehen hatte, war eine gründliche Überprüfung meines Herzens. Abgesehen von kleineren Verschleißerscheinungen hielt ich mich für rundum gesund – bis Marianne diese Warnträume hatte.

Eine Woche später ergab die Computertomographie: meine Herzkranzgefäße waren

[1] vgl. 1. Mose 41,32

so stark verkalkt, dass ich unmittelbar vor einem Herzinfarkt stand. So lag ich Ende August 2011 in der Herzklinik und konnte auf einem großen Monitor die Coronarangiographie mitverfolgen. Glücklicherweise war eine Bypass-Operation noch nicht erforderlich, doch seitdem nehme ich Medikamente und stellte meine Ernährung um. Zum Jahresende 2011 ging ich in den Ruhestand, wodurch ein Großteil an Stress aus meinem Leben verschwand.

Gott spricht auch in meinen Tag hinein – ganz konkret, wofür ich sehr dankbar bin. Doch nicht immer ist das Reden Gottes so klar und das Reagieren darauf so leicht wie in meinem eben geschilderten Erlebnis. Viele machen eher die Erfahrung, die Hesekiel, einer der großen Propheten aus dem Alten Testament, so beschrieb: „Ach Herr, mein Gott, sie sagen über mich: Er redet immer nur in Rätseln." [2]

Im Frühsommer 2013 trafen sich unsere Arbeitskreise zum hörenden Gebet. Ein Teilnehmer empfing als inneren Eindruck das Wort „ochi", ohne irgendetwas damit anfangen zu können – er konnte es lediglich buchstabieren. Durch meine Kenntnisse der griechischen Sprache wusste ich, dass die deutsche Übersetzung dieses Wortes „nein" lautet. Zunächst blieb unklar, für wen der rund dreißig Teilnehmer diese Mahnung von Wichtigkeit sein könnte. Erst als im weiteren Verlauf des Abends persönliche Anliegen ausgetauscht wurden und eine Studentin mitteilte, dass sie im Rahmen ihres Arabisch-Studiums einen sechsmonatigen Aufenthalt in Ägypten antreten werde, begann dieses „nein" an Bedeutung zu gewinnen. Im Hinblick auf die sich anbahnende innenpolitische Krise in Ägypten und die Gefahr eines Bürgerkriegs wurde von uns das prophetische Wort als Warnung Gottes verstanden. Nach anfänglichem Zögern machte die Studentin schließlich ihre Reisepläne rückgängig und entschied sich für ein anderes arabisches Land, wo sie eine eindrückliche und gesegnete Zeit erlebte.

Unser Bestreben ist es nach wie vor, Hilfestellung zu geben, wie man mit zunächst unverständlichen prophetischen Eindrücken umgehen kann, um die dahinter stehende Botschaft Gottes herauszufinden; dazu dient besonders das Kapitel „Erfahrungen aus der Praxis". Wir wünschen uns, dass die vorliegende Neuauflage des Buches Ihnen eine praktische Handreichung und Hilfe ist, auf das Reden Gottes in Ihr Leben hinein in der richtigen Weise zu antworten.

Wolfgang Peuster im Herbst 2014

[2] Hes. 21,5

Vorwort zur 3. Auflage

Schon viele Jahre kennen meine Frau Dorothea und ich Marianne und Wolfgang Peuster. Wir haben sie in Seminaren und durch persönliche Begegnungen sehr schätzen gelernt. Ein Markenzeichen ihres gemeinsamen Dienstes ist die starke Alltagsnähe, die in ihren Referaten und Seminaren und auch in diesem Buch immer wieder deutlich wird.

Auch die Erweiterungen der dritten Auflage erwuchsen aus den zahlreichen Begegnungen und Erfahrungen mit Menschen, die sich danach sehnen, dass Gott in ihren Tag hinein spricht. Auch manche Irritation und Verunsicherungen auf diesem Gebiet werden nicht ausgeklammert. Mit viel Kompetenz und Sensibilität versuchen Marianne und Wolfgang Peuster, Antworten und solide Hilfestellungen für den Umgang mit dem prophetischen Reden Gottes im Alltag zu geben.

Mit ihrem Buch liegt ein praxisnahes Arbeitsbuch für die Gemeinde und für die persönliche Beschäftigung mit dem Thema Prophetie vor. Der aufmerksame Leser wird entdecken, dass dieses Buch auch mit „dem Herzen" gelesen werden muss. Dabei wird immer wieder einmal die Frage anklingen: Herr, was willst Du mir sagen?

In Zeiten weltweiter Krisen hat das Buch auch eine gesellschaftliche Komponente. Viele Christen wünschen sich prophetische Wegweisung für ihr Leben, aber auch für die Probleme unserer Zeit. Im Neuen Testamentes genießt die Gabe der Prophetie eine hohe Wertschätzung, aber es wird auch immer wieder betont, wie wichtig eine klare Einbindung dieser Gabe in die Leitungsdienste der Gemeinde ist. Das darf nicht als Einschränkung oder Zurückweisung verstanden werden.Vielmehr ist es der klare Hinweis auf ein dialogisches Miteinander, zu dem apostolische, prophetische und evangelistische Dienste zusammen mit Hirten und Lehrern gerufen sind. Jeder einzelne Dienst bedarf der Ergänzung. Wo das gelebt wird, wächst gegenseitige Wertschätzung und Entscheidungen der Leitung gewinnen an Gewicht.

In diesem Zusammenhang bietet das 7. Kapitel: „Welche Aufgabe hat Prophetie?" eine gute Orientierung. Die Ausführungen mit den Stichworten Auferbauung, Ermutigung, Trost, Warnung, Vorbereitung und Entscheidungshilfe öffnen den Blick für die Anwendung prophetischer Worte in enger Bindung an das biblische Wort.

Mit Kapitel 10: „Treffen alle Prophetien ein?" und Kapitel 11: „Prüfung von Prophet und Prophetie" berührt die Autorin wichtige Punkte, bei denen es leider immer noch viele offene Fragen gibt – besonders angesichts zahlreicher „Prophetien" für Nationen und geistliche Aufbrüche, die nicht eingetroffen sind.

Marianne Peuster scheut sich nicht, die hohe Verantwortung im prophetischen Dienst zu betonen. Damit klingt die seelsorgerliche Seite der Leitungsdienste an, die in Zukunft an Bedeutung gewinnen wird. Denn in allen Denominationen erleben wir Erschütterungen und Zerbruch in Gemeinden. Umso stärker wächst die Sehnsucht nach Wegweisung und Hilfe bei vielen Christen.

Die Güte Gottes ist es, dass er durch sein Wort und das Wirken des Heiligen Geistes Trost, Stärkung und Orientierung schenkt.

Mit einem herzlichen Dank an die Autoren wünsche ich diesem Buch eine große Verbreitung!

Pfr. Dieter Keucher im Dezember 2011
1. Vorsitzender der GGE von 2004 bis 2011

Einführung von Jack Deere

Spricht Gott heute noch zu den Menschen? Aber natürlich! Was können wir denn mit einem schweigenden Gott anfangen? Wenn Gott eine Persönlichkeit ist und nicht nur eine geheimnisvolle Macht, dann muss er sich doch verständlich machen, denn Kommunikation mit anderen ist das wesentliche Merkmal einer Person schlechthin. Als ich siebzehn Jahre alt war, sprach Gott deutlich in mein Leben hinein und bewahrte mich davor, frühzeitig zu sterben. Ich war ein verdorbener und leichtsinniger Teenager, als mir eines Tages ein Freund erzählte, dass Jesus am Kreuz für meine Sünden gestorben wäre. Weiter sagte dieser Freund, dass Jesus mir meine Schuld vergibt und mir ein neues Leben schenkt, wenn ich ihm vertrauen würde. Jesus würde dann in mein Herz kommen und mich nie wieder verlassen, ganz gleich, wie sehr ich ihn in Zukunft auch enttäuschen würde. Diese Worte eines Freundes ließ ich auf mich wirken, und am achtzehnten Dezember 1965 um zwei Uhr morgens hörte ich die Stimme Gottes und er trat in mein Leben. Woher weiß ich, dass es wirklich Gottes Stimme war, die zu mir sprach, und ich nicht nur eine religiöse oder emotionale Erfahrung gemacht hatte? Ich weiß es deshalb, weil mein Leben sich innerhalb eines Augenblicks vollkommen veränderte. Ich spürte einen tiefen Frieden in mir und erfuhr die Liebe Gottes. Plötzlich war ich in der Lage, mit bestimmten Dingen aufzuhören, was mir vorher trotz größter Anstrengungen unmöglich war. Zum ersten Mal in meinem Leben hatte ich den Wunsch, den Menschen, die mich verletzt hatten, zu vergeben, statt es ihnen heimzuzahlen. Es wurde mir wichtig, die Wahrheit zu sagen, selbst wenn ich hinterher mein Ansehen einbüßte. Durch Gott war ein neues Leben in mich hineingekommen und hatte mich zu einem neuen Menschen gemacht.

Mein Freund schenkte mir damals eine Bibel und sagte, das wäre Gottes Wort, und ich sollte jeden Tag darin lesen. Er meinte auch, Gott würde durch die Bibel zu mir reden. So las ich jeden Tag in der Bibel, und mein Freund hatte wirklich Recht: Gott sprach tatsächlich durch die Bibel zu mir. Die Bibel gab meinem Leben einen Sinn, denn ich entdeckte Gottes Stimme in der Bibel, indem sie mir Wegweisung und Hoffnung gab und meinen jungen Glauben wachsen ließ. So wurde ich ein sehr ernsthafter Bibelschüler. Während des ersten Jahres meiner Bibellese wollte ich irgendwann mehr erfahren von den übernatürlichen Erscheinungen, von denen ich las. Ich befragte einen Lehrer über die Wunder der Bibel und was es mit den Träumen und Visionen der Propheten auf sich hätte. Konkret wollte ich wissen, ob wir solche Dinge auch heute noch erwarten dürfen. Seine Antwort war ein klares Nein. „Warum nicht?" bohrte ich weiter. – „Heute haben wir schließlich die Bibel, Gottes vollständiges Wort," meinte er, „und deshalb brauchen wir diese anderen Dinge nicht mehr." Mit dieser Antwort gab ich mich damals zufrieden. Die Bibel hatte mir schon so viel Wertvolles gegeben – warum sollte ich noch mehr verlangen?

Ich besuchte die Universität und machte meinen ersten Abschluss in Philosophie. Einige Studenten verlieren ihren Glauben an Gott, wenn sie Philosophie studieren, doch mein Glaube wurde nur noch stärker. Wissen Sie, es hat schon seinen Grund, dass die Bibel sich besser verkauft als alle philosophischen Bücher, die jemals gedruckt wurden. Sie ist und bleibt ein Bestseller, weil sie dem Leben einen Sinn vermittelt und weil sie den Menschen hilft, den Grund für ihr Dasein zu entdecken. Wer Gott aus seinem Leben ausklammert, findet sich irgendwann in Leere und Verzweiflung wieder. Mein Theologiestudium beendete ich mit der Masterprüfung und erwarb anschließend den Doktortitel. Meine Professoren waren von der Bibel ebenso begeistert wie ich. Auch sie betonten, dass wir die in der Bibel beschriebenen übernatürlichen Erfahrungen nicht mehr bräuchten, da wir ja heute – im Gegensatz zu den Menschen des ersten Jahrhunderts – die vollständige Bibel hätten. Auch erwähnten sie, dass die einzige Art und Weise, wie Gott heute noch zu den Menschen sprechen würde, nur durch die Bibel wäre. Träume und Visionen wären gefährlich, weil der Böse sich dadurch melden würde. Sollte ich versuchen, außerhalb der Bibel Gottes Stimme zu hören, wäre das eine rein subjektive Erfahrung, und solche subjektiven Erfahrungen würden mich von den Wahrheiten der Bibel wegziehen. Meine Lehrer, denen ich völlig vertraute, gaben mir eine ganze Reihe theologischer Argumente, warum Gott außerhalb der Bibel nicht mehr redet. Zur Warnung wiesen sie auf Beispiele in der Kirchengeschichte hin, wo Christen versucht hatten, außerhalb der Bibel Gottes Stimme zu hören, und damit falschen Lehren in die Falle gegangen wären. Schließlich wurde ich Professor für Altes Testament und lehrte Bibelexegese und semitische Sprachen. Meinen Studenten gegenüber wiederholte ich diese Lehren über das Reden Gottes in unserer Zeit, das nur durch die Bibel erfolgt. Allerdings musste ich mir eingestehen, dass ich in der ganzen Bibel nicht eine einzige Textstelle fand, in der klar gestanden hätte, dass Gott zu den Menschen nicht länger auf die Art und Weise reden würde, wie er es in früheren Zeiten getan hatte.

Von 1984 bis 1985 verbrachte ich im Rahmen eines akademischen Sabbatjahres eine wunderschöne Zeit in Freiburg, wo ich in dieselbe Gemeinde ging wie Marianne und Wolly Peuster. Damals glaubte ich noch nicht, dass Gott auch außerhalb der Bibel redet. Marianne dagegen hatte schon frühzeitig Erfahrungen mit inneren Eindrücken und Bildern gemacht, wusste jedoch nicht, wie sie damit umgehen sollte. Nach meiner Rückkehr in die USA entschloss ich mich endlich, nachdem ich bereits zehn Jahre lang als Theologieprofessor unterrichtet hatte, selbst einmal genauer nachzuforschen, wie die Menschen in der Heiligen Schrift Gottes Reden empfangen hatten.

Ich entdeckte ganz unterschiedliche Wege, wie Gott sprach: einmal mit hörbarer Stimme, dann dadurch, dass er vollständige Sätze in die Gedanken eines Menschen legte, ein anderes Mal durch innere Eindrücke, schließlich durch Träume, Visionen, durch ungewöhnliche Erlebnisse, in Begegnungen mit Engeln und auf weitere Arten. Alles das tat Gott im Alten Testament, dann zurzeit Jesu und schließlich auch in den Gemeinden des Neuen Testaments. Dabei sprach er zu den Aposteln und Propheten, aber auch zu ganz gewöhnlichen Christen. Was ich in meinen Studien letztendlich entdeckte, war die biblische Erkenntnis, dass Gott auch heute noch Wunder geschehen lässt und dass er außerhalb der Bibel redet, doch niemals im Widerspruch zu ihr. Die Bibel ermutigt uns regelrecht, dass wir uns nach der Gabe der Prophetie ausstrecken sollen (1. Korinther 14,1) und dass Prophetien ein normaler Bestandteil des neutestamentlichen Gottesdienstes sein sollten (1. Korinther 14,29-33).

Nachdem ich diese Entdeckung gemacht hatte, eröffnete sich mir in meiner Beziehung zu dem Gott der Bibel eine völlig neue Erfahrung des Übernatürlichen. Als ich einige Jahre später im April 1991 im kalifornischen Anaheim mit Marianne und Wolly zusammen saß, hatte ich deshalb auch eine neue Sicht von prophetischer Begabung. Marianne hat zwar nicht ihren Professor in Theologie gemacht, ist aber tief gegründet in der Bibel und verfügt über eine erstaunliche Erkenntnis biblischer Wahrheiten. Im Sommer desselben Jahres bat ich sie auf einer der großen Konferenzen mit John Wimber, uns im Gebetsteam zu unterstützen. Im Hörenden Gebet für Konferenzteilnehmer empfing Marianne von Gott solch zutreffende Offenbarungen, dass Menschen in Tränen ausbrachen und überzeugt waren, dass Gott zu ihnen geredet hatte. Ihr Wachstum in dieser Gabe und ihre weitere Entwicklung beschreibt Marianne sehr anschaulich in dem vor Ihnen liegenden Buch. Auf oft humorvolle Weise zieht sie aus bekannten Bibelstellen erfrischend neue Erkenntnisse und berichtet erstaunliche Begebenheiten von Menschen unserer Zeit, die ebenfalls Gottes Stimme hören. Wesentliche Fragen zum Thema beantwortet sie praktisch und verständlich: Auf welche Weise spricht Gott heutzutage zu uns? Wie kann ich wissen, dass ich Gottes Stimme höre und nicht meine eigene oder die des Feindes? Was kann ich selbst tun, dass Gott auch zu mir spricht? – Es gibt so vieles in diesem Buch, was dem Leser hilft, seine persönliche Beziehung zu Jesus zu vertiefen.

Jetzt kenne ich Marianne und Wolly Peuster schon seit mehr als zwanzig Jahren. Beide sind absolut integer und haben eine große Liebe zu Jesus in ihren Herzen. Es ist mir eine besondere Ehre, die Einführung für so ein wichtiges Buch zu schreiben, und ich empfehle Ihnen dieses Buch ohne jede Einschränkung.

Jack Deere, Doktor der Theologie, Dallas/Texas im November 2008

1. Warum dieses Buch entstand

Es ist gar nicht so leicht, ein Buch zu schreiben, besonders, wenn es das erste ist, das man schreiben soll. Ich bin jemand, der lieber mündlich erzählt, was ihn beschäftigt, was er erlebt und welche Gedanken ihm durch den Kopf gehen. Dazu hatte ich in den vergangenen nunmehr bald zehn Jahren auch manche Gelegenheit, während der ich gemeinsam mit meinem Mann Wolly viele Seminare zum Thema „Gottes Stimme hören" durchgeführt habe. Wolly heißt eigentlich Wolfgang, doch da er seit fast fünfzig Jahren Wolly genannt wird, werden Sie sich an diesen Namen gewöhnen müssen, wenn Sie dieses Buch lesen. Wolly ist viel geübter darin, seine Ideen strukturiert zu Papier zu bringen, und so bin ich ihm dankbar, dass er mir geholfen hat, meine Gedanken und Erfahrungen zu ordnen und so zu formulieren, dass der rote Faden in diesem Buch nicht verloren ging.

Zum Thema Prophetie, Gottes Stimme hören, Hörendes Gebet und Traumdeutung sind in den vergangenen drei Jahrzehnten besonders in christlichen Verlagen etliche Bücher erschienen, die wir zum überwiegenden Teil beide gelesen und – wenn sie entsprechende Ansätze enthielten – für unsere Seminare auch ausgewertet haben. Manche Bücher sind auch weniger hilfreich, lassen brennende Fragen unbeantwortet oder tragen noch mehr zur allgemeinen Verunsicherung bei. Das vorliegende Buch ist als Ergänzung gedacht, als Leitfaden für Gemeinden, Hauskreise, Leitertreffen, Arbeitskreise und ähnliche Gruppen, in denen die biblische Gabe der Prophetie entdeckt wurde und sich weiterentwickelt hat. Zugleich soll das Buch auch eine praktische Handreichung darstellen für den einzelnen Gläubigen, der Erfahrungen mit dem Hörenden Gebet gemacht hat und nun anfängt, innere Bilder zu sehen, Träume zu bekommen, von denen er den Eindruck hat, sie könnten prophetisch sein, also das Reden Gottes enthalten, oder der sogar Visionen empfängt.

Bei unseren Seminaren in zahlreichen Gemeinden in Deutschland, Österreich, Frankreich und Norwegen konnten wir feststellen, dass überall eine große Offenheit für das Wirken des Heiligen Geistes besteht, insbesondere für den Bereich der göttlichen Offenbarung, der die Geistesgaben Prophetie, Worte der Weisheit, Worte der Erkenntnis sowie die Unterscheidung der Geister umfasst. An den Rückfragen der Seminarteilnehmer ließ sich allerdings oft eine gewisse Hilflosigkeit heraushören, wie man das – häufig symbolhafte oder verschlüsselte – Reden Gottes besser verstehen bzw. korrekt auslegen und entsprechend umsetzen könnte. Unter den prophetisch Begabten in den Gemeinden scheinen diejenigen, die über die Fähigkeit verfügen, prophetische

Eindrücke auszulegen, immer noch eine kleine Minderheit zu sein, denn nach wie vor bekommen wir von überall her solche Eindrücke, Bilder und Träume zugeschickt mit der Bitte um Auslegung und Rat für die Anwendung. Aus diesem Grund habe ich mir vorgenommen, eine besondere Betonung auf den Bereich der Auslegung und Anwendung zu legen und auf die sich daraus ergebenden Fragen ausführlich einzugehen. Auch wenn mein Mann Wolly mich mehrfach auf den Grundsatz „Rede ist keine Schreibe!" hingewiesen hat, habe ich nach Möglichkeit meinen Erzählstil beibehalten, wie er mir im Laufe der Jahre durch die Vortragtätigkeit in den Seminaren vertraut geworden ist. Dadurch fällt es mir leichter, meine persönlichen Erlebnisse mit dem Heiligen Geist so natürlich zu berichten, wie sie – oft buchstäblich aus heiterem Himmel – geschehen sind. Daneben werde ich auch Träume und prophetische Eindrücke anderer Menschen schildern, die wir in einem unserer langjährigen prophetischen Arbeitskreise an unserem Wohnort oder im Rahmen eines Seminars besprochen haben, oder die mir mit der Bitte um Auslegungshilfe zugeschickt wurden. Auch wenn das Einverständnis der Betreffenden vorliegt, in diesem Buch auf ihre Erfahrungen einzugehen, sollen die Beteiligten doch anonym bleiben. Mir geht es darum, den Lesern durch möglichst viele konkrete Beispiele eine entsprechende Hilfestellung zu geben; es ist überhaupt nicht mein Anliegen, spektakuläre Prophetien zu verbreiten. Wo es nötig war, habe ich Einzelheiten wie Namen oder Orte verändert, um die Privatsphäre des Einzelnen zu wahren.

Wolly und ich sind immer schon offen gewesen, andere Menschen kennen zu lernen, und irgendwie fiel es uns auch leicht, Beziehungen zu knüpfen und Kontaktnetze herzustellen – vor allem in der christlichen Szene. Nachdem wir 1988 eine Konferenz mit John Wimber, dem Leiter der amerikanischen Vineyard-Bewegung, in Frankfurt besucht hatten, lernten wir ein Jahr später in Bonn einen seiner geistlichen Pioniere aus der gemeinsamen Anfangszeit kennen: Bob Strain und seine Frau Bernie. 1991 begannen die Strains in Washington D.C. eine Vineyard-Gemeinde aufzubauen und luden uns ein, in den USA mehr über diese Gemeindebewegung zu erfahren. Wolly nahm seinen gesamten Jahresurlaub, und so flogen wir sechs Wochen in die USA – nicht nur nach Washington D.C., sondern innerhalb der USA kreuz und quer zu verschiedenen Gemeinden, um direkt vor Ort geistliche Aufbrüche hautnah mitzuerleben.

Im kalifornischen Anaheim vermittelte Bob Strain uns den Kontakt zu John Wimber, und aus unserer ersten Begegnung im April 1991 entstand eine persönliche Freundschaft, die durch weitere Besuche in Kalifornien und Treffen in Deutschland und der Schweiz vertieft wurde. In Kansas City befreundeten wir uns mit Mike und Diane Bickle, und schließlich trafen wir in Anaheim Jack Deere wieder, den wir 1985 während seines einjährigen Studienaufenthalts in meiner Heimatstadt Freiburg im

Breisgau kurz kennengelernt hatten. Diese drei – John Wimber, Mike Bickle und Jack Deere – waren über viele Jahre hochgeschätzte Ansprechpartner für mich, die mir halfen, meine – zwar schon seit vielen Jahren vorhandene – prophetische Begabung richtig einzuordnen, weiter zu entwickeln und zu verfeinern. Jeder dieser drei Männer war ständig umgeben von einem qualifizierten Team prophetisch begabter Mitarbeiter, und der regelmäßige Austausch mit erfahrenen „Propheten" war für mich immer wieder eine große Bereicherung, bei der ich viel lernen konnte. Wenn ich in diesem Zusammenhang von Propheten spreche, meine ich damit nicht die Prophetengestalten des Alten Testaments. Ich übernehme vielmehr die Wortwahl des Neuen Testaments und meine damit Gemeindemitglieder, die über eine besondere prophetische Begabung verfügen, die der Heilige Geist ihnen geschenkt hat. Wenn Sie also beim Weiterlesen bemerken, dass ich hin und wieder von Propheten spreche, dann erinnern Sie sich bitte an diese Definition und ersetzen Sie den Begriff „Propheten" innerlich ruhig durch „prophetisch begabte Mitarbeiter".

Obwohl ich eingangs erwähnt habe, dieses Buch sei als Ergänzung und Leitfaden gedacht, ist mir durchaus bewusst, dass ich nicht erwarten kann, dass der durchschnittliche prophetisch interessierte Leser etliche Bücher zu dem Thema gelesen, entsprechende Konferenzen, Workshops und Seminare besucht, unzählige Audiokassetten gehört und viele ausführliche Gespräche mit Theologen und anderen Fachleuten geführt hat. Das soll auch keine Voraussetzung für dieses Buch sein, zumal es nicht als eine Art theologisches Nachschlagewerk gedacht ist.

Damit aber jeder Leser, der an dem Thema Prophetie interessiert ist, aus diesem Buch einen persönlichen Nutzen ziehen kann, war es unumgänglich, dass ich eine gewisse Grundlehre, eine allgemeine Basis über Wesen und Merkmale der prophetischen Offenbarung zumindest kurz darstelle. Andere Bücher befassen sich ausführlicher damit, und ich verweise deshalb auf das weiterführende Literaturverzeichnis im Anhang. So mag manches gerade in den ersten Kapiteln für einige Leser eine Art Auffrischung und Wiederholung ihres eigenen Wissens sein, doch für die meisten Leser sollte viel Neues, Hilfreiches und durchaus Spannendes zu entdecken sein. Zumindest wünsche ich mir das für Sie und für mich selbst – dann haben sich Aufwand und Mühe gelohnt.

2. Wie ich lernte, richtig zu hören

Ein junger Mann von Anfang zwanzig machte sich auf die Suche nach dem Lebenssinn, doch fand er sich in seiner eher traditionellen Kirchengemeinde, in der er groß geworden war, nicht zurecht. So geriet er in spirituelle Kreise, die scheinbar Interessanteres und Geheimnisvolles anzubieten hatten. Mein Mann Wolly und ich haben lange Zeit intensiv für diesen jungen Mann gebetet, dass er den Weg zum lebendigen Glauben an Jesus Christus findet. Ich war sehr traurig, als sich trotz unserer Gebete alles verschlimmerte, denn der junge Mann fing an, sich mit Gleichaltrigen aus einer gefährlichen Sekte zu treffen. Kurz darauf hatte ich folgenden Traum:

Ich befand mich in einem Haus bei einer größeren Feier und traf dort unter den Gästen diesen jungen Mann. Wir fingen ein Gespräch an, dann wollte er mit mir allein reden und fragte mich, wie er zu Jesus in eine Beziehung kommen könnte. Ich nahm ein bekanntes kleines Büchlein der Studentengruppe Campus für Christus zur Hand, das den Titel „Gott persönlich kennen lernen" trug, und las es mit ihm gemeinsam. Dann bekam ich in dem Traum innerlich die Weisung, mich zu beeilen, weil das Gebet gleich gestört werden würde. In dem Traum tauchte dann plötzlich eine Gestalt auf, die das von ihm gewünschte Gebet verhindern wollte. Soweit dieser Traum. Wolly meinte, der Traum habe eine geistliche Bedeutung, und so begannen wir beide regelmäßig für diesen Traum zu beten, insbesondere dafür, dass der junge Mann sich Jesus anvertrauen kann, ohne dass es verhindert oder behindert wird.

Etwa zwei Wochen später ist dieser Traum exakt eingetroffen. Der junge Mann und ich trafen uns auf einer Feier, wir fingen an, uns zu unterhalten, und schon nach kurzer Zeit waren wir in einem Gespräch über Jesus. Auch die anderen Gäste unterhielten sich, so dass der Lärmpegel recht hoch war. Um unser Gespräch ungestört fortsetzen zu können, gingen wir beide in die Küche, den einzig ruhigen Ort im Haus. Da ich den Traum ernst genommen hatte, wollte ich nicht unvorbereitet sein und hatte seitdem ein Exemplar des Büchleins „Gott persönlich kennen lernen" in meiner Handtasche. Dort in der Küche lasen wir es beide durch und besprachen die einzelnen Schritte, wobei ich – in Erinnerung an die im Traum erhaltene Weisung – das Ganze ziemlich im Schnelldurchgang machte. Anschließend wollte der junge Mann beten und wir knieten uns hin. So übergab er dann im Gebet sein Leben an Jesus. Kaum hatten wir Amen gesagt, ging die Tür auf und die Gestalt aus dem Traum erschien – aber sie war zu spät, um die Entscheidung des jungen Mannes noch verhindern zu können.

In dem vorliegenden Buch geht es um das Hören der Stimme Gottes, entweder für sich selbst oder für andere. Die Bibel spricht in diesem Zusammenhang von Prophetie, einem Wort, das aus der griechischen Sprache stammt. Danach ist ein Prophet jemand, der für einen anderen redet. Der hebräische Ausdruck dafür lautet „Nabi" und hat dieselbe Bedeutung: „Einer, der zum Sprecher gemacht wird". Manche Bibelausgaben vermeiden das Wort Prophetie und übersetzen den griechischen Ausdruck „propheteuo" mit weissagen, einem Wort, das in unserer Sprache außerhalb der Bibel keine große Bedeutung mehr hat.

So ist der Prophet selber nicht die entscheidende Person. Derjenige, der in Wirklichkeit redet und handelt, ist Gott. Gott beschenkt Menschen mit einer prophetischen Begabung, weil er ihnen dadurch bestimmte Informationen weitergeben möchte. Da Sie dieses Buch zur Hand genommen haben, vermute ich einmal, dass Sie entweder schon gewisse Erfahrungen mit dem Reden Gottes gemacht haben oder neugierig sind und sich näher für dieses Thema interessieren. Vielleicht haben Sie auch eine entsprechende Begabung bei sich selbst oder bei anderen Christen entdeckt, vielleicht sind Sie als Leiter oder als Verantwortlicher gelegentlich oder öfter damit befasst, die Äußerungen von prophetisch begabten Menschen anzuhören, zu prüfen und irgendwie zu verarbeiten bzw. umzusetzen. Es könnte sein, dass Sie gewisse Parallelen entdecken, wenn ich Ihnen erzähle, wie es bei mir und meinem Mann Wolly angefangen hat.

Ich bin in einer Gemeinde aufgewachsen, die stark missionarisch-evangelistisch geprägt war. Deshalb bin ich nie auf die Idee gekommen, ein Seminar über das Thema „Hörendes Gebet" oder „Gottes Stimme hören" zu besuchen, geschweige denn für die Gabe der Prophetie zu beten. Im Alter von dreizehn Jahren habe ich im Rahmen einer Evangelisationsveranstaltung ein Gebet gesprochen, mit dem ich Jesus in mein Leben einlud. Gleich danach hatte ich meine ersten Träume und Visionen und keinerlei Vorstellung, was ich damit anfangen sollte. Eine Zeit lang besuchte ich regelmäßig die Veranstaltungen meiner Gemeinde, doch durch meine Entwicklung in der Pubertät und die Hinwendung zu anderen Dingen, die attraktiver waren als die üblichen Veranstaltungen einer traditionellen Kirchengemeinde, habe ich mich dann für viele Jahre von Jesus und der Gemeinde entfernt und mein eigenes Leben gelebt. Mit neunzehn lernte ich den Studenten Wolly kennen, mit einundzwanzig habe ich ihn geheiratet – oder er mich – , und wenige Monate nach unserer Hochzeit habe ich mich erneut Jesus zugewandt und ihm dieses Mal bewusst mein ganzes Leben ausgeliefert. Die Gabe der Prophetie wurde wieder stärker, und in den folgenden Jahren und Jahrzehnten habe ich – in besonders starkem Maße auch von prophetisch ausgerichteten Gemeinden in Amerika – Anleitung, Hilfe und Korrektur bekommen, um richtig mit dieser Gabe umgehen zu können.

Seit dem Jahr 1990 haben mein Mann und ich uns intensiv mit der Gabe der Prophetie befasst. Schon viele Jahre zuvor hatten wir in einem Kreis von Freunden mit Eindrücken, Bildern und Visionen zu tun, hatten aber keine konkrete Ahnung, wie wir damit umgehen sollten. Erst durch die Kontakte zu verschiedenen Gemeinden in den USA bekamen wir einen umfassenden praktischen Einstieg in dieses Thema. Doch bevor ich mich dem praktischen Teil zuwende, möchte ich zunächst ein paar grundlegende biblische Dinge zum Thema Prophetie ansprechen.

Über die erste christliche Gemeinde in der Bibel, die Urgemeinde in Jerusalem, schrieb der Apostel Lukas in der Apostelgeschichte 2,42: „Sie blieben aber beständig in der Lehre der Apostel und in der Gemeinschaft, im Brechen des Brotes und in den Gebeten." Hier werden vier wichtige Merkmale im Leben eines Christen genannt:

- die Lehre der Apostel finden wir in der Bibel, deshalb lesen wir regelmäßig darin.

- die Gemeinschaft bedeutet: Christen treffen sich regelmäßig, einmal in einer kleineren Gruppe (Hauskreis oder Zellgruppe) oder in einem größeren Rahmen, beispielsweise sonntags im Gottesdienst.

- das Brechen des Brotes steht für die Feier des Abendmahls.

- als viertes Merkmal nennt Lukas die Gebete.

Beten bedeutet Reden mit Gott, ein Gespräch führen mit Gott. Ein normales Gespräch zwischen zwei Personen sieht in aller Regel so aus: Der erste redet, und der zweite hört zu. Dann antwortet der zweite, und der erste hört zu. Nur im Gespräch mit Gott, also beim Gebet, halten wir uns nicht an diese Regel. Ich fange an zu reden und erzähle Gott, was mir alles auf dem Herzen liegt und was er bitte alles tun soll. Dann bin ich durch mit meiner Liste und sage Amen. Stellen Sie sich ein solches Gebet doch einmal vor wie ein Telefongespräch, bei dem man in der Regel seinen Partner auch nicht sieht. Gott hört Ihnen geduldig zu, bis Sie fertig sind. Dann holt er tief Luft und möchte Ihnen antworten, doch schon haben Sie Amen gesagt und den Hörer aufgelegt.

Unser Problem ist nicht das Reden an sich, auch nicht das Reden beim Gebet. Unser Problem ist das Hören, besonders wenn wir beten. Was wir lernen und gewissermaßen einüben müssen, ist das so genannte Hörende Gebet, denn wir haben einen Gott, der zu uns spricht.[3]

---

[3] zur Vertiefung lege ich ans Herz: „Hörendes Gebet" von Ursula und Manfred Schmidt

Der Amerikaner Frank Buchman, der Begründer der Oxford-Gruppe und der Moralischen Aufrüstung, einer geistlichen Bewegung, die in Deutschland unter dem Namen Marburger Kreis bekannt wurde, schrieb schon 1936 in seinem Buch „Remaking the World": „Wenn der Mensch horcht, redet Gott. Wenn der Mensch gehorcht, handelt Gott ... Es geht nicht darum, dass wir Gott Ideen geben. Es geht darum, dass er uns Weisung gibt ... Die Welt braucht am meisten eine Unterweisung in der Kunst, auf Gott zu horchen."[4] Arthur Richter, der langjährige Leiter des Marburger Kreises, formulierte es so: „Aufnehmendes Organ für Gottes Wort ist nicht der Verstand, sondern das gehorsame Herz."[5]

Vor über 2500 Jahren sagte der griechische Philosoph Epiktet: „Gott hat uns zwei Ohren gegeben, aber nur einen Mund, damit wir doppelt so viel hören wie sprechen." Obwohl unsere Ohren meistens gut funktionieren, können wir nicht mehr richtig zuhören. Der Grund dafür ist folgender: Unsere Ohren sind kein selbständiges Organ. Sie werden vom Unterbewusstsein und vom Willen gesteuert. Wir selber bestimmen, was wir hören wollen und was an uns vorbei rauschen soll. Das muss nicht heißen, dass wir bei diesem Vorgang immer einen bewussten Entschluss fassen, meistens wird das Hören von unserer inneren Grundhaltung mit beeinflusst.[6]

Aber es geht nicht nur um das Hören an sich. Auch das Gehorchen spielt eine Rolle. Hören und gehorchen gehören zusammen. Wenn Gott zu uns redet, erwartet er nicht nur, dass wir zuhören, sondern auch, dass wir tätig werden, dass wir also das Gehörte umsetzen. Am Schluss der Bergpredigt in Matthäus 7,24 sagt Jesus: „Wer auf mich hört und danach handelt, ist klug und handelt wie ein Mann, der ein Haus auf massiven Fels baut." Erst hören und dann tun! Jakobus, der Bruder Jesu, greift diesen Gedanken in seinem Brief ebenfalls auf, indem er in Kapitel 1,22 schreibt: „Aber es reicht nicht, nur auf die Botschaft zu hören – ihr müsst auch danach handeln! Sonst betrügt ihr euch nur selbst." Bei mir und auch bei vielen anderen, die Erfahrungen mit dem prophetischen Reden Gottes gemacht haben, begann die Entwicklung dieser Gabe mit einer Art Trainingsphase. Immer wenn Gott mir eine Offenbarung gegeben hatte, wartete er ab, wie ich darauf reagierte. Gott wollte offensichtlich prüfen, ob ich nur hörte, was er sagte, oder ob ich auch bereit war, danach zu handeln.

Vor einiger Zeit hatte ich den starken inneren Eindruck, ich sollte einem bestimmten Mann aus unserem Bekanntenkreis ein Buch schenken, und zwar das Buch „Leben mit Vision" von Rick Warren. Ich war mir mehr als unsicher, denn für diesen Mann

---

[4] zitiert nach Bockmühl Seite 84
[5] Vom Hören und Nichthören, aus: Leben aus erster Hand
[6] Arthur Richter, Vom Hören und Nichthören

konnte ich mir das Buch überhaupt nicht vorstellen. Außer der Bild-Zeitung las er nämlich kaum etwas. Der Eindruck in mir kam aber immer wieder, und so ging ich in die Buchhandlung und kaufte „Leben mit Vision". Während Wolly dann vor dem Haus im Auto wartete, klingelte ich bei dem Mann und sagte zu ihm, dass wir den Eindruck hätten, wir sollten ihm dieses Buch schenken. Er hat mir das Buch zu meinem Erstaunen nicht um die Ohren gehauen, sondern war sehr überrascht, eigentlich sogar innerlich berührt, und hat sich bedankt. Kurz darauf haben wir erfahren, dass er mit dem Lesen des Buches begonnen hatte und es ihm große Freude machte.

Sehen Sie, so oder ähnlich gibt Jesus Impulse und wartet dann, ob und wie wir damit umgehen. Gelegentlich habe ich gar nicht reagiert, und dann kam es vor, dass solche Hinweise von Jesus seltener wurden oder sogar für eine längere Zeit ganz ausgeblieben sind. So ein Impuls kann beispielsweise auch darin bestehen, dass Jesus uns an jemanden erinnert und dann von uns erwartet, dass wir für den Betreffenden beten.

Am Anfang eines solchen Prozesses des Hörens auf Gott sind es oft recht persönliche Dinge, die Gott anspricht. Erst wenn sich bei diesen persönlichen Dingen mein Gehorsam gezeigt hat, was unter Umständen ein Prozess von einigen Jahren sein kann, wird Gott einen Schritt weitergehen. Dann ist mir nämlich der persönliche Umgang mit Jesus so vertraut, dass er mich als Mitarbeiter einsetzt und von mir erwarten kann, dass ich richtig mit den Informationen umgehe, die er mir für andere Menschen gibt. Diese Erfahrung hat auch mein Mann Wolly gemacht, der kurz nach unserer Heirat, nachdem ich mich ganz bewusst für ein Leben mit Jesus Christus entschieden hatte, nicht nur verunsichert war, sondern der meine Glaubensentscheidung schlichtweg missbilligte. Aber lassen wir ihn selbst berichten:

Das erste Mal, als Gott klar und deutlich zu mir gesprochen hat, liegt jetzt mehr als dreißig Jahre zurück. Es hat damit zu tun, wie ich zu Jesus gefunden habe. Ich bin ganz normal in der evangelischen Landeskirche aufgewachsen: Kindertaufe im Alter von vier Wochen, Konfirmation mit fünfzehn Jahren. Als ich etwa zweiundzwanzig war, bin ich Atheist geworden und aus der Kirche ausgetreten. Zum Studium zog ich in eine fünfhundert Kilometer entfernte Stadt nach Süddeutschland und lernte dort einige Jahre später Marianne kennen, die ebenfalls ihre Kirchengemeinde verlassen hatte. Kurz nach unserer Heirat im Jahre 1974 geschah etwas, das mich zutiefst beunruhigte. Marianne kam von ihrem Büro nach Hause und erzählte mir, dass sie sich heute entschlossen habe, Jesus ihr Leben anzuvertrauen und bewusst als Christ zu leben. Ich war entsetzt und malte mir spontan aus, wie wohl jetzt unsere Ehe aussehen würde: Marianne nur noch in zwei Farben gekleidet, schwarz oder grau, Bibel und Gesangbuch unter dem Arm geklemmt, jeden Abend zum Bibelkränzchen oder in die Gebetsstunde ... Ich musste tief durchatmen. Aus Angst vor einer solchen

*Entwicklung habe ich ihr als erstes verboten, in die Kirche zu gehen. Erstaunlicher-
weise hat sie sich daran gehalten, und dann kam doch alles ganz anders. Sie kannte
ein paar Studentinnen von der Gruppe Campus für Christus, die ein paar Häuser
weiter wohnten, und ich hatte nichts dagegen, dass sie sich regelmäßig mit diesen
jungen Frauen traf. Marianne hat sich entfaltet in ihrer Persönlichkeit, unsere Ehe
wurde deutlich besser, und ich konnte beobachten, wie durch ihre Beziehung zu
Gott ihr Leben eine andere Qualität bekam. Durch sie lernte ich andere Christen
kennen, die mich mit ihrem Leben überzeugten, und so fing ich an, mich ganz vorsichtig mit der Bibel zu beschäftigen.*

*In dieser Phase hat Marianne Phantasie entwickelt. Ich war früher in Gelddingen
sehr zurückhaltend, positiv ausgedrückt: sparsam; negativ formuliert: knauserig. Ehe
ich eine Mark ausgegeben habe, habe ich sie dreimal umgedreht und dann doch
wieder eingesteckt. Bestimmte Ereignisse wie Geburtstage waren mir irgendwie
unangenehm; natürlich nicht mein eigener Geburtstag. Aber für Freunde oder Verwandte ein gutes Geschenk zu finden, das möglichst nichts kostete, war gar nicht
so leicht. Jedenfalls rückte Mariannes Geburtstag näher und so fragte ich sie, was sie
sich wünscht. Sie sagte: „Ich wünsche mir, dass du das Johannes-Evangelium liest."*

*Prima, dachte ich, das mache ich, das kostet mich nichts. So habe ich das Johannes-
Evangelium gelesen, und irgendwie hat das Gelesene wohl auch in mir gearbeitet.
Dann kam Weihnachten, und Marianne sagte: „Ich wünsche mir, dass du betest."
Meine Antwort war: „Ich kann kein Gebet. Und wozu überhaupt? Ich weiß ja nicht
einmal, ob es Gott wirklich gibt." – Spätabends habe ich dann folgendes Gebet
gesprochen: „Lieber Gott, wenn es dich wirklich gibt, dann zeig dich mir. Amen."
Das war alles. Aber es war ein sehr gefährliches Gebet. Wissen Sie, was passierte?
Exakt einen Monat später hat Gott geantwortet, im Januar 1979.*

*Wir wohnten damals an der Schweizer Grenze, und in Basel gab es eine größere
Evangelisation. Einige Abende schauten wir mal hinein, es war auch ganz nett, aber
groß angesprochen war ich dann doch nicht. Am Nachmittag des letzten Tages
saßen Marianne und ich zuhause und wälzten Urlaubskataloge. Wir entschieden
uns schließlich für einen Sommerurlaub in Griechenland, wobei wir alle Einzelheiten wie Flug, Hotel, Mietwagen usw. exakt planten. Anschließend gingen wir in den
Abschlussabend nach Basel.*

*Während seines Vortrags sagte der Redner plötzlich: „Heute Abend sind über tausend
Menschen hier. Darunter gibt es welche, die haben schon für dieses Jahr ihren Urlaub
geplant, aber sie haben noch nicht für die Ewigkeit geplant." – Das war genau meine
Situation. Ich war in meinem Inneren zutiefst getroffen und wusste sofort: Durch*

diesen Mann da vorn, der dich überhaupt nicht kennt, redet Gott zu dir und antwortet auf dein Gebet. Jetzt musst du Farbe bekennen. – In jener Nacht habe ich meine Entscheidung für Jesus getroffen und seitdem lebe ich in dieser Beziehung mit Jesus.

Eine ähnliche Erfahrung wie mein Mann Wolly haben nicht wenige von Ihnen sicherlich auch gemacht. Zunächst spricht Gott persönliche Dinge an, doch schon sehr früh habe ich herausgefunden, dass Gott nicht nur zu mir redet, damit ich seine Stimme besser kennen lerne, sondern weil er mein Leben mitgestalten möchte. Er möchte mich ermutigen, mich vor Fehlern bewahren, mich von einer falschen Entscheidung abhalten, mich vor einer Gefahr warnen und mich hin und wieder in meinem Alltag segnen, indem er mir Gutes tut.

Als wir noch in der Gegend von Karlsruhe wohnten, hatten wir dort sehr hartes Wasser in der Leitung: 28 Grad Wasserhärte. Unsere noch recht neue Geschirrspülmaschine war eines Tages kaputt, und Wolly und ich überlegten uns beim Frühstück, was wohl die Reparatur kosten würde. In unserer anschließenden Gebetszeit hatte ich folgenden Gedanken: Es kostet sechshundert Mark, kauft euch besser eine neue. Das sagte ich Wolly, doch er hatte berechtigte Bedenken und ließ lieber den Reparaturdienst kommen. Der Mann kam also am nächsten Tag, nahm die Maschine auseinander und gab uns dann den Rat, lieber eine neue zu kaufen, da die Reparatur rund sechshundert Mark kosten würde. Für diesen Rat und den Hausbesuch hat er uns allerdings knapp hundertfünfzig Mark in Rechnung gestellt. Im Rückblick fällt es dann leicht, zu sagen, hätten wir doch den Impuls des Heiligen Geistes ernst genommen, dann hätten wir das Geld sparen können ...

Noch ein Beispiel möchte ich berichten: Eine größere Zahnoperation stand für mich an. Eine Riesengeschichte, und ich hatte den inneren Eindruck, dass die Operation nicht dran ist. Wer von Ihnen unangenehme Erinnerungen an den letzten Zahnarztbesuch hat, kann diesen inneren Eindruck bestimmt nachvollziehen. Bei solchen Dingen ist das Wunschdenken sehr stark. Ein wenig später hatte ich dann einen Traum von einem weißhaarigen Zahnarzt, den ich noch nie gesehen hatte. Er riet mir von der Operation ab. Wahrscheinlich hätte jeder von Ihnen in meiner Lage auch so einen Traum gehabt. Ich dachte jedenfalls zuerst, es wäre ein Wunschtraum. Am nächsten Tag riet mir eine Freundin, die Ärztin ist, zu einem sehr erfahrenen älteren Kollegen zu gehen, der zudem in unserer Nähe seine Zahnarztpraxis hatte. Dort war ich noch nie gewesen. Als ich in die Praxis kam und den Zahnarzt erblickte, sah ich ihn mit großen Augen an, denn er entsprach genau dem weißhaarigen Mann aus meinem Traum. Er schaute sich meine Zähne an, und wegen eines besonderen Risikos riet er mir von der Operation ab. Ich war erleichtert und dankbar, dass Jesus mich so liebevoll bewahrt hat.

Im Mai 1999 hielten Wolly und ich uns für einige Tage in einem großen theologischen Zentrum am Rand von Berlin auf. Wir bewohnten ein kleines Appartement in einem der Wohngebäude, und unser Auto stand draußen auf dem Parkplatz. In der letzten Nacht hatte ich kurz vor dem Einschlafen eine Vision – ich sah, wie sich eine Gestalt unter unserem Auto im Bereich der Hinterachse zu schaffen machte. Ich erzählte Wolly davon, der aber schon zu müde war, um sich wieder anzuziehen und noch einmal auf den Parkplatz zu gehen und nachzuschauen. Er meinte nur, dass wir um Schutz für unser Auto beten sollten, dann würde schon nichts passieren. Am anderen Morgen machten wir uns auf die achthundert Kilometer lange Rückfahrt nach Süddeutschland. Kaum waren wir auf der Autobahn und beschleunigten, als das ganze Auto anfing zu dröhnen wie ein Flugzeug. Bei der nächsten Gelegenheit fuhren wir auf einen Parkplatz und Wolly überprüfte das Auto, die Räder, den Auspuff usw., fand aber nichts Auffälliges. Wir fuhren dann weiter, aber sobald wir schneller als hundert Stundenkilometer fuhren, wurde das Dröhnen so laut, dass ich mir die Ohren zuhalten musste. So ging das den ganzen Tag, bis wir endlich zuhause waren. Am nächsten Tag brachte Wolly das Auto in die Werkstatt. Der Mechaniker bockte den Wagen hoch und zeigte Wolly die Hinterachse. An der Getriebeplatte sind üblicherweise fünf fingerdicke Schrauben. Diese waren locker, und eine oder zwei Schrauben fehlten ganz. Auf die Frage, wie das passieren konnte, sagte der Mechaniker: „Das sind selbstsichernde Schrauben, die können sich von alleine nicht lösen. Da hat jemand nachgeholfen. Irgendwann wäre Ihnen das Auto plötzlich stehen geblieben." Wir dachten anschließend, dass uns entweder jemand einen bösen Streich spielen, oder etwas abschrauben und stehlen wollte und dabei überrascht wurde.

Ein weiterer Schritt in dem Lernprozess des Hörens liegt darin, dass uns etwas über andere Menschen offenbart wird, das wir vorher nicht gewusst haben. Das hat mit Gottes Interesse an diesem Menschen zu tun – er liebt ihn und möchte ihm helfen. Damit kommen wir zu einem wichtigen Bereich der prophetischen Offenbarung, den ich hier anhand einiger Erlebnisse näher erläutern möchte.

Einmal fuhren wir mit dem Auto zu einer uns unbekannten Gemeinde, um dort ein Seminar durchzuführen. Kurz vor der Ankunft bekam ich schlimme Schmerzen in der linken Hand, und später tat mir der linke Arm so weh, dass ich dachte, der Nerv wäre abgeklemmt. Als wir das Gemeindezentrum betraten, war der Schmerz schlagartig weg. Beim Gespräch mit dem Pastor kam mir die Idee, dass ich ihn fragen sollte, was mit seiner linken Hand los ist. Weiter hatte ich den Gedanken, dass die „rechte Hand" ein Mensch ist, der fit ist, der funktioniert, und dass die „linke Hand" ein Mensch ist, der in der Gefahr ist, abgeklemmt zu werden. Wenn es um einen treuen Mitarbeiter geht, haben wir ja die Redewendung: Er ist meine rechte Hand. Beim Nachfragen über die Gemeindesituation war es in der Tat so, dass ein Mitarbeiter buchstäblich die linke Hand war und darunter litt, dass er nicht die rechte Hand war. Wir konnten später in einem seelsorgerlichen Gespräch die Situation aufarbeiten und Vorschläge für eine harmonische Zusammenarbeit weitergeben.

Hier war die Besonderheit, dass Gott durch eine körperliche Empfindung zu mir gesprochen hat und ich erst einmal herausfinden musste, was das Schmerzgefühl zu bedeuten hatte. Ich werde später noch genauer darauf eingehen.Wie schon erwähnt, waren wir oft in Amerika und kamen dort einmal mit einem älteren Ehepaar ins Gespräch, beide Christen, die mit uns für den nächsten Abend einen Termin ausmachten. Sie erlebten gerade größere Schwierigkeiten, und ihr Wunsch war, sich mit uns zum gemeinsamen Gebet zu treffen. Dabei hofften sie wohl, dass Jesus uns eine Antwort auf ihre Probleme aufzeigen würde. An jenem vereinbarten Tag haben Wolly und ich immer wieder um Weisheit und Erkenntnis gebetet.

Schon am Morgen ging mir die ganze Zeit ein Vers aus einem Psalm durch den Kopf. Ich sprach mit Wolly darüber, und er meinte: „Schreib das mal auf, vielleicht ist es wichtig." Am Nachmittag zog ich mich etwas zurück zum Beten, und während ich in der Stille Jesus fragte, wie wir diesem Ehepaar helfen könnten, bekam ich recht unangenehme innere Bilder und Eindrücke aus dem Leben der beiden. Für die Frau hatte ich nämlich das Wort „Ehebruch" gesehen und für den Mann „nicht korrekt bei seinen Finanzen". Ich besprach meine Eindrücke wieder mit Wolly, damit er sie prüfen konnte, und da die Eindrücke falsch sein konnten, nahmen wir uns vor, diese Dinge auf gar keinen Fall anzusprechen. Stellen Sie sich vor, wie das Ehepaar reagiert hätte, wenn ich diese brisanten Themen einfach so angesprochen und mit meinem Empfinden völlig daneben gelegen hätte!

Jedenfalls fühlten wir uns nicht so ganz wohl, als das Ehepaar abends vor unserer Tür stand. In der offenen amerikanischen Art kamen sie nach dem Beginn unseres Gesprächs recht bald zur Sache: „Na, hat Jesus euch etwas für uns gezeigt?" Als sie unsere verlegenen Gesichter sahen, fügte die Frau schnell hinzu: „Aber wir wollen nur die guten Dinge hören!" Daraufhin dachte ich mir, dass ein Wort aus der Bibel immer gut ist, und so las ich den Vers aus dem Psalm vor, den ich am Vormittag bekommen hatte. Die Frau brach in Tränen aus und sagte: „Als ich heute Morgen gebetet habe, hat Jesus mir genau diesen Vers gegeben. Jetzt weiß ich, dass Jesus reden möchte. Bitte erzählt uns alle Eindrücke, die ihr bekommen habt." Ganz vorsichtig haben wir im weiteren Verlauf des Abends nachgefragt, wie es in ihrer Ehe und mit ihren Finanzen aussieht, und im Rahmen dieses seelsorgerlichen Gesprächs stellte sich heraus, dass alles, was Jesus mir vorher gezeigt hatte, vollkommen zutraf. Wir konnten mit den beiden beten, und es wurde ihnen auch klar, dass sie bestimmte Dinge in ihrem Leben ändern sollten.

Manchmal deckt Jesus Dinge auf und gibt uns dadurch die Chance, eine Kurskorrektur in unserem Leben vorzunehmen. Er möchte uns von Sünde überführen und uns helfen, frei zu werden. Auch das gehört zum Bereich des prophetischen Redens.

Meine Schafe hören meine Stimme

Von der Bibel her ist ein Christ jemand, der eine Beziehung mit Jesus angefangen hat und in dieser Beziehung lebt. Wie Jesus sich diese Beziehung vorstellt, können wir in den Versen 1-30 im 10. Kapitel des Johannes-Evangeliums nachlesen. Da geht es um Jesus, den guten Hirten, und um die Schafe. Wenn ich jetzt über das Hören der Stimme Gottes rede, dann behalten Sie im Hinterkopf, dass ich Sie auch ermutigen möchte, in einer lebendigen Beziehung mit Jesus zu leben.

Ich möchte aus dem bekannten Text in Johannes 10 nur auf einige wenige Verse hinweisen: „2 Wer durch die Tür eingeht, ist der Hirte der Schafe. 3 Die Schafe hören seine Stimme. 4 und die Schafe folgen ihm, weil sie seine Stimme kennen. 14 Ich bin der gute Hirte; und ich kenne die Meinen. 27 Meine Schafe hören meine Stimme, und ich kenne sie, und sie folgen mir." Aus dem, was Jesus hier sagt, ergibt sich folgender Grundsatz: Nachfolger Jesu hören seine Stimme, sie kennen seine Stimme und sie folgen seiner Stimme. Diese drei Dinge gehören zusammen und haben mit unserem Thema mehr zu tun, als Sie zunächst denken. Es reicht nämlich nicht aus, als ersten Schritt die Stimme Jesu zu hören und als zweiten Schritt sie als seine Stimme zu erkennen. Der dritte Schritt ist hier entscheidend: Der Stimme zu folgen. Wenn ich der Stimme Jesu folge, dann befolge ich seine Worte, und das ist nur eine andere Umschreibung für das, was ich eingangs erwähnt habe: Hören und gehorchen gehören zusammen. Der Gehorsam ist ein wichtiges Element, wenn wir Gottes Stimme hören wollen.

Merken Sie sich also bei dem Bild der Schafe, worauf es ankommt:

1. Sie hören die Stimme ihres Hirten.
2. Sie kennen die Stimme ihres Hirten.
3. Sie folgen der Stimme ihres Hirten.

Sie sehen also, der Raum, in dem Gott sich mitteilt, oder der Bereich, in dem Gott redet und wir hören können, ist definiert durch die Beziehung zu Gott. Innerhalb dieser Beziehung ist das Reden Gottes etwas Normales. In Johannes 14,21 beschreibt Jesus diese Beziehung mit folgenden Worten: „Wer meine Gebote kennt und sie befolgt, der liebt mich. Und weil er mich liebt, wird mein Vater ihn lieben und ich werde ihn lieben. Und ich werde mich ihm persönlich zu erkennen geben." Also, wer Jesus liebt, dem wird Jesus sich zu erkennen geben, bei dem wird Jesus sich melden und ihm etwas mitteilen. Für den, der in einer echten Gottesbeziehung lebt, ist das Reden Gottes nichts Ungewöhnliches. Außerhalb einer solchen Beziehung ist das Reden Gottes dagegen die Ausnahme, d.h. ein Nichtchrist kann in aller Regel Gottes Stimme nicht hören. Wenn Gott sich bei einem solchen Menschen einmal bemerkbar macht, dann mit dem Ziel, dass dieser Mensch umkehrt und zum Glauben findet.

Und wie redet Jesus zu mir? Wenn ich mit Menschen im Gespräch bin, kommen mir manchmal Gedanken wie Worte in den Sinn; das ist dann wie „hörendes Denken". Es kann dabei um die Berufung eines Menschen, um Gaben, Nöte, Probleme und auch um Sünden gehen. Manchmal ist es auch so, dass ich innerlich Worte über Menschen geschrieben sehe.

Wir waren einmal in einem Gebetskreis. Vor mir saßen ein Mann und eine Frau, und ich sah über ihnen die Worte „Verschlafe es nicht, versäume es nicht." Diese Worte schrieb ich auf und zeigte Wolly das Blatt zur Prüfung. Am Ende der Lobpreiszeit fragte der Leiter des Abends, ob jemand unter den Teilnehmern prophetische Eindrücke hatte. Daraufhin wiederholte ich die Worte, die ich gesehen hatte, und fragte den betreffenden Mann, ob er damit etwas anfangen könne. Durch ihn und seine Frau ging es wie ein Ruck, sie schauten sich an und lachten. An jenem Abend hatten sie eine wichtige Entscheidung zu treffen. Sie waren seit ein paar Tagen unschlüssig, ob sie für ihren geplanten Hausbau ein bestimmtes Grundstück nehmen sollten, und am nächsten Tag lief die Frist dafür ab. Ehe sie zu dem Gebetskreis kamen, hatten sie sich gesagt: „Wenn Jesus dieses Thema bei dem Gebetstreffen anspricht, dann lassen wir für uns beten; sonst nicht." Die prophetischen Worte in dem Gebetskreis waren für sie eine Ermutigung, ihr Haus auf dem betreffenden Grundstück zu bauen, und inzwischen wohnen sie dort und fühlen sich sehr wohl.

Mit dem Hören und dem darauf folgenden Handeln klappt es hin und wieder aber auch nicht, denn es kommt gelegentlich vor, dass wir Gottes Impulse, die er in uns hineinlegt, nicht ernst genug nehmen. Einmal ist Wolly im Sommer am Sonntagmorgen durch die Felder gejoggt, als er folgenden Gedanken bekam: „Nehmt eure Freundin Edith heute Abend mit in den Abendgottesdienst."

Edith ist schon neunzig Jahre alt und wir kennen sie bereits seit dem Tod ihres Mannes vor rund fünfundzwanzig Jahren und besuchen sie in unregelmäßigen Abständen. Sie schätzt an uns, dass wir unseren Glauben an Gott ernst nehmen und ausleben, und sie hat uns schon oft darum gebeten, mit ihr ein Gebet zu sprechen; doch mit einer eigenen klaren Entscheidung für Jesus hatte sie sich immer schwer getan. Zur

Konfirmation vor fünfundsiebzig Jahren hatte sie Psalm 23 als Konfirmationsspruch bekommen, und wenn sie uns aus ihrem Leben erzählte, tauchte dieser Psalm wie ein roter Faden auf. Als Wolly vom Joggen zurück kam, sprang er gleich unter die Dusche und vergaß dann, mit mir über seine Gedanken zu Edith zu sprechen. Später beim Abendgottesdienst ging der Prediger ans Mikrofon und sagte: „Heute möchte ich über Psalm 23 predigen." Plötzlich fielen Wolly seine Gedanken vom Joggen wieder ein, und betroffen erzählte er mir, dass er eine Gelegenheit Gottes verpasst hatte. Es wäre nur wenig Aufwand gewesen, Edith anzurufen und zum Gottesdienst abzuholen.

Man sollte meinen, nach jahrelanger Erfahrung im Hören auf Gottes Stimme ist eine solche Sicherheit vorhanden, dass die Impulse des Heiligen Geistes sofort erfasst und umgesetzt werden. Doch auch ich bin mir manchmal bis heute nicht sicher, ob ich mir etwas ausdenke oder ob Gott mir einen Impuls gegeben hat.

Letztes Jahr an Weihnachten hatten wir zuhause das Radio laufen und hörten festliche Musik. Zwischendurch las ein Sprecher verschiedene Weihnachtsgeschichten vor, und zwei davon berührten uns sehr. Am Ende der Sendung wurde das Buch genannt, aus dem die Geschichten waren, und kurz darauf bestellte ich dieses Buch bei einer Buchhandlung in der Stadt.[7] Dort hieß es, das Buch wäre nicht vorrätig und müsse direkt beim Verlag bestellt werden und die Lieferzeit würde mindestens zwei bis drei Wochen betragen. Drei Tage später nahm Wolly mich auf dem Weg ins Büro in die Stadt mit, da ich Einkäufe zu erledigen hatte. Als ich gegen Mittag in die Straßenbahn steigen wollte, bekam ich folgenden Impuls: „Geh in die Buchhandlung, das bestellte Buch ist schon da." Als ich über den Impuls nachdachte, meldete sich mein Verstand: „Das ist jetzt dein Wunschdenken. Der Verkäufer hat doch deutlich gesagt, das dauert mindestens zwei bis drei Wochen." Also nahm ich die nächste Straßenbahn und fuhr nach Hause. Am Nachmittag klingelte das Telefon und der Mann von der Buchhandlung sagte: „Ihr bestelltes Buch ist bereits eingetroffen; Sie können es abholen."

Diese Geschichte ging aber noch weiter, denn jetzt kam Wolly ins Spiel. Er war an diesem Tag beruflich sehr stark eingespannt und hatte nur eine knappe Stunde Mittagspause, so dass er zum Essen nicht nach Hause fuhr. Nachdem er im Büro sein Vesper gegessen hatte, machte er für zwanzig Minuten einen kleinen Rundgang durch die Stadt. Unterwegs betete er: „Herr, ich möchte Marianne heute überraschen und ihr eine Kleinigkeit mitbringen, über die sie sich wirklich freut. Öffne du mir doch die Augen." Kurz darauf bekam er einen inneren Impuls: „Geh zur Buchhandlung, das bestellte Buch ist schon da." Wissen Sie was? Er hat genau so reagiert wie ich und auf seinen Verstand gehört. Als er abends nach Hause kam, erzählte ich ihm von meinem

---

[7] André Trocmé: Von Engeln und Eseln, Neufeld Verlag, Schwarzenfeld

Impuls und dem Telefonanruf, und er musste einräumen, dass er ebenso seinem Verstand nachgegeben hatte. Am nächsten Tag haben wir in der Buchhandlung das Buch geholt. Nun können Sie mit Recht sagen, dass das doch nur eine Kleinigkeit war. Sicherlich, doch der Heilige Geist kümmert sich auch um die Kleinigkeiten in unserem Leben, denn daran können wir lernen und das Hören auf Gottes Stimme üben.

Ein biblisches Prinzip, auf das ich noch zurückkommen werde, heißt nämlich: „Wer sich im Kleinen als treu erwiesen hat, dem kann Gott auch Großes anvertrauen".[8]

---

[8] vgl. Matth. 25,21

3. Offenbarung, Auslegung, Anwendung

Am häufigsten erlebe ich Gottes Reden durch Visionen, und zwar meistens vor dem Einschlafen, wenn ich den Tag noch einmal überdenke oder wenn ich bete. Ich habe auch prophetische Träume. Wenn ich tagsüber bete oder nachdenke oder Gott zu einer bestimmten Situation etwas frage, dann sehe ich gelegentlich innere Bilder. Es kommt immer wieder vor, dass ich, wenn ich Menschen treffe oder für Menschen bete, ihre inneren Nöte richtiggehend mitempfinde, ohne dass sie mir die Nöte und Empfindungen mitgeteilt haben (große Unruhe, Unsicherheit, Angst usw.). So geht es nicht nur mir, sondern andere machen ähnliche Erfahrungen.

Im Allgemeinen scheint Jesus mir solche Erkenntnisse zu geben, damit ich dann im Gebet dafür eintrete. Wenn die Träume, Visionen oder Eindrücke Warnungen enthalten, dann hat für mich das Beten eine hohe Priorität. Oft erfahren Wolly und ich durch das Reden des Heiligen Geistes auch Wegweisung und praktischen Rat. Manchmal habe ich den Eindruck, Gott möchte durch mich gewissen Menschen begegnen, die nie in die Kirche gehen. Und davon gibt es in unserem Land ja nicht gerade wenige. Bei solchen Gelegenheiten erwartet der Heilige Geist, dass ich auf seine Impulse eingehe, damit er im Leben eines anderen etwas bewirken kann. An folgender Begebenheit möchte ich das erläutern:

Eines Morgens hatte ich in unserer gemeinsamen stillen Zeit folgenden Impuls: „Geh in die Stadt!" Obwohl ich überhaupt nichts einzukaufen oder sonst zu erledigen hatte, folgte ich diesem Eindruck und fuhr in die Stadt. Einigermaßen ratlos ging ich durch die Innenstadt, als weitere Impulse kamen: „Geh in diese Straße, jetzt nach rechts, usw." In einer Nebenstraße traf ich unverhofft auf Christine, eine frühere Arbeitskollegin. Wir waren beide überrascht, uns zu sehen, denn vor etwa sechs oder sieben Jahren hatten wir uns aus den Augen verloren, als wir umgezogen waren. Ihre erste Frage war: „Bist du immer noch Christ? Und was ist mit deinem Mann, der doch so ein starker Atheist war?" Ich erzählte ihr von mir, und dass Wolly ebenfalls den Weg zum Glauben an Jesus gefunden hatte und sogar predigte. Sie konnte es nicht glauben, und so lud ich sie ein, uns zu besuchen.

Ein paar Tage später kam sie mit ihrem Mann, um sich selbst zu überzeugen. Bis spät in die Nacht saßen wir zu viert zusammen und redeten buchstäblich „über Gott und die Welt". Am Sonntag darauf kamen beide mit zum Gottesdienst. Christines Mann wurde von der Predigt so stark angesprochen, dass er gleich danach Jesus sein Leben anvertraute. Beide kamen regelmäßig zur Gemeinde, und ein knappes Jahr später fand auch Christine den Weg zu Jesus. Hier wollte Gott offensichtlich durch mich andere Menschen erreichen.

Wichtig ist für mich dabei, solche inneren Impulse auch umzusetzen, beispielsweise dann auch in die Stadt zu gehen. Es kann auch bedeuten, erst einmal zu schweigen, wenn es um seelsorgerliche Informationen geht. Dann heißt es, viel zu beten und den richtigen Zeitpunkt abzuwarten, bis Gott eine Gelegenheit für ein persönliches Gespräch schenkt. Bis dahin befinde ich mich dann gewissermaßen auf Abruf. Dazu gehört auch, so eine Botschaft von Jesus auszuhalten, für andere Menschen im Gebet einzutreten und von Gott abhängig zu bleiben.

Da ich oft prophetische Träume habe und meistens nicht weiß, was sie bedeuten, erzähle ich sie Wolly, denn er hat die Gabe, sie auszulegen und die richtige Anwendung zu finden. Auf die Bedeutung prophetischer Träume werde ich später noch ausführlicher eingehen.

Lassen Sie mich an dieser Stelle noch einmal betonen, dass das prophetische Reden Gottes sich sowohl auf die Gegenwart beziehen, Vorgänge aus der Vergangenheit aufleuchten lassen als auch etwas ankündigen kann, was noch in der Zukunft liegt. In 1. Korinther 12,8ff werden verschiedene Gaben des Geistes aufgezählt, und ich denke, was wir in unserem Sprachgebrauch mit „Prophetie" bezeichnen, sich auch mit anderen Geistesgaben überschneidet:

1. mit der Gabe der prophetischen Rede
2. mit dem Wort der Erkenntnis
3. mit dem Wort der Weisheit
4. mit der Unterscheidung der Geister.

Bei diesen vier Geistesgaben geht es jedes Mal darum, dass Jesus eine Offenbarung gibt, und meistens bezieht sich diese Offenbarung auf einen anderen Menschen oder eine Gruppe von Menschen. In diesem Sinne könnte man den Ausdruck „Prophetie" auch als eine Art Oberbegriff für mehrere Geistesgaben gebrauchen. Jede dieser Gaben ist eine besondere Gabe für sich, und doch hängt jede einzelne auch irgendwie mit der Gabe der Prophetie an sich zusammen.[9] Im Folgenden eine kurze Übersicht.

[9] vgl. auch Steve Thompson a.a.O., Seite 13-17

Wort der Erkenntnis

Hierbei bekomme ich eine Information über Tatsachen, wobei zunächst offen bleibt, was ich damit tun soll. Als Jesus in Johannes 4 der samaritischen Frau am Jakobsbrunnen sagte: „Du hattest fünf Ehemänner, und mit dem Mann, mit dem du jetzt zusammenlebst, bist du nicht verheiratet!", da war das ein Wort der Erkenntnis. Die Frau reagierte spontan: „Herr, ich sehe, dass du ein Prophet bist!" Diese Art von Prophetie durch Erkenntnis meint auch Paulus in 1. Korinther 14,24-25, wo er sagt: „Wenn ihr jedoch alle prophetisch redet und irgendein Ungläubiger oder Fremder kommt herein, dann wird er von seiner Schuld überzeugt und durch das, was ihr sagt, überführt. Während er zuhört, werden seine geheimen Gedanken offenbar, und er wird auf seine Knie fallen und Gott anbeten und sagen: Gott ist wirklich hier unter euch." Hier in Korinth war es das Ziel dieser Worte, dass Menschen zu Jesus finden, und wenn Sie in Johannes 4 weiter lesen, sehen Sie, dass auch die Samariterin gläubig geworden ist.

Einmal ist mir folgendes passiert: Die ganze Woche hatte ich folgenden Eindruck für eine Frau, die ich gut kenne: „Der Böse verwirrt ihre Gefühle und lenkt sie von Jesus und ihrem Mann weg, hin zu einem anderen Mann." So habe ich täglich um Bewahrung für diese Frau gebetet. Am Sonntag darauf im Gottesdienst saß diese Frau einige Reihen vor mir, und ich sah in Buchstaben über ihr die Worte geschrieben: „Große Gefahr – Ehebruch". War das eine prophetische Erkenntnis? Ich überlegte mir jedenfalls, diese Frau anzusprechen, habe mir dann aber ausgemalt, was passiert, wenn ich mich täusche, wie sie mich dann vielleicht empört abblitzen lassen könnte. Aber der Eindruck der großen Gefahr war so stark, dass ich am Schluss des Gottesdienstes zu ihr gegangen bin. Ich muss dazu sagen, dass ich in dieser Gemeinde die Erlaubnis habe, Eindrücke persönlich oder auch vor der ganzen Gemeinde weiterzugeben. Ich ging also zu ihr hin, sprach sie vorsichtig an, und spontan antwortete sie, dass meine Eindrücke zutreffen. Sofort hatte sie den Wunsch, dass Wolly und ich für sie um Schutz beten, was wir dann auch taten. Diese Frau hatte erkannt, dass Gott sich um ihre Ehe sorgte und ihr helfen wollte. Sie und ihr Mann haben eine Eheberatung in Anspruch genommen und sind mittlerweile glücklich geworden.

Wort der Weisheit

Bei einem Wort der Weisheit bekomme ich eine Offenbarung des Heiligen Geistes über das, was Gott in einer gegenwärtigen Situation plant oder beabsichtigt. Er gibt mit dem Wort also eine Richtung an, wie es weitergeht oder was als nächstes zu tun ist.

Es liegt schon einige Jahre zurück, da besuchte uns ein Geschäftsmann, der vor einer wichtigen Entscheidung stand. Wir waren seit vielen Jahren befreundet, beteten regelmäßig für ihn, und er schätzte unseren Rat. Nachdem er uns die Einzelheiten seiner Situation berichtet hatte, beteten wir gemeinsam um Weisheit und um die klare Führung Gottes. Ich bekam innerlich ein Bild und sah einen Berg. Oben auf dem Berg befand sich ein großes Schild, auf dem drei Worte geschrieben standen. Diese drei Worte hatten mit dem wichtigen Schritt unseres Freundes zu tun. In aller Regel bin ich mit prophetischen Eindrücken, die zum Handeln auffordern, eher zurückhaltend und lieber übervorsichtig, und so beschrieb ich mein Bild in unserer Gebetsrunde und malte es dann auf ein Blatt Papier. Ich sagte aber nicht, was auf dem Schild geschrieben stand, sondern während die anderen still weiter beteten, betete ich laut: „Jesus, als Bestätigung, dass dieses Bild von dir kommt, zeige doch Wolly die Worte, die auf dem Schild geschrieben stehen."

Wenige Augenblicke später sagte Wolly: „Auf dem Schild steht: Tu es nicht!" Ich war echt verblüfft, denn es waren genau diese drei Worte, die ich auf dem Schild gelesen hatte. Unser Freund war überzeugt, dass Jesus auf unser Gebet geantwortet hatte. Er fuhr wieder nach Hause und fand am gleichen Abend in seinem Briefkasten zu seiner großen Überraschung eine christliche Spruchkarte, die jemand geschickt hatte, mit Psalm 121: „Ich schaue auf zu den Bergen, woher mir Hilfe kommt. Meine Hilfe kommt von dem Herrn, der Himmel und Erde gemacht hat." Er musste natürlich gleich an das Bild denken, das ich hatte – der Berg mit dem Schild und die Warnung Tu es nicht! Also entschied sich unser Freund gegen den Schritt; es ging übrigens um eine Operation, die die Ärzte vornehmen wollten. Kurz darauf stellte sich heraus, dass eine solche Operation gar nicht erforderlich war, sondern sein ursprüngliches gesundheitliches Problem sogar noch verschlimmert hätte.

Die Unterscheidung der Geister

Diese Gabe zeigt auf, was hinter einem Menschen steht, was ihn motiviert oder antreibt oder etwas tun oder sagen lässt. Jemand mit dieser Gabe kann unterscheiden, ob der Heilige Geist, der menschliche Geist, ein böser Geist oder gar etwas Dämonisches das Handeln und Denken eines Menschen beeinflusst und motiviert.

In Apostelgeschichte 16 lief in Philippi eine Magd tagelang hinter der Gruppe der Apostel her, hinter Paulus, Silas und Lukas und wohl auch Timotheus. Dabei schrie die Magd laut: „Diese Männer sind Diener des höchsten Gottes und sind gekommen, um euch zu sagen, wie ihr gerettet werden könnt." (Vers 17) Das war natürlich absolut zutreffend und eigentlich auch eine gute Werbung für die Apostel, sollte man meinen.

In Vers 18 wurde Paulus aber unwillig und befahl einem Geist, aus der Magd auszufahren. Obwohl hier die Wahrheit ausgesprochen wurde, stand nicht der Heilige Geist hinter dieser Magd, sondern sie war von einem bösen Geist, einem Dämon, besessen. Durch die Gabe der Unterscheidung erkannte Paulus die wahre Sachlage und reagierte darauf.

Soweit ein kleiner Blick in die verschiedenen Untergruppen oder Ausprägungen der prophetischen Gabe, und jetzt befassen wir uns damit, wie Sie mit einer solchen Prophetie ganz praktisch umgehen können.

Richtiger Umgang mit einer Prophetie

Viele Autoren, besonders aus dem nordamerikanischen Sprachraum, haben schon in den achtziger Jahren darauf hingewiesen, dass es nicht nur hilfreich, sondern geradezu unentbehrlich ist, sich klar zu machen, dass eine Prophetie aus drei Elementen besteht: der Offenbarung, der Auslegung und der Anwendung. Diese Sicht kann ich nur unterstreichen und dringend empfehlen, immer wieder auf diese Aufteilung zu achten. Die meisten Fehler in der Praxis kommen nämlich dadurch zustande, dass hier nicht sauber unterschieden wird.[10] Der folgende Erfahrungsbericht mag das verdeutlichen.

Jemand mit einer prophetischen Begabung sagte zu einer jungen Frau, die seit einiger Zeit verheiratet war: „So spricht der Herr: Du wirst schwanger werden und ein Kind bekommen." Etwa zwei Jahre später litt diese Frau unter Depressionen, weil sie hin und her grübelte und von Selbstzweifeln geplagt wurde. Sie war trotz der Prophetie nicht schwanger geworden. Im Gespräch berichtete sie mir, dass sie früher sehr krank gewesen war und seit einer Operation vor vielen Jahren keine Gebärmutter mehr hatte, dass sie aber trotzdem glauben wollte, dass Gott Wunder tun kann und ihr ein Kind schenken möchte. Ich erkläre ihr, dass die Prophetie nicht unbedingt falsch gewesen sein muss, aber die Bedeutung vielleicht eine andere sein könnte.

Die Sache mit dem Kind könnte ja auch bildhaft oder symbolisch gemeint sein, und der Vorgang der Schwangerschaft und der Geburt könnte auch so verstanden werden, dass durch den geistlichen Dienst dieser Frau in ihrer Gemeinde ein neuer Arbeitszweig ins Leben gerufen wird (Schwangerschaft), der unter ihrer Verantwortung wachsen und größer werden wird, bis er von allen sichtbar wahrgenommen wird und so „ins Leben kommt" (Geburt). Denkbar ist natürlich auch, dass der Prophet damals keine echte Prophetie weitergegeben hat, sondern in seiner ausgeprägten Sensibilität die

---

[10] vgl. Jack Deere, Überrascht von der Stimme Gottes, Seite 193ff.

unausgesprochenen Sehnsüchte und Herzenswünsche dieser Frau erspürt hat. In der Meinung, diese erhaltene Information sei ein prophetischer Eindruck, der aufzeige, was Gott geplant habe, sprach er als Zusage Gottes aus, was in Wirklichkeit nur ein Herzenswunsch dieser Frau war. Um seinen Worten die nötige Autorität zu geben, fügte er noch die Formel „So spricht der Herr!" hinzu. Nach der Wucht einer solchen „Prophetie" ist es für den Empfänger denkbar schwierig, unbefangen eine Prüfung vorzunehmen oder sie sogar kritisch zu hinterfragen. Diese Frau jedenfalls wurde nicht schwanger. Nach einigen Jahren begann sie aber, nach einer entsprechenden Ausbildung, gemeinsam mit ihrem Ehemann einen besonderen christlichen Beratungsdienst aufzubauen.

Im Laufe der Zeit habe ich festgestellt, dass solche Verwechslungen zwischen der Stimme Gottes und eigenen Sehnsüchten des prophetisch Angesprochenen doch häufiger vorkommen, als ich anfangs gedacht hatte. Wenn nämlich prophetische Eindrücke mitgeteilt werden, kann es geschehen, dass der Heilige Geist jemanden überführt, indem das „Verborgene seines Herzens offenbar wird", wie es im 1. Korintherbrief heißt.[11] Kurz zuvor heißt es im gleichen Brief: „Vom Geist geleitet beurteilen wir alles."[12] Um den Zusammenhang zu verstehen von dem, was hier gemeint ist, ist es hilfreich, zwei Verse aus dem Hebräerbrief hinzu zu nehmen: „Das Wort Gottes ist lebendig und wirksam. Es ist schärfer als das schärfste Schwert und durchdringt unsere innersten Gedanken und Wünsche. Es deckt auf, wer wir wirklich sind, und macht unser Herz vor Gott offenbar. Nichts in der ganzen Schöpfung ist vor ihm verborgen. Alles ist nackt und bloß vor den Augen Gottes, dem wir für alles Rechenschaft ablegen müssen."[13]

John Bevere beschreibt in einem seiner Bücher eine Situation, die ich selbst in ähnlicher Weise schon mehrfach erlebt habe:

In einer Gemeinde lebte ein gläubiges Ehepaar und hatte lange Zeit den sehnlichen Wunsch, bei einem bekannten Heilungsevangelisten im Team mitzuarbeiten. Immer wenn dieser Evangelist auf einer Konferenz sprach, reisten sie dorthin und hofften vergeblich auf ein persönliches Gespräch mit ihm. Eines Tages kam ein fremder Prophet in die Gemeinde dieses Ehepaars, wo er niemanden kannte. Während des Gottesdienstes wandte sich dieser Prophet an das Ehepaar und sagte ungefähr folgendes: „So spricht der Herr: Ich habe euch in den Heilungsdienst berufen. Ich werde euch zu diesem Heilungsevangelisten senden. Er wird euer Mentor und Berater sein. Er wird in euch

[11] 1. Kor. 14,24-25, Elberfelder
[12] 1. Kor. 2,15
[13] Heb. 4,12-13

investieren, und ich, der Herr, werde euch für den Heilungsdienst vorbereiten und auch den Mantel seiner Berufung über euch bringen. Dann wird dieser Evangelist euch aussenden in eure alte Heimat, und da werdet ihr selber einen mächtigen Heilungsdienst aufbauen."

Soweit seine prophetischen Worte. Das Ehepaar weinte vor Freude, doch der Pastor der Gemeinde und seine Frau spürten, dass etwas nicht stimmte. Sie waren nämlich die Seelsorger dieses Ehepaares und wussten, dass die Motive dieser beiden nicht in Ordnung waren. Dieses Ehepaar schwärmte von diesem Evangelisten, und sie wollten genau so berühmt werden wie er. Wie ging es weiter? Das Ehepaar sah die Worte des Propheten als göttliches Reden an, sie kündigten ihre Arbeitsverträge und fuhren zu dem Team des Heilungsevangelisten, erzählten dort ihre Geschichte und bewarben sich um die Mitarbeit. Sie wurden aber nicht angenommen. Nach einer gewissen Zeit des Abwartens und nach vielen Enttäuschungen kehrte das Ehepaar in seine alte Gemeinde zurück. Sie verloren ihr Haus und viel Geld, und später ließen sie sich scheiden.[14]

Die Worte, die der Prophet ausgesprochen hatte, klangen zwar so, als ob Jesus die Planung ihrer Zukunft offen gelegt hätte, aber so war es gerade nicht, sondern der Prophet bekam vom Heiligen Geist gezeigt, welche Herzenswünsche und Sehnsüchte dieses Ehepaar tief in sich verborgen hatte. Der Prophet hat bei dem, was er für dieses Ehepaar gespürt oder empfunden hat, nicht genau unterschieden, sondern er ist ohne weiteres davon ausgegangen, dass die Erkenntnis, die er erhalten hatte, die Absicht Gottes war, und so hat er es dann auch ausgesprochen. Hätte er genau unterschieden, dann wäre ihm klar geworden: „Moment mal, ich erkenne hier, was die beiden als große Sehnsucht auf dem Herzen haben." Deshalb hätte er innerlich beten und fragen müssen: „Herr, du siehst ihre Herzenswünsche, doch zeige du, was du darüber denkst oder planst oder tun willst."

Jetzt komme ich zurück zu 1. Korinther 14,24-25 (siehe oben). Die Gabe der Prophetie befähigt auch dazu, das Innere eines Menschen zu erkennen, beispielsweise seine Wunschträume, Herzensanliegen, Sehnsüchte und die geheimsten Wünsche. Durch diese Gabe kann allerdings auch verborgene Sünde wahrgenommen werden, und auf die gleiche Weise gute, gottgegebene Eigenschaften in einem Menschen erkannt werden. Diese prophetische Gabe (oder Gabe der Erkenntnis) kann sehr leicht verunreinigt werden, wenn der Charakter des Begabten nicht gefestigt ist. Die Gabe ist schon wirksam, wo es um das Erkennen geht, aber in der Auslegung und Anwendung

---

[14] John Bevere: Spricht so der Herr? Seite 67ff.

und auch im Verständnis des Empfangenen liegen Fehlerquellen. Erspürt der prophetisch Begabte etwas, was Gott tun will, oder das, was der Betreffende sich wünscht?

Auf die Dreiteilung Offenbarung, Auslegung, Anwendung möchte ich im Folgenden etwas näher eingehen.

1. Die Offenbarung

Im Neuen Testament wird dann von einer Offenbarung gesprochen, wenn Gott ein Geheimnis bekannt gibt. Wenn Gott etwas offenbart, zeigt er uns etwas, das wir auf natürliche Weise nicht erfahren.[15] Sobald nun jemand durch den Heiligen Geist eine Offenbarung bekommen hat, heißt das noch lange nicht, dass die ersten Gedanken, die er sich darüber macht, immer auch die richtige Auslegung enthalten. Die Erfahrung könnte vielmehr darauf hindeuten, je größere Offenbarungen jemand hat, desto schwächer ist er in der Auslegung. Der Betreffende sollte daher zunächst nur die genaue Offenbarung, die er für jemand anderen bekommen hat, aussprechen, also nicht gleich seine eigene Auslegung daran hängen. Häufig hört man in der Gemeinde so ein ganzes „Prophetiepaket", das erst einmal auseinander geschnürt werden muss, bis man genau herausgefunden hat, was die eigentliche prophetische Offenbarung ist, was Auslegung ist und was schon zur Anwendung gehört. Aber nur die eigentliche Prophetie, also das innere Bild, der Eindruck, ein bestimmtes Wort oder eine Vision sollte weitergegeben werden.

In kleinen Kreisen wie Hauskreis, Leitertreffen und Gebetsgruppen ist es in der Regel so, dass ich einen prophetischen Eindruck vor allen Anwesenden aussprechen kann. Gerade diese kleinen Kreise, in denen man sich kennt, bieten die richtige Atmosphäre, um zu lernen, Fehler zu machen und sich in Liebe und Geduld zu korrigieren. In einem größeren Rahmen wie beispielsweise im Gottesdienst sollten richtungweisende Prophetien in aller Regel nicht öffentlich weitergegeben werden, zumindest nicht von demjenigen, der die Offenbarung empfangen hat. Mit richtungweisenden Prophetien sind solche Offenbarungen gemeint, die sehr stark in das persönliche Leben des Einzelnen oder einer Gruppe hinein sprechen. Wenn jemand solche Prophetien hat, dann ist sein Ansprechpartner die Leiterschaft der Gemeinde, das sind je nach Struktur die Ältesten, der Pfarrer oder Pastor, die Gemeindeleitung oder sonstige Leiter. Überhaupt ist es hilfreich und bedeutet auch Schutz, wenn ein prophetisch Begabter nicht als Einzelgänger auftritt, sondern innerhalb seiner Gemeinde Teil eines Teams ist, in dem ähnliche Gaben vertreten sind. Wenn nun der Empfänger einer Prophetie gewisse Vor-

---

[15] Jack Deere, Überrascht von der Stimme Gottes, Seite 59

gehensweisen beherzigt, also die schlichte Offenbarung ohne eigene Ausschmückung an die Leiterschaft weitergibt, dann ist er seine Verantwortung los. Für die richtige Anwendung einer Prophetie ist nämlich nicht der Prophet verantwortlich, sondern die Leiterschaft. Eine Ausnahme gilt für Prophetien, die prophetische Symbole aus dem Leben des Propheten enthält, deren Bedeutung nur er selbst kennt. Darauf werde ich später im 7. Kapitel bei der Behandlung des Themas „Symbole" näher eingehen.

Einfache Prophetien, worunter ich Worte zur Auferbauung, zur Ermutigung und zum Trost verstehe, vielleicht einmal einen Vers aus einem bekannten Psalm oder ein Trostwort Jesu, können dagegen nach Rücksprache bzw. mit Genehmigung der Leiterschaft öffentlich ausgesprochen werden. So kann das prophetisch ausgesprochene Wort „Der Herr ist mein Hirte, mir wird nichts mangeln" aus Psalm 23 im Gottesdienst einer Gemeinde, die sich gerade Sorgen um die Finanzierung des neuen Gemeindegebäudes macht, durchaus eine große Ermutigung bedeuten und sollte trotz der Schlichtheit einer solchen Prophetie nicht verachtet werden.

2. Die Auslegung

Die Leiter können im Gebet auf die richtige Auslegung warten. Sie können auch andere prophetisch Begabte hinzuziehen und sie nach der Auslegung fragen. Natürlich ist der Empfänger der Prophetie selber auch gefragt und kann um die richtige Auslegung beten. Nicht unwichtig kann auch sein persönliches Empfinden beim Erhalt der Prophetie sein, ob er z.B. ein eher positives oder doch negatives Gefühl dabei hatte. Wenn der prophetische Eindruck von Jesus ist, dann wird er denen, die ihn ernsthaft danach fragen, durch das Wirken des Heiligen Geistes auch eine Auslegung geben. Übrigens, wenn der Heilige Geist zu uns redet, tut er dies häufig durch Symbole.

3. Die Anwendung

Zuletzt geht es um die Anwendung. Sollen wir das prophetische Wort und die Auslegung der ganzen Gemeinde mitteilen? Oder nur demjenigen, den es betrifft? Sollen wir es sofort tun oder erst nächste Woche? Sollen wir es überhaupt weitergeben, oder hat Gott uns etwas gezeigt, damit wir für den Betreffenden beten? Es ist nicht immer weise, jede Prophetie sofort vor der gesamten Gemeinde auszubreiten. In den folgenden Kapiteln werde ich einige Beispiele anführen, die deutlich machen, wie eine richtige Anwendung zum Segen werden kann, aber auch wie eine falsche Anwendung der prophetischen Gabe insgesamt Schaden zufügen kann.

Im Neuen Testament ist es häufig so, dass Prophetie in der Gemeinschaft auftritt, z.B. während ein geistliches Team zusammen ist, in Zeiten der gemeinsamen Anbetung oder auch im Verlauf eines Dienstes oder Einsatzes. Dazu möchte ich Sie an einige Begebenheiten in der Apostelgeschichte erinnern:

- Apostelgeschichte 11,27-28: „In jener Zeit kamen auch einige Propheten aus Jerusalem nach Antiochia. Einer von ihnen, ein Mann mit Namen Agabus, stand in einer der Versammlungen auf und weissagte (= sprach prophetisch), getrieben vom Heiligen Geist, dass eine große Hungersnot über das ganze Römische Reich hereinbrechen würde. Diese Prophezeiung erfüllte sich in der Regierungszeit des Claudius."

- Apostelgeschichte 13,1-3: „Zu den Propheten und Lehrern der Gemeinde im syrischen Antiochia gehörten Barnabas, Simeon, genannt der Schwarze, Luzius aus Kyrene, Manahen, der seine Kindheit mit König Herodes Antipas verbracht hatte, und Saulus. Eines Tages, während diese Männer einen Gottesdienst hielten und fasteten, sprach der Heilige Geist: ‚Ihr sollt Barnabas und Saulus für die besondere Aufgabe freistellen, für die ich sie ausersehen habe.‘ Da fasteten und beteten sie, legten ihnen die Hände auf und sandten sie aus."

- Apostelgeschichte 16,6-10: „Danach reisten Paulus und Silas durch das Gebiet von Phrygien und Galatien, weil der Heilige Geist ihnen untersagt hatte, in die Provinz Asien zu gehen. Als sie dann ins Grenzgebiet von Mysien gelangten, wollten sie weiter in die Provinz Bithynien, doch auch das ließ der Heilige Geist nicht zu. Also zogen sie durch Mysien in die Stadt Troas. In der folgenden Nacht hatte Paulus eine Vision. Er sah einen Mann aus Mazedonien im Norden Griechenlands, der ihn bat: ‚Komm herüber und hilf uns.‘ Da beschlossen wir, sofort nach Mazedonien abzureisen. Wir waren sicher, dass Gott uns rief, auch dort seine Botschaft zu verkünden."

Abschließend möchte ich diese Thematik durch eigene Erlebnisse ergänzen. Wenn Jesus zu Ihnen redet und Sie auffordert, etwas zu tun, betrifft das Ihr ganzes Leben. In allen Bereichen Ihres Lebens sollen Sie hinhören und umsetzen, was er Ihnen sagt, auch in dem sensiblen Bereich des Geldes. Einmal zeigte mir der Heilige Geist, dass ich mir von meinem gesparten Geld nichts kaufen sollte, sondern einem unserer Freunde, der Missionar ist, einen ganz bestimmten Geldbetrag geben sollte. Sobald ich unseren Freund wieder traf, gab ich ihm das Geld. Er berichtete mir dann, dass er kurz vorher einen Geldbetrag in genau der gleichen Höhe an einen Mann verschenkt hatte, der das Geld dringend brauchte. Ich war erstaunt, wie genau Jesus solche Dinge nimmt und wie genau er sich offenbart.

Von einer Gruppe engagierter Christen wurden Wolly und ich zu der Gründungs-versammlung eines christlichen Werkes eingeladen. Bis kurz vor unserer Abfahrt waren wir uns unsicher, ob wir überhaupt hinfahren sollten und ob dort wirklich unser Platz war. An dem betreffenden Tag fuhren wir jedenfalls los und waren schon eine Zeitlang auf der Autobahn, als wir merkten, dass es vor uns einen Stau gab. Wir befanden uns zwischen Karlsruhe und Frankfurt und mussten uns entscheiden, ob wir auf der Autobahn bleiben oder bei der nächsten Ausfahrt herunter fahren sollten. Diese Ausfahrt war nur noch wenige Meter von uns entfernt, und da wir uns im Schritttempo vorwärts bewegten, blieb uns nicht viel Zeit. Neben uns auf der linken Spur fuhr ein Lieferwagen, der plötzlich rechts blinkte und signalisierte, dass er sich vor uns setzen wollte, um die Ausfahrt nicht zu verpassen. Wir ließen ihn nach rechts kommen, und als er einige Meter vor uns herfuhr, ehe er sich weiter nach rechts in Richtung Ausfahrt orientierte, konnten wir auf seiner Rückseite die Firmenaufschrift lesen, ein einziges Wort in Großbuchstaben: PROTECTUS. Vermutlich war es das Fahrzeug einer Sicherheitsfirma oder ein Sicherheitstransport. Kaum hatten wir beide dieses Wort PROTECTUS gelesen, sprachen wir unmittelbar darauf dieses Wort auf Englisch aus und sagten gleichzeitig zueinander: „Protect us". Das bedeutet übersetzt: Behüte uns, beschütze uns! Im Bruchteil einer Sekunde wurde uns klar, dass wir diesem Auto folgen sollten, um im Schutz Gottes und in Sicherheit zu sein.

Inzwischen waren wir auf einer Brücke und konnten von dort aus über einige Kilo-meter den weiteren Verlauf der Autobahn vor uns sehen: ein riesiger Stau. In letzter Sekunde bogen wir ebenfalls ab und fuhren hinter dem Lieferwagen her in die Ausfahrt. In der nächsten Ortschaft hielten wir an, gingen etwas essen und fuhren später wieder nach Hause zurück. Unser Eindruck war, dass Gott uns beschützen wollte, er wollte nicht, dass wir zu diesem Treffen fahren. Wenige Jahre später haben die Initiatoren des christlichen Werkes, die uns damals für die Mitarbeit gewinnen wollten, so große Probleme bekommen, dass das Werk eingegangen ist.

Was mir gelegentlich zu schaffen macht, ist, wenn ich manchmal in meiner stillen Zeit Fragen an Jesus richte: „Welches Haus sollen wir kaufen, in welche Gegend sollen wir ziehen?" Gerade für diese Fragen haben wir oft lange gebetet. Wenn ich dann hinhörte, sagte mir Jesus: „Ruf Annie und Peter an und kümmere dich um sie." Nanu? Hatte Jesus mich nicht verstanden? An Annie und Peter habe ich doch gar nicht gedacht, geschweige denn für sie gebetet! – Aus solchen Erfahrungen lernte ich, dass Jesus manchmal andere Dinge wichtiger sind als meine gegenwärtigen Gedanken und Anliegen, auf die er schon zu seiner Zeit zurückkommen wird.

Prophetische Formen

Es gibt gewisse Unterschiede in der Art, wie prophetisch begabte Menschen tätig werden. Versuchen Sie ruhig einmal, anhand der nachfolgenden Übersicht herauszufinden, welche Formen von Prophetie in Ihrer Gemeinde vertreten sind.

- **Ein prophetisch begabte Seelsorger,** man könnte ihn auch als einen seelsorgerlich begabten Propheten bezeichnen, wird häufig Verborgenes in einem Menschen aufdecken oder gezeigt bekommen. Menschen mit Verhaltensstörungen, inneren Nöten und Konflikten bekommen so die Wurzeln ihrer Probleme aufgedeckt und können Lösungen finden.Vor vielen Jahren erzählte ich Wolly morgens beim Frühstück einen Traum. Es ging um einen kleinen Jungen von fünf oder sechs Jahren, der etwas angestellt hatte. Während ich noch meinen Traum schilderte, legte Wolly sehr betroffen sein Brötchen auf die Seite und sagte: „Du, das bin ich, der kleine Junge in dem Traum. Das ist vor etwa vierzig Jahren wirklich passiert, was du geträumt hast, und ich habe es die ganzen Jahre total vergessen." Wolly konnte dann die Geschichte seelsorgerlich aufarbeiten und in diesem Bereich innere Heilung erfahren.

- **Der prophetisch begabte Prediger** wird in seiner Predigt Dinge sagen, die Erkenntnis beinhalten. So war es ja auch bei dem Redner in der Schweiz, der Wolly bei seiner Suche nach Gott ansprach.[16]

- **Der prophetisch begabte Fürbitter** wird von Gott Informationen und Details über andere Menschen und Gemeinden bekommen, damit er im Gebet für diese eintreten kann.

- Wer als **prophetisch Begabter** vorwiegend **mit der Gabe der Geisterunterscheidung** seinen Dienst tut, der wird die Motive und geistlichen Kräfte erkennen, die hinter bestimmten Menschen, Gruppen oder Organisationen stehen.

- **Der prophetisch begabte Visionär** wird Pläne, Aufgaben, besondere Begabungen oder auch die Berufung für andere Menschen, für Gemeinden, Orte usw. erkennen. Visionäre müssen aber darauf achten, dass sie im Überschwang nicht übertreiben, sondern wahrhaftig bei dem bleiben, was Gott ihnen gezeigt hat. Es geschieht eher selten, aber manchmal sehe ich Zeichen über einem bestimmten Menschen wie ein Horn, eine Posaune, einen Hirtenstab oder eine besondere

---

[16] Siehe Kapitel 3

Kopfbedeckung. Gelegentlich sehe ich dann auch die Namen von Orten und Städten, und in der Regel haben diese Zeichen mit der Berufung eines Menschen oder einer speziellen Aufgabe zu tun.

- **Der prophetisch begabte Berater oder Mentor** verfügt über eine besondere Weisheit und erkennt oft Zusammenhänge oder warum es im geistlichen Wachstum bei jemandem nicht weitergeht oder wodurch das nötige Wachstum gehindert wird. Seine Aufgabe kann manchmal auch sein, jemanden zu ermahnen oder sogar Warnungen auszusprechen.

Je nach dem Dienst, den jemand ausübt, können sich bei prophetisch begabten Menschen diese Formen auch mischen.

4. Auf welche Weise redet Gott?

Sicher haben Sie bemerkt, dass ich das Reden Gottes in meinem Leben ganz unterschiedlich empfinde; einmal ist es eine innere Stimme, einmal sehe ich geschriebene Worte, dann wieder ist es eine körperliche Empfindung, schließlich bekomme ich einen Traum mit einer konkreten Anweisung, und so könnte ich fortfahren und Ihnen viele verschiedenartige Wege aufzeigen, auf denen der Heilige Geist sich bemerkbar macht und mir etwas mitteilt. Wer von Ihnen ähnliche Erfahrungen gemacht hat, wird mir darin beipflichten, dass Gott ungemein kreativ ist, wenn es darum geht, uns auf sich aufmerksam zu machen.

Natürlich habe ich auch schon Gespräche mit Vertretern gewisser Glaubensrichtungen geführt, die der Auffassung sind, das Reden Gottes, wie es im Alten Testament und im Neuen Testament überliefert ist, habe zu dem Zeitpunkt aufgehört, als die gesamte Bibel in schriftlicher Form vorlag. Seitdem offenbare sich Gott ausschließlich durch sein geschriebenes Wort, eben durch die Bibel. Ich teile diese Auffassung nicht, obwohl ich erlebe und auch glaube, dass Gott sich beständig und am verlässlichsten durch sein geschriebenes Wort mitteilt. Wer sich näher mit diesem Streitgegenstand und der jeweiligen Argumentation auseinandersetzen möchte, dem empfehle ich an dieser Stelle die Bücher von Jack Deere, der als ein ursprünglicher Verfechter dieser Bibelauslegung mit viel Verständnis und voller Liebe seine Sicht dazu äußert.

Es würde zu weit führen, alle denkbaren Wege aufzuzeigen und im Einzelnen darzustellen, wie Gott sich seinen Kindern offenbart und welche Möglichkeiten er einzusetzen weiß. Ich habe versucht, die wichtigsten Wege zu erfassen, mit denen ich selbst oder prophetisch begabte Freunde in meiner Umgebung Erfahrungen gemacht haben, und diese Wege vor dem jeweiligen biblischen Hintergrund zu erläutern. Herausgekommen ist die folgende Übersicht, die auf die nach meiner Beobachtung zehn häufigsten Arten von Gottes Reden eingeht. Jetzt mag jemand von Ihnen in meiner Zusammenfassung die besondere Erfahrung vermissen, die Sie selbst mit dem Reden Gottes in Ihrem Leben gemacht haben. Dagegen kann ich nichts einwenden, weil – wie schon von einem der alten Propheten gesagt wurde – Gottes Wege so viel höher sind als unsere Wege und seine Gedanken so ganz anders als unsere Gedanken.[17] Mir geht es hier aber vorrangig darum, Ihnen die Wege aufzuzeigen, die Gott gewöhnlich immer wieder benutzt.

---

[17] vgl. Jes. 55,9

1. Gott redet durch sein geschriebenes Wort

Die wichtigste Quelle, durch die wir unser ganzes Leben lang täglich eine neue Offen-
barung Gottes erhalten können, ist und bleibt natürlich die Heilige Schrift, die Bibel.
Wolly und ich beginnen jeden Tag mit einer gemeinsamen Bibellese und fragen dann
Jesus, was er uns durch den jeweiligen Text sagen möchte. Immer wieder erleben
wir, dass uns ein Wort besonders trifft und in eine aktuelle Situation hineinspricht.
Diese Art des Hörens auf Gott sollte für jeden Christen ein normaler Bestandteil des
Alltags sein.

Seit dem Jahre 1999 treffen sich in unserem Haus zweimal im Monat leitende Mitarbeiter aus derzeit elf verschiedenen Kirchengemeinden aus einem Umkreis von rund
siebzig Kilometern. Diesen Mitarbeitern wollen wir bei den Treffen entsprechende
Lehre vermitteln und praktische Handreichung bieten, damit sie in der prophetischen
Gabe wachsen können und sicherer im Umgang damit werden. In der Regel besteht
so ein Abend aus drei Abschnitten: einer Zeit des Lobpreises und der Anbetung, einer
Zeit der lehrmäßigen Unterweisung und einer Zeit des Hörens auf Gottes Stimme
samt Auslegung und Anwendung. Im Frühjahr 2008 bekam ich in diesem prophetischen Arbeitskreis während der Zeit des prophetischen Hörens ein inneres Bild und
sah, wie Jesus verschiedenen Teilnehmern die Hände auflegte. Bei einem Ehepaar
nahm er deren Füße in die Hände und hob sie an, so dass sie gleichsam schwebten.
Ein weiteres Ehepaar umfasste er so, dass sie von allen Seiten umgeben waren. Dann
sah ich, wie er Wollys und mein Herz in die Hände nahm, als wenn wir beide nur
ein einziges Herz hätten, und es gestaltend und schöpferisch festhielt. Aus dem Kreis
der Teilnehmer ergab sich eine Auslegung für die anderen beiden Ehepaare, die damit
übereinstimmten und dadurch ermutigt wurden. Im Hinblick auf Wolly und mich
gab es zunächst keine überzeugende Klarheit, so dass ich die Einzelheiten des Bildes
in mein so genanntes Traum-Tagebuch schrieb, um später für die richtige Auslegung
beten zu können.

Eine Woche nach dieser Zusammenkunft wachte ich morgens mit Kopfschmerzen
und Kreislaufstörungen auf und fühlte mich selbst nach einem guten Frühstück noch
kraftlos und erschöpft. Während Wolly und ich gemeinsam in die Stadt fuhren, da
ich während seiner Arbeitszeit diverse Einkäufe und Erledigungen vornehmen wollte,
wurde diese Übelkeit zunehmend schlimmer. Ehe Wolly in sein Büro ging, betete er
noch besorgt für mich und segnete mich, doch ich war der Meinung, durch das Her-
umlaufen in der frischen Luft würde es schon besser werden. Es verging jedoch keine
halbe Stunde und ich hatte massive Herzbeschwerden. Ich schaffte es gerade noch in
die Praxis meiner Hausärztin. Nach dem sofortigen EKG diagnostizierte sie ein Vorhofflimmern und organisierte einen Krankentransport in die Herzklinik. Zum Glück

informierte sie postwendend Wolly, der in seinem Büro alles stehen und liegen ließ und mir hinterher fuhr, so dass wir zeitgleich in der Klinik eintrafen. Schon unterwegs wurde ich an das prophetische Bild aus dem Arbeitskreis erinnert, ich sah noch einmal Jesus mit dem Herzen in seiner Hand und wusste, dass ich in ihm vollkommen sicher und geborgen bin. Das machte mich innerlich so ruhig, dass ich nach recht kurzer Zeit von der Intensivstation auf die Normalstation verlegt werden konnte, wo in den nachfolgenden Stunden die entsprechenden Untersuchungen am Herzen vorgenommen wurden. Wolly war in der ganzen Zeit bei mir und betete für mich. Die Ärzte fanden allerdings keine klare Ursache für das Vorhofflimmern.

Am nächsten Morgen während unserer gemeinsamen stillen Zeit schlugen wir erwartungsvoll unser Losungsbuch auf und sahen als Text für die tägliche Bibellese Johannes 14,1-6. Kaum hatte ich meine Bibel geöffnet, da sprang mich Vers 1 regelrecht an: „Euer Herz erschrecke nicht! Glaubt an Gott und glaubt an mich!" (Luther 1984). Ich brauchte gar nicht weiter zu lesen und wusste mit einer ganz festen inneren Überzeugung, dass dieser Vers Gottes Antwort auf mein Herzflimmern war. Gleichzeitig war ich getröstet, weil mir bewusst wurde, dass mir das prophetische Bild im Arbeitskreis in der Woche zuvor zur Vorbereitung gegeben worden war. Jesus hält mein Herz in seiner Hand, und ich brauche mich nicht zu erschrecken. Diese Erkenntnis hat mir bei weiteren ärztlichen Untersuchungen in den nachfolgenden Wochen jegliche Angst genommen. Also nahm ich brav meine Tropfen und freute mich über meinen ausgeglichenen Herzrhythmus.

Am Ende des Jahres 2008 saß ich mit Freunden in einem Café, in dem ich noch nie zuvor war, und wir tauschten uns aus. Kurz vor meinem Aufbruch kam eine mir unbekannte Frau auf mich zu und drückte mir mit den Worten „Ich soll dir von Gott eine Ermutigung geben" ein Kärtchen in die Hand, auf dem geschrieben stand: „Dein Herz ist in Gottes Herz und Gottes Hand." – Wie sollte ich Jesus nicht lieben, wo er mir zeigt: ich kenne dich genau und weiß, wie es dir geht.

Doch im Mai des Jahres 2009 war ich erneut wegen Herzrhythmusstörungen im Krankenhaus. Auf ärztlichen Rat hin überlegten wir uns, unser Haus zu verkaufen und an einen kühleren Ort zu ziehen. An meinem Geburtstag, dem 2. Mai, lasen wir in der täglichen Losung folgenden Text aus Johannes 14, 1 ff.: „Unerschüttert sei euer Herz; vertraut auf Gott und vertraut auf mich. In meines Vaters Haus sind viele Wohnungen. (...) Ich gehe hin, um euch einen Platz zu bereiten." (Hans Bruns) Wir waren überrascht, dass Gott das gleiche Wort noch einmal gegeben hat, dieses Mal für das Herz und für die Wohnungssuche. Einige Monate später bekam ich während meiner Gebetszeit, in der ich konkret um Klarheit für den neuen Wohnort betete, einen kleinen Ort im Schwarzwald gezeigt, den ich mir in meinem Buch mit prophetischen

Eindrücken notierte. Im Zusammenhang mit dem Verkauf unseres Hauses und der Suche nach der richtigen Bleibe, was sich über eine längere Zeit hinzog, waren wir allerdings so beschäftigt, dass ich den Eintrag in meinem Buch schlichtweg vergaß. Im Sommer 2010 konnten wir schließlich in unser kleines Traumhaus in einem kleinen Ort im Schwarzwald einziehen. Ein halbes Jahr später saßen Wolly und ich zusammen und ich blätterte wieder einmal eines meiner Bücher mit prophetischen Eindrücken und Träumen durch. Dabei stieß ich plötzlich auf den besagten Eintrag. Wir waren schon verblüfft, dort den Namen des Ortes zu lesen, in dem wir seit unserem Umzug leben und sehr glücklich sind.

Zwischenzeitlich gibt es auch eine Auflösung für Wolly, denn in meinem inneren Bild vom Frühjahr 2008 hatte ich ja gesehen, dass Jesus auch Wollys Herz in die Hände genommen hatte. Und Jesus hat es wirklich getan! Lesen Sie dazu ruhig noch einmal sein Geleitwort auf Seite 4.

Immer wieder kommt es vor, dass mich ein Wort aus der Bibel mitten ins Herz trifft. Ich erkenne darin dann eine Antwort auf meine Fragen, eine Ermutigung für eine hoffnungslose Situation, oder ein Fehlverhalten an mir. Ein Bibeltext kann auch eine Korrektur sein. Ein Beispiel: Ich lese eines Tages in Galater 6,4 folgenden Text: „Jeder prüfe sein eigenes Tun, dann wird er das, was etwa rühmenswert ist, für sich behalten und nicht vor anderen prahlen." (Hans Bruns) Diese Zeilen fordern mich zum Nachdenken heraus. Prahle ich mit meinen Gaben? Gebe ich damit an? Jesus denkt so vollkommen anders als wir Menschen. Alles, was ich kann, kommt ja von ihm, denn er wirkt durch mich. Mit solchen Gedanken gehe ich dann viel bewusster in den Tag und überprüfe mein Reden und mein Verhalten Anderen gegenüber.

2. Gott redet durch die innere Stimme des Geistes

Die innere Stimme ist eine recht häufige Ausdrucksform des prophetischen Wortes. In Johannes 16,13 sagt Jesus: „Doch wenn der Geist der Wahrheit kommt, wird er euch in alle Wahrheit leiten. Er wird nicht seine eigenen Anschauungen vertreten, sondern wird euch sagen, was er gehört hat. Er wird euch von dem erzählen, was kommt."

Ein solches Reden des Heiligen Geistes empfinden wir als

1. eine Stimme in unserem Herzen;
2. einen Eindruck, Impuls, ein Drängen;
3. einen Gedanken, der immer wiederkommt;
4. ein inneres Empfinden im Gewissen

Wenn mir der Heilige Geist einen Eindruck gibt, dann darf ich das nicht damit verwechseln, dass ich mir etwas ausdenke. In meinen Gedanken wird nämlich sehr vieles an Erlebnissen verarbeitet, und ich habe recht viele Wünsche, die durch meine Gedanken geistern. Wenn ich mir dann etwas ausdenke, kann genau das hochkommen, was sich in meinen Gedanken befindet. Ich will das verdeutlichen. Vor einiger Zeit sind wir ins Auto gestiegen, um in die Stadt zu fahren. Beim Losfahren hatte ich plötzlich einen kurzen Eindruck und danach ein blitzartiges Bild. Der Eindruck war: jemand steckt einen Nagel in unseren Autoreifen. Dann sah ich blitzartig, wie wir mit diesem Nagel im Autoreifen fahren. Wolly und ich befanden uns allerdings gerade in einem Gespräch, und so habe ich dann vergessen, ihm diesen Eindruck zu sagen.

Während Wolly im Büro war, erledigte ich verschiedene Einkäufe in der Stadt. Anschließend trafen wir uns und gingen in die Tiefgarage unter seinem Büro, wo unser Auto geparkt war. Kurz nach dem Losfahren bemerkten wir einen unruhigen Radlauf, und das Auto zog auch leicht nach links. Da erinnerte ich mich an den Eindruck und das Bild und erzählte es Wolly. Deshalb untersuchte Wolly an der nächsten Tankstelle die Reifen und entdeckte vorn links einen dicken Nagel, der mehrere Zentimeter tief im Reifen steckte. Der Tankwart hatte das nötige Werkzeug und zog den Nagel heraus, worauf sofort die Luft ausströmte. Hätte ich Wolly sofort den Eindruck gesagt, hätten wir beten können und die Geschichte womöglich verhindert. Jedenfalls sind wir mit 140 auf der Autobahn nicht verunglückt, und unser Reifenhändler konnte den Reifen sogar reparieren.

So einen Eindruck kann man sich nicht ausdenken. Natürlich kann Jesus mein Denken und Wünschen leiten, und darum bete ich auch täglich. Trotzdem geschieht es in meinem Leben nur stückweise. Andererseits kenne ich einige Menschen, die sich etwas ausgedacht haben, diese Gedanken für das Reden Gottes gehalten haben und hinterher von Gott sehr enttäuscht waren, als ihre Gedanken nicht eintrafen.

Während Wolly beruflich in Karlsruhe tätig war, erhielt er kurzfristig ein interessantes Angebot für einen Stellenwechsel. Kurzfristig hieß in diesem Zusammenhang, dass er genau vierundzwanzig Stunden Zeit für diese Entscheidung hatte. Sehr gern hätten wir uns mit unserem älteren Freund John Gilman in Kansas City besprochen, der in beruflichen Dingen ein guter Ratgeber war, doch wir wussten, dass er zu der Zeit mit seinem Wohnwagen irgendwo in Amerika unterwegs und nicht erreichbar war. So haben Wolly und ich auf unserem Abendspaziergang um Weisheit für die richtige Entscheidung gebetet und dabei auch ausgesprochen, dass es schön gewesen wäre, die Angelegenheit noch mit unserem Freund John besprechen zu können. Kaum waren wir wieder zuhause, klingelte das Telefon: „Hier ist John aus Amerika, wir sind gerade am Strand in Florida, und ich hatte den starken inneren Eindruck, ich sollte euch mal anrufen. Was ist los bei euch?" Unser Freund John Gilman hatte offenbar ein gutes Gespür für die oft leise Stimme Gottes entwickelt.

Diese Form des Redens Gottes tritt bei mir besonders in der Fürbitte und während meiner Gebetszeiten auf. Manchmal bedeutet das nur, dass ich beim Beten für jemanden eine Bibelstelle bekomme. Ist sie ermutigend, dann schreibe ich demjenigen eine Karte oder ich rufe den Betreffenden an.

Es kommt aber auch immer wieder vor, dass ich für jemanden bete, der sehr krank oder mit Problemen beladen ist. Wie aus heiterem Himmel habe ich manchmal in meinen Gedanken eine ganz neue Liedmelodie und einen Text dazu – oder einen Bibelvers, der zur Melodie passt. Dann nehme ich meine Gitarre und singe dieses Lied für den Betreffenden. Oder es ist ein bekanntes Lied, und auch dieses singe ich dann. Gelegentlich bekomme ich beim Beten auch einen bestimmten Einblick in eine Problematik, einen Gedanken oder eine Erkenntnis dazu.

Lange Zeit habe ich für eine vollzeitliche Mitarbeiterin in einer Gemeinde gebetet. Da bekam ich ein inneres Bild: Es sah so aus, als ob Luft in ihre Venen gepumpt würde, besonders in die Arme und Hände. Der Luftdruck wurde so stark, dass die Venen das nicht aushalten konnten. Gott gab mir auch eine Erkenntnis zu diesem Bild: Diese Frau steht so unter Druck bzw. sie setzt sich selbst so unter Druck, dass sich der Druck körperlich auf ihre Arme und Hände auswirkt.

Nach diesem inneren Bild betete ich eine lange Zeit für diese Frau. Eine ganze Weile später ließ sie sich vom Arzt untersuchen, weil sie so starke Schmerzen in den Armen und Händen hatte, dass es kaum auszuhalten war. Als sie mich um Gebetsunterstützung bat, erzählte ich ihr von meinen Eindruck. Sie wollte ihre offensichtliche Drucksituation allerdings nicht wahrhaben, sondern ließ nur die medizinischen Befunde gelten. So unterzog sie sich einem ärztlichen Eingriff, worauf eine kleine Besserung eintrat. Als die ursprüngliche Problematik jedoch wieder auftrat, ging sie in die Seelsorge, um herauszufinden, warum sie sich selbst so unter Druck setzte. In mehreren Gesprächen lernte sie schließlich, den Druck abzugeben anstatt ihn auszuüben.

Manchmal habe ich mich in der Vergangenheit gefragt, wozu mir Gott Gedanken, Bilder und Eindrücke gibt, die gar nichts Großartiges beinhalten, sondern häufig alltägliche Situationen betreffen. Im Laufe der Zeit habe ich herausgefunden, dass Gott mir damit einfach etwas zeigen möchte: Es stimmt, was ich in deine Gedanken lege, es trifft ein. Du sollst sicher darin werden, meine Stimme von anderen Stimmen in deinen Gedanken unterscheiden zu können. Außerdem – und darüber bin ich sehr glücklich – interessiert sich Gott auch für die kleinen Dinge in meinem Alltag.

Eines Tages legte ich mich mittags sehr müde ins Bett. Ich war schon fast eingeschlafen, da klingelte im Untergeschoss das Telefon und hörte nach einer Weile auf. In meinen Gedanken tauchte der Satz auf: es ist Wolly, der deine Hilfe braucht. Also überwand ich meine Müdigkeit und stand auf, ging die Treppen hinunter, rief Wolly an und fragte ihn: hast du mich angerufen? In der Tat hatte er versucht, mich telefonisch zu erreichen, da es um die Einteilung zu einem Bereitschaftsdienst ging und er für die Planung meine Hilfe brauchte.

Am zweiten Weihnachtstag 1999, einem kalten Wintertag, stand ich morgens auf und hatte gleich den inneren Impuls, sofort das Frühstück zu machen, weil demnächst der Strom ausfallen würde. Ich brühte den Tee auf, kochte Eier und stellte unsere Heizung auf die höchste Stufe. Kaum saßen wir am Frühstückstisch, ging draußen ein mächtiger Sturm los, der später den Namen Lothar bekam. Wolly und ich standen im Obergeschoss am Fenster und sahen zu, wie auf den Bergen hinter unserem Haus die Bäume vom Wind umgeknickt wurden wie Streichhölzer. Kurz darauf fiel der Strom aus und kam erst nach einigen Stunden wieder.

Schließlich noch ein Beispiel, wie Gott ganz konkret Fragen beantwortet: Einer unserer langjährigen Freunde war sich unschlüssig, wie es beruflich mit ihm weitergehen würde, da er mehrere lukrative Angebote bekommen hatte. So kam er zu Besuch und bat uns, gemeinsam mit ihm Gott zu fragen. Während der gemeinsamen Gebetszeit zeigte Gott mir das Bild eines Bahnhofs mit dem Stationsschild „London". Nun hatte keines der beruflichen Angebote mit Großbritannien zu tun, und so wartete unser Freund erst einmal ab. Etliche Monate später bekam er dann tatsächlich und völlig unerwartet eine berufliche Spitzenstellung in London angeboten. Er nahm den prophetischen Eindruck als Bestätigung und ging nach London, wo er neben der beruflichen Karriere auch eine Weiterentwicklung in seinem Glaubensleben als Christ erfuhr.

3. Gott redet durch Visionen

Das Grundmuster für diese Art des Redens Gottes finden wir im Rahmen einer Begebenheit, die in 4. Mose 12 berichtet wird. Miriam und Aaron übten Kritik an ihrem Bruder Mose, weil dieser eine kuschitische Frau geheiratet hatte. Daraufhin sagte Gott in den Versen 6 bis 8 zu Mose, Aaron und Miriam: „Hört, was ich euch jetzt sage: Wenn unter euch ein Prophet des Herrn ist, gebe ich mich ihm in Visionen zu erkennen und rede mit ihm durch Träume. Bei meinem Diener Mose ist es aber anders; er hat sich in meinem ganzen Haus als treu erwiesen. Mit ihm spreche ich persönlich, direkt und nicht in Rätseln! Er sieht den Herrn in seiner Gestalt."Hieraus können wir folgendes ableiten: Im Normalfall redet Gott zu einem Propheten durch eine Vision oder durch einen Traum, und zwar nicht klar, sondern in Rätseln. Eine Erklärung dafür wird in 4. Mose 12 nicht gegeben, doch anhand weiterer Bibelstellen, die ich Ihnen in dem Kapitel über Symbole und deren Bedeutung nennen werde, lassen sich nachvollziehbare Gründe dafür ableiten.

Sowohl im Alten Testament als auch im Neuen Testament werden mehrfach Visionen beschrieben, und ich möchte Sie hier an zwei bekannte Beispiele erinnern. Im Zusammenhang mit der richtigen Anwendung einer Prophetie habe ich in dem vorherigen Kapitel bereits erwähnt, dass der Apostel Paulus während seiner zweiten Missionsreise mit seinem Team in eine Phase kam, in der er nicht mehr wusste, in welche Richtung die Reise weitergehen sollte. In Troas hatte Paulus dann die Vision, die in Apostelgeschichte 16, 9-10 folgendermaßen beschrieben wird: „In der folgenden Nacht hatte Paulus eine Vision. Er sah einen Mann aus Mazedonien im Norden Griechenlands, der ihn bat: ‚Komm herüber und hilf uns.' Da beschlossen wir, sofort nach Mazedonien abzureisen. Wir waren sicher, dass Gott uns rief, auch dort seine Botschaft zu verkünden." Das im griechischen Urtext verwendete Wort „to hórama", was wörtlich „das Geschaute" oder „das Gesehene" bedeutet, kann man auch mit Erscheinung, Gesicht, Vision übersetzen. Danach sah Paulus einen Mann und hörte ihn zu sich reden. Woran er diesen als Einwohner Mazedoniens erkannt hat, lässt sich nur vermuten; ich nehme an, Paulus erkannte ihn an der typischen Landestracht. Auffallend ist an dieser Schilderung, dass es zwar um ein Geschehen in der Nacht ging, dieses aber ausdrücklich nicht als Traum bezeichnet wurde, sondern als Vision.

Die zweite Vision, die ich erwähnen möchte, finden Sie in Daniel 10,4-11: „Am vierundzwanzigsten Tag des ersten Monats stand ich am großen Fluss Tigris. Ich blickte auf und sah einen Mann. Er hatte Kleider aus Leinen an und trug einen Gürtel aus feinstem Gold. Sein Körper funkelte wie ein Edelstein. Von seinem Gesicht gingen Blitze aus und seine Augen waren wie brennende Fackeln. Seine Arme und Füße schimmerten wie polierte Bronze und seine Stimme klang wie das Tosen einer großen Menschenmenge. Ich, Daniel, war der Einzige, der diese Vision sah. Meine Begleiter konnten die Erscheinung nicht sehen, waren aber trotzdem furchtbar erschrocken, so dass sie die Flucht ergriffen und sich versteckten. Ich stand also dieser gewaltigen Erscheinung ganz allein gegenüber. Da verließen mich meine Kräfte, ich wurde kreidebleich und konnte mich kaum noch aufrecht auf meinen Beinen halten. Als dann der Mann mit lauter Stimme zu sprechen begann und ich das Tosen seiner Stimme hörte, verlor ich das Bewusstsein und fiel ohnmächtig mit dem Gesicht zu Boden. Dann aber berührte mich eine Hand und stützte mich, so dass ich mich auf meine zitternden Knie und Hände erheben konnte. Der Mann sprach zu mir: ‚O Daniel, du von Gott Geliebter, hör aufmerksam zu, was ich dir zu sagen habe. Stell dich aufrecht hin, denn ich wurde zu dir gesandt.' Als er das zu mir sagte, stand ich zitternd auf."

An dieser Stelle kommt meist die Frage auf, was der Unterschied zwischen Vision und Traum ist. In beiden Fällen sehen wir prophetisch einen Geschehensablauf, den andere Menschen nicht sehen. Daniel betonte ausdrücklich, dass er der Einzige war, der diese Vision sah, und dass seine Begleiter nichts davon erkennen konnten. Ein prophetischer Traum wird uns gegeben, während wir schlafen. Eine prophetische Vision erhalten wir, während wir wach sind. Es kann auch vorkommen, dass wir nachts wach werden und prophetisch etwas sehen; dann spricht man von einer Nachtvision. Der Prophet Sacharja erhielt zur Zeit des Alten Testamentes überwiegend prophetische Informationen in Form von so genannten Nachtgesichten.[18] Auch die Vision des Paulus in Troas wird als eine solche zu bezeichnen sein.

Ich möchte Ihnen noch von einer Vision berichten, die schon etwas zurückliegt. Wolly und ich waren damals in Spanien im Urlaub und machten gerade einen Strandspaziergang. Salzluft, Sonne, das schwappende Wellengeräusch – es war schön, und wir waren entspannt. Plötzlich sah ich riesengroß ein Bild wie ein Dia vor mir. Das Dia wurde zu einem Film mit Bildern, die sich bewegten, und ich sah folgendes:

Meine kleine eineinhalbjährige Nichte Andrea war vom Bauch bis zu den Zehen eingegipst. Die andere zweieinhalbjährige Nichte Sarah sah ich bei uns im Haus wohnen. Eine große Unruhe kam über mich. Ich erzählte es Wolly. Wir beteten und beschlossen dann, den Urlaub einige Tage früher zu beenden und die Heimreise anzutreten. Dort erfuhren wir, dass die kleine Andrea sehr krank war und überraschend an der Hüfte operiert werden musste. Andreas Mutter musste mit dem Kind für mehrere Wochen in eine weit entfernte Spezialklinik. Ihr Vater hatte gerade in einer anderen Stadt eine neue Arbeitsstelle angefangen, und beide Eltern fragten mich, was sie in dieser Zeit mit der kleinen Sarah machen sollten. Auf Grund der Vision wusste ich die Antwort und sagte: „Sarah wird in der Zeit bei uns wohnen." So geschah es dann auch, und wie ich es in der Vision gesehen hatte, bekam Andrea für drei Monate einen Gips von der Brust bis zu den Zehen.

4. Gott redet durch körperliche Empfindungen

Diese Art von Gottes Reden mag etwas ungewöhnlich klingen, doch wenn man damit noch keine Erfahrungen gemacht hat und die Zeichen an seinem eigenen Körper nicht einordnen kann, kann man leicht die Gelegenheiten des Heiligen Geistes verpassen. Ich hoffe, Sie erinnern sich noch an die schon erwähnte Fahrt zu einer Kirchengemeinde, während der ich plötzlich Schmerzen in der linken Hand bekam, die ich

---

[18] vgl. Sacharja Kap. 1-6 in der Elberfelder Übersetzung

zunächst nicht einordnen konnte. Sollten Sie dieses Erlebnis schon wieder vergessen haben, blättern Sie getrost zurück zum 3. Kapitel und lesen diese Geschichte noch einmal, die ein anschauliches Beispiel für Gottes Reden durch eine körperliche Empfindung ist.

Im letzten Kapitel des Lukas-Evangeliums wird berichtet, wie zwei Jünger sich auf den Weg von Jerusalem nach Emmaus machten. Alsbald schloss sich ihnen der auferstandene Jesus an, ohne dass sie ihn erkannten. Unterwegs erklärte Jesus ihnen wichtige biblische Zusammenhänge. Erst am Ende ihrer Reise wurde ihnen klar, wer ihr Begleiter war, doch da war Jesus bereits verschwunden. In Lukas 24,32 heißt es dann: Und sie sprachen zueinander: „Brannte nicht unser Herz in uns, wie er auf dem Weg zu uns redete und wie er uns die Schriften öffnete?" (Elberfelder) Diese körperliche Empfindung, die in der Bibelübersetzung Neues Leben mit folgenden Worten beschrieben wird: „War es uns nicht seltsam warm ums Herz?" hätte die Jünger sensibel machen sollen für die Tatsache, dass Gott zu ihnen redete.

Vor rund einem Jahr predigte Wolly in einer kleinen Kirche auf dem Land. Nach dem Gottesdienst bat eine Frau die Gemeindeältesten um Gebet. Wir beide hatten gerade noch ein anderes Gespräch und stellten uns erst danach zu dem Gebetsteam, wussten jedoch nicht, wofür konkret gebetet werden sollte. Kaum fingen wir an zu beten, spürte ich in meinem rechten Rippenbereich einen starken Schmerz. Beim Nachfragen bestätigte die Frau, dass sie im rechten Rippenbereich unter Schmerzen litt und dagegen Medikamente nahm. So beteten wir um Heilung genau für diesen Bereich. Zwei Wochen später predigte Wolly wieder in dieser Kirche, die Frau kam auf mich zu und ich fragte sie, wie es ihr geht. Sie erzählte mir, dass ihre Beschwerden bereits nach zwei Tagen verschwunden waren.

Ein befreundeter Pfarrer berichtete uns, dass er in seiner Gemeinde während einer Gebetszeit plötzlich starke Schmerzen im rechten Knie verspürte. Zuerst war er ratlos, doch er wusste genau, dass mit seinem Knie alles in Ordnung war und dass es keinen Grund für diese starken Schmerzen gab. Da unser Freund schon langjährige Erfahrungen mit dem Reden Gottes gemacht hatte, wurde ihm bald klar, dass der Heilige Geist ihm dadurch etwas sagen wollte. So sagte der Pfarrer zu seiner Gemeinde: „Ich habe den starken Eindruck, dass heute jemand unter uns ist, der starke Schmerzen im rechten Knie hat, weil da etwas nicht in Ordnung ist. Ich bitte denjenigen, nach vorn zu kommen, damit wir im Glauben für ihn um Heilung beten können. Ich denke, Jesus hat uns eine Offenbarung geschenkt, weil er heilen möchte." Tatsächlich kam jemand mit diesen Beschwerden nach vorn, ließ im Glauben für sich um Heilung beten und wurde gesund.

Manchmal empfinde ich einen körperlichen Schmerz, wenn ich in der Seelsorge mit jemandem spreche oder bete. Das könnte einerseits genau so eine Bedeutung haben, wie ich es gerade in dem Beispiel erwähnt habe. Es könnte andererseits aber auch eine symbolische Bedeutung haben. Wenn ich zum Beispiel während eines seelsorgerlichen Gesprächs Rückenschmerzen im Schulterbereich bekomme, kann das an meiner falschen Sitzhaltung liegen. Es kann aber auch ein Zeichen dafür sein, dass der Ratsuchende einen Vertrauensbruch erlitten hat oder dass ihm jemand, der ihm nahe steht, gewissermaßen in den Rücken gefallen ist. Wenn diese Redewendung fällt, wissen die meisten sofort, was damit gemeint ist. Weil der Ratsuchende jetzt innere Heilung braucht und sein Urvertrauen neu aufgebaut werden muss, zeigt mir der Heilige Geist durch diese Schmerzempfindung die tiefere Ursache der inneren Verletzung auf.

Nun fragen Sie sich sicher, wie man herausfinden kann, ob die Rückenschmerzen echte Schmerzen oder prophetische Empfindungen für den Ratsuchenden sind? Das möchte ich natürlich auch wissen, und so frage ich denjenigen einfach, ob er mit meinem Eindruck etwas anfangen kann. Oft geschieht dadurch schon eine Klärung. Wenn ich damit aber nicht weiterkomme und wenn meine Schmerzen trotz des Gebetes bleiben, dann dürfte wohl doch meine falsche Sitzhaltung die Ursache gewesen sein. Bin ich mir unsicher, so habe ich mir angewöhnt, folgendes Gebet zu sprechen: Herr, ich bin mir unsicher, ob du durch diese Schmerzen zu mir reden möchtest. Zeige mir doch das, was du mir mitteilen möchtest, auf eine andere Weise, die ich besser verstehe. Meistens erhört Gott solche Gebete, was mich darin bestätigt, dass eine ständige Empfangsbereitschaft für Gottes Impulse das innere Hören sehr erleichtert.

5. Gott redet durch ungewöhnliche Zeichen

Auch wenn Sie nicht regelmäßig im Alten Testament lesen sollten, ist Ihnen sicherlich der brennende Dornbusch ein Begriff. Dazu steht in 2. Mose 3,1-3 folgendes:

„Mose hütete die Herde seines Schwiegervaters Jitro, des Priesters von Midian. Eines Tages trieb er die Tiere durch die Wüste und kam zum Horeb, dem Berg Gottes. Da erschien ihm ein Engel des Herrn in einer Feuerflamme, die aus einem Dornbusch schlug. Mose sah, dass der Busch zwar in Flammen stand, aber nicht verbrannte. ‚Das ist ja seltsam,' sagte er zu sich selbst. ‚Warum verbrennt dieser Busch nicht? Das muss ich mir näher ansehen.'" Eine ungewöhnliche Naturerscheinung erregt hier Moses Aufmerksamkeit und bringt ihn ins Fragen. Als er der Sache auf den Grund gehen will, hört er plötzlich Gottes Stimme.

Das Besondere, das Übernatürliche und Geheimnisvolle steht auch heute noch im Mittelpunkt unseres Interesses. Davon werden wir angezogen, und es bringt uns zum Nachdenken. Es muss nicht gleich eine sprechende Eselin sein, wie sie Bileam erlebte[19], doch Wolly hat auch schon einmal erlebt, dass Gott durch die Begegnung mit einem Tier zu ihm redete.

Wolly weiß, dass er im Büro zuviel sitzt, und zum Ausgleich hat er vor über fünfundzwanzig Jahren mit dem Jogging angefangen. Inzwischen ist er älter geworden und geht am Stock, genauer gesagt, an zwei Stöcken, und auf Neudeutsch heißt das Nordic Walking. In dieser Zeit kann er oft besonders gut beten. Als er noch gejoggt ist, lief er einmal an einem Dienstagnachmittag am Waldrand entlang. Plötzlich brach ein paar Meter vor ihm ein kapitaler Hirsch aus dem Wald hervor. Er überquerte den Weg und lief dann mit großen eleganten Sprüngen über die Wiese davon. Wolly schaute ihm hinterher und war begeistert, denn das letzte Mal, dass ihm in freier Natur ein Hirsch auf vier bis fünf Meter Entfernung begegnet ist, war schon etwas her. Während er dann weiterlief und betete und auch über den Hirsch nachdachte, kam in ihm die Frage hoch, ob diese Begegnung eine Bedeutung haben könnte. Spontan fiel ihm ein, dass Hirsch auf Englisch „deer" heißt. Sofort dachte er an unseren Freund Jack Deere, und im Gebet fragte er Jesus, ob Jesus ihn vielleicht durch dieses Zeichen an Jack Deere erinnern wollte. Konkret bekam er keinen weiteren Impuls mehr von Gott, doch er war überzeugt, dass die Begegnung mit dem Hirsch kein Zufall gewesen war, und so fing er noch unterwegs an, für Jack Deere zu beten. Er wusste, dass Jack gerade an einem neuen Buch schrieb, und so betete er um die richtigen Gedanken, Themen und Formulierungen. Dann fiel ihm ein, dass Jack seit Monaten sein Haus verkaufen wollte und noch keinen Käufer gefunden hatte. Also betete er auch, dass Jesus Jack den richtigen Käufer zeigen sollte.

Zwei Tage später bekamen wir einen Telefonanruf von Jack Deere. Im Verlauf unserer Unterhaltung fiel Wolly die Begegnung mit dem Hirsch wieder ein, und er wollte einfach wissen, ob da etwas dran war. Also fragte Wolly: „Du, Jack, wie weit bist du eigentlich mit deinem neuen Buch? Wie ging's denn diese Woche?" Seine Antwort: „Die Woche fing ganz furchtbar an. Am Montag habe ich stundenlang vor meinem PC gesessen und keinen vernünftigen Satz zustande gebracht." „Und wie war der Dienstag?" „Der Dienstag war ein großartiger Tag. Ich bekam schon morgens so viele gute Gedanken, dass ich kaum schnell genug schreiben konnte, und das ging den ganzen Tag so." Wolly erzählte ihm dann, dass er genau dafür gebetet hatte, und wenn man den Zeitunterschied zu Montana mitberücksichtigt, dann war es dort acht Uhr morgens, als Wolly die Begegnung mit dem Hirsch hatte. Daraufhin fragte Wolly

[19] vgl. 4. Mose 22,22-30

noch nach dem geplanten Hausverkauf. Jack antwortete: „Seit Wochen hat sich nichts gerührt, doch am Dienstag rief der Makler an und sagte, er habe jetzt einen neuen Interessenten und würde die nächsten Tage vorbeikommen."

Dieses Erlebnis hat uns sensibel dafür gemacht, dass ungewöhnlichen Zeichen und Begebenheiten Reden Gottes sein können.

6. Gott redet durch seine akustisch hörbare Stimme

Wenn es im Alten Testament heißt „So spricht der Herr!", dann ist damit nicht gemeint, dass der Prophet irgendwo von einem hohen Baum oder von einem Berg herab Gottes akustische Stimme gehört hat. Kein Bibelausleger geht davon aus, dass Gott Jesaja alle sechsundsechzig Kapitel seines Buches Satz für Satz diktiert hat. Vielmehr ist damit gemeint, dass Jesaja oder einer der anderen Propheten einen Eindruck, eine Vision oder einen Traum von Gott bekommen und anschließend die so erhaltene Information mit seinen eigenen Worten zu Papier gebracht hat.

Aber gelegentlich kam es und kommt auch heute noch vor, dass Menschen mit ihren Ohren akustisch Gottes Stimme hören. Mir selbst ist das noch nicht passiert. Freunde haben uns aber berichtet, dass sie von so einem Erlebnis so mitgenommen waren, dass sie einige Wochen gebraucht haben, um sich davon wieder zu erholen.Dem Propheten Daniel ging es auch so. Im Anschluss an eine Vision, die im achten Kapitel des Buches Daniel beschrieben wird, hörte Daniel plötzlich die Stimme Gottes und die des Erzengels Gabriel. In Vers 18 schreibt er darüber: „Als er so mit mir redete, wurde ich ohnmächtig und fiel mit dem Gesicht voraus auf den Boden." Als er wieder zu sich kommt, erhält er von Gabriel noch einige Erklärungen, und im Vers 27 schreibt er abschließend über diese Begebenheit: „Ich war nach diesem Erlebnis völlig erschöpft und war tagelang krank, so dass ich mich niederlegen musste."

Der Jünger Johannes berichtet in Offenbarung 1,17 über seine Begegnung mit Jesus: „Als ich ihn sah, fiel ich wie tot vor seine Füße. Aber er legte seine rechte Hand auf mich und sagte: ,Fürchte dich nicht!'"

Im Neuen Testament wird mehrfach davon berichtet, dass Gott akustisch vernehmbar gesprochen hat. In Johannes 12,28-30 lesen wir: „Jesus betete: ,Vater, verherrliche deinen Namen!' Da sprach eine Stimme aus dem Himmel: ,Ich habe ihn schon verherrlicht und werde es wieder tun.' Als die Menge die Stimme hörte, hielten einige sie für Donner, während andere erklärten, ein Engel habe zu ihm gesprochen. Da sagte Jesus zu ihnen: ,Die Stimme erklang euretwegen, nicht meinetwegen.'"

Diese Stelle ist für mich deswegen besonders interessant, weil hier an der Reaktion der Menschen abgelesen werden kann, was sie von dem akustisch wahrnehmbaren Reden Gottes tatsächlich mitbekommen haben. Vermutlich hat ein Teil der Anwesenden überhaupt nichts gehört. Ein weiterer Teil hat etwas gehört, dieses jedoch nicht als eine Stimme wahrgenommen, sondern als Donner. Eine dritte Gruppe hat eine Stimme gehört und daraus den Schluss gezogen, ein Engel habe zu Jesus gesprochen. Diese Gruppe ist schon recht nah dran, auch wenn sie den Inhalt des Gesprächs nicht verstanden haben. Eine vierte Gruppe schließlich, zu der zumindest der Jünger Johannes gehörte, hat sogar den Wortlaut der Stimme verstanden und war in der Lage, diesen Wortlaut aufzuschreiben. Diese Begebenheit sollte für uns ein Ansporn sein, so gut hören und unterscheiden zu lernen, dass wir in der Lage sind, Gottes Stimme als solche zu erkennen und auch zu verstehen, was er sagt.

In Matthäus 17,1-9 wird berichtet, wie Jesus mit Petrus, Jakobus und Johannes auf den Berg der Verklärung geht, wo ihnen Mose und Elia erscheinen. Plötzlich spricht die Stimme Gottes aus einer hellen Wolke: „Dies ist mein geliebter Sohn, an dem ich meine Freude habe. Hört auf ihn."

Lukas erzählt in Apostelgeschichte 9,3-7 und 22,7-10, wie auf der Straße vor Damaskus Jesus mit hörbarer Stimme zu Paulus sprach. Seine Begleiter haben zwar die Stimme gehört, aber vom Wortlaut nichts verstanden.

Jack Deere weist auf folgendes hin: Wenn Gott in unseren Tagen mit hörbarer Stimme spricht, bedeutet es gewöhnlich, dass Sie durch eine schwierige Erfahrung gehen und dabei absolut sicher sein können, dass Gott zu Ihnen gesprochen hat. Die Klarheit der Stimme gibt Ihnen Kraft, die Prüfung zu überstehen.[20]

7. Gott redet durch prophetische Handlungen

Das wohl bekannteste Beispiel für prophetische Handlungen im Neuen Testament findet sich in Apostelgeschichte 21,8-14:

„Dann reisten wir weiter nach Cäsarea und wohnten im Haus des Evangelisten Philippus, einer der sieben Männer, die gewählt worden waren, die Essensausgabe zu überwachen. Philippus hatte vier unverheiratete Töchter, die alle die Gabe der Prophetie besaßen. Während unseres mehrtägigen Aufenthalts traf ein Prophet mit Namen Agabus aus Judäa ein. Als er uns besuchte, nahm er den Gürtel des Paulus und fesselte

---

[20] A.a.O., Seite 134

sich damit an Händen und Füßen. Dann sagte er: ,Der Heilige Geist erklärt: So wird der Besitzer dieses Gürtels von den führenden Männern der jüdischen Gemeinde in Jerusalem gefesselt und den fremden Völkern ausgeliefert werden.' Als wir, die wir mit ihm reisten, und die Gläubigen am Ort das hörten, baten wir Paulus inständig, nicht nach Jerusalem zu gehen. Doch er sagte: ,Was soll das Weinen? Ihr zerreißt mir das Herz! Ich bin nicht nur bereit, mich in Jerusalem verhaften zu lassen, sondern auch für Jesus, den Herrn, zu sterben.' Als uns klar war, dass wir ihn nicht überreden konnten, gaben wir nach und sagten: ,Der Wille des Herrn geschehe.'"

Hier in Cäsarea handelte es sich um ein kleines Prophetentreffen, denn mit Agabus, den vier Töchtern des Philippus und Paulus, der nach Apostelgeschichte 13,1 gleichfalls zu den Propheten gerechnet wurde, waren dort mindestens sechs Gläubige mit der Gabe der Prophetie versammelt. Agabus zeigte durch seine prophetische Handlung, was Paulus in Jerusalem erwartete.

Das Alte Testament enthält eine Fülle von prophetischen Handlungen, durch die bildhaft zum Ausdruck gebracht werden sollte, was Gott den Menschen deutlich machen wollte. In Jeremia 19 kündigte Gott sein Gericht über Jerusalem an. In den Versen 1-2 beauftragte Gott Jeremia: „Geh und kauf dir einen Tonkrug. Dann nimm einige der Oberen des Volkes mit dir und etliche der vornehmsten Priester und geh hinunter vor das Scherbentor im Hinnomtal. Ruf dort laut die Worte, die ich dir sagen werde." Danach ist in den Versen 3-9 diese Botschaft Gottes enthalten. Ab Vers 10 sagt Gott schließlich:

„Dann, Jeremia, sollst du vor den Augen der Männer, die mit dir hinunter zum Tor gegangen sind, den Krug zerschmettern, den du gekauft hast. Sag ihnen: ,Der Herr, der Allmächtige, spricht: Ich werde dieses Volk und die Stadt Jerusalem zerschmettern, so wie man Tonkrüge zerschmeißt – sind sie einmal zerbrochen, kann man sie nicht mehr reparieren.'"

Das Zerschmettern des Tonkruges war eine prophetische Handlung, durch die Gott das Ausmaß des kommenden Gerichts über sein Volk versinnbildlichte.

Auch durch den Propheten Hesekiel übermittelte Gott vielfach seine Warnungen an das Volk Israel und kündigte sein Gericht für den Fall an, dass sein Volk keine Umkehr vollziehen sollte. Beispielhaft möchte ich Hesekiel 5 erwähnen. Verse 1-4: „Menschenkind, nimm dir ein scharfes Schwert als Schermesser und scher dir damit Kopf und Bart. Dann nimm eine Waage und teile das Haar auf. Ein Drittel sollst du mitten in der Stadt verbrennen, wenn die Tage der Belagerung vorbei sind. Zerstreue das zweite Drittel rings um die Stadt mit dem Schwert. Das letzte Drittel wirf in den Wind und lass es von ihm forttragen, denn ich werde mein Volk mit dem Schwert vertreiben. Behalte einen kleinen Rest von den Haaren und binde sie in deinen Mantelzipfel. Dann nimm einige dieser Haare heraus, wirf sie ins Feuer und lass sie verbrennen. Von ihnen wird sich ein Feuer über ganz Israel ausbreiten."

Nach den sich anschließenden Gerichtsworten erklärte Gott selbst in Vers 12 die Bedeutung dieser prophetischen Handlungen: „Ein Drittel deines Volkes wird in deiner Mitte durch Hunger umkommen und an der Pest sterben. Ein Drittel wird um dich herum im Kampf fallen. Und ein Drittel von ihnen werde ich in alle Winde zerstreuen und sie mit dem Schwert vertreiben."

Ähnlich anschaulich sind Hesekiels prophetische Handlungen in Kapitel 12,1-16. Nach diesen eher bedrohlichen Gerichtsworten möchte ich überleiten zu Kapitel 37,16-22, einer Prophetie, die mich im Zusammenhang mit der Wiedervereinigung in Deutschland immer wieder neu berührt, wenn ich sie nachlese. Hier gab Gott Hesekiel folgenden Auftrag:

„Menschenkind, nimm ein Stück Holz und schreib darauf: ‚Für Juda und für die mit ihm verbündeten Israeliten.' Dann nimm ein anderes Stück Holz und schreib darauf: ‚Für Josef, das Holz von Ephraim, und das ganze mit ihm verbündete Volk der Israeliten.' Dann vereinige die beiden in deiner Hand zu einem einzigen Holz. Wenn die Menschen aus deinem Volk dich fragen: ‚Willst du uns nicht sagen, was das bedeutet?' Dann sag: ‚So spricht Gott, der Herr: Seht, ich nehme das Holz von Josef, das in der Hand von Ephraim ist, und die Stämme von Israel, die seine Verbündeten sind, und lege sie auf das Holz von Juda. Ich mache sie zu einem einzigen Holz, so dass sie in meiner Hand zu einem Ganzen werden'. Und die Hölzer, auf die du geschrieben hast, sollst du vor ihren Augen in der Hand halten. Sag ihnen: ‚So spricht Gott, der Herr: Ich hole die Israeliten aus allen Völkern heraus, zu denen sie gekommen sind. Ich sammle sie von überall her, bringe sie in ihr Land und mache sie dort, auf den Bergen von Israel, zu einem einzigen Volk. Ein einziger König wird über sie alle herrschen; sie werden nicht länger in zwei Völker gespalten und in zwei Königreiche aufgeteilt sein.'" Ich denke, eine weitere Erklärung erübrigt sich hier. Zum Abschluss dieses Abschnittes möchte ich noch eine eigene Erfahrung weitergeben.

Meine Freundin war hochschwanger und wartete auf ihr Baby. Mitte Dezember bekam sie Wehen, alles war vorbereitet, doch das Baby kam nicht. Ich hatte dann einen Eindruck für sie, den ich ihr auch mitteilte: „Das Baby kommt, wenn es schneit." Ich glaubte, der Schneefall sollte für sie wie ein Zeichen sein. Der Dezember war in diesem Jahr jedoch sehr mild und es schneite überhaupt nicht. Schließlich kam der Januar und es wurde kälter, aber das Baby ließ immer noch auf sich warten. Dann stellte sich plötzlich heraus, dass die Ärzte sich mit dem Ultraschall vertan hatten und der für den Dezember berechnete Geburtstermin nicht gestimmt hatte.

Am achtzehnten Januar bekam ich dann den Impuls, Wolly und ich sollten zu unserer dreißig Minuten entfernt wohnenden Freundin fahren und sie für die bevorstehende Geburt segnen. Als Geschenk brachte ich ihr eine Bromelie mit – eine Pflanze mit dichten grünen Blättern, die aus ihrer Mitte heraus eine leuchtend rote Blüte hervorbringt. Erneut hatte ich den Eindruck, diese Blume sollte wie ein Zeichen sein. Als wir bei ihr ankamen, war sie zunächst ziemlich entmutigt. Ich gab ihr daraufhin die Pflanze wie ein prophetisches Zeichen und sage: „Wie diese wunderschöne Blüte mitten aus den Blättern hervorkommt, so kommt jetzt auch dein Baby." Plötzlich bemerkten wir, dass es draußen angefangen hatte zu schneien. Aber nach einiger Zeit hörte es wieder auf. Am nächsten Tag schneite es dann den ganzen Tag, und abends wurde das Baby geboren – ein wunderschönes schwarzhaariges Mädchen, eine richtige Prinzessin.

8. Gott redet durch himmlische Erscheinungen

Vor einigen Jahren fand in unserer Stadt ein internationaler Kongress zum Thema Engel statt. Schon Monate zuvor waren an markanten Stellen einladende Plakate angebracht, und als ich neugierig den Text unter der übergroßen Lichtgestalt las, stellte ich sofort fest, dass es sich nicht um eine christliche Veranstaltung handeln konnte. Alle möglichen esoterischen Vereinigungen hatten zu diesem großen Treffen eingeladen. In der größten Buchhandlung der Stadt war im Hinblick auf diesen Kongress ein Sonderstand aufgebaut, und als Wolly dort ein Buch bestellen wollte und mitten im Raum diesen Berg von Büchern sah, musste er sich eingestehen, dass er noch nie so viele verschiedene Bücher über Engel auf einmal gesehen hatte. Nicht einmal fünf Prozent davon stammten aus christlichen Verlagen. Bei dieser Veranstaltung ging es offensichtlich nicht um den Gott der Bibel und seine Engel.

Doch Engel spielen in der Bibel eine nicht unwichtige Rolle als Boten Gottes; und nicht nur im Alten Testament, sondern auch im Neuen Testament sind sie anzutreffen, wobei der Umgang mit ihnen recht unbefangen erscheint. Ich möchte Sie an drei Begebenheiten mit Engeln in der Apostelgeschichte erinnern.

Apostelgeschichte 5,17-21:

„Der Hohe Priester und seine Begleiter, die Sadduzäer, wurden von Neid erfüllt. Sie ließen die Apostel verhaften und ins Gefängnis werfen. Doch in der Nacht kam ein

Engel des Herrn, öffnete die Gefängnistore und führte sie hinaus. Dann sagte er zu ihnen: ‚Geht in den Tempel und verkündet den Menschen die Botschaft des Lebens!‘ Daraufhin gingen die Apostel bei Tagesanbruch in den Tempel und begannen zu lehren.“

Hier befreite Gott nicht nur die verhafteten Apostel durch einen Engel, sondern Gott redete durch die Engel auch zu ihnen und gab ihnen einen ganz bestimmten Auftrag, den die Apostel im Gehorsam auch sofort ausführten. Als sie sich später vor dem Hohen Rat rechtfertigen mussten, wiesen sie mutig auf Gott hin: „Man muss Gott mehr gehorchen als den Menschen.“ (Vers 29)

Apostelgeschichte 12,5-12:

„Doch während Petrus im Gefängnis saß, betete die Gemeinde inständig für ihn zu Gott. In der Nacht vor der Verhandlung schlief Petrus angekettet zwischen zwei Soldaten. Vor dem Gefängnistor hielten weitere Soldaten Wache. Plötzlich erschien ein strahlendes Licht in der Zelle, und ein Engel des Herrn stand vor Petrus. Der Engel stieß ihm in die Seite, um ihn zu wecken, und sagte: ‚Schnell! Steh auf!‘ Und die Ketten fielen von seinen Handgelenken. Dann sagte der Engel zu ihm: ‚Zieh dich an und schnüre deine Sandalen.‘

Das tat Petrus. ‚Und nun nimm deinen Mantel und folge mir‘, befahl der Engel. Petrus verließ die Zelle und folgte dem Engel in dem Glauben, er habe eine Vision. Ihm war nicht bewusst, dass das Ganze tatsächlich geschah. Sie passierten die erste und die zweite Wache und erreichten das Eisentor zur Straße, das sich wie von selbst vor ihnen öffnete. Sie traten hindurch und gingen eine Gasse hinunter, als der Engel ihn plötzlich verließ. Da begriff Petrus, was geschehen war. ‚Es ist wirklich wahr!‘ sagte er. ‚Der Herr hat seinen Engel gesandt, mich vor Herodes gerettet und vor dem, was die Juden mit mir vorhatten.‘ Er überlegte und ging dann zum Haus von Maria, der Mutter des Johannes Markus. Dort waren viele Menschen zusammengekommen, um zu beten.“

Für Petrus wiederholte sich hier die wundersame Befreiung aus dem Gefängnis. In der Zwischenzeit war die Lage deutlich ernster geworden, denn kurz zuvor hatte Herodes den Apostel Jakobus, den Bruder des Johannes, hinrichten lassen. Nun wollte er als nächsten Petrus hinrichten lassen, doch in der Nacht vor der entsprechenden Gerichtsverhandlung erschien ein Engel Gottes und befreite ihn. Dieses Mal wurde dem Petrus kein konkreter Auftrag erteilt, doch nach kurzem Nachdenken wusste er, was zu tun war. Gott hatte ihn augenscheinlich vor dem sicheren Tod bewahrt, damit er seinen begonnenen Dienst weiterführen konnte. So suchte er unmittelbar darauf die Gemeinschaft mit anderen Christen und blieb in Jerusalem, wo er weiter die junge

Gemeinde betreute. Wenige Kapitel später werden Sie Petrus neben Jakobus, dem Bruder Jesu, als Leiter der Jerusalemer Gemeinde wiederfinden.[21]

Apostelgeschichte 27,23-26:

„Letzte Nacht stand ein Engel des Gottes, dem ich gehöre und dem ich diene, neben mir und sagte: ‚Hab keine Angst, Paulus, denn du wirst auf jeden Fall vor dem Kaiser vor Gericht stehen! Und Gott in seiner Güte hat jedem sicheres Geleit zugesagt, der mit dir segelt.' Seid mutig! Denn ich glaube Gott und vertraue darauf, dass es genau so kommen wird, wie er es mir gesagt hat. Aber wir werden vor einer Insel Schiffbruch erleiden."

Paulus befand sich als Gefangener auf einem Schiff nach Rom. Schon zwei Wochen lang wurde das Schiff von einem gewaltigen Sturm über das Mittelmeer getrieben. Niemand wusste, wo sie sich befinden, und keiner glaubte mehr an Rettung. In dieser Situation schickte Gott seinen Engel zu Paulus und sagte ihm zu, dass er auf jeden Fall nach Rom kommen werde, auch wenn das Schiff vor einer Insel Schiffbruch erleiden wird. Paulus stellte die Worte des Engels überhaupt nicht in Frage, sondern hatte ein so starkes Gottvertrauen, dass er den anderen Passagieren von dieser Begegnung mit dem Engel erzählte und sie dadurch ebenfalls ermutigte.

Eine himmlische Erscheinung muss nicht immer die Anwesenheit eines Engels bedeuten. Im fünften Kapitel des Buches Daniel spielt eine solche Erscheinung eine wichtige Rolle. Da Ihnen diese Begebenheit sicher bekannt ist, fasse ich sie mit meinen eigenen Worten kurz zusammen:[22] Belsazar, der König von Babel, veranstaltete ein großes Trinkgelage. Um den Gott der Juden zu verspotten, servierte er seinen tausend Gästen den Wein in goldenen und silbernen Bechern, die sein Vater Nebukadnezar aus dem Tempel in Jerusalem erbeutet hatte. Im selben Augenblick erschien eine menschliche Hand mit Fingern und schrieb folgende Worte an die weiße Wand: Mene, Mene, Tekel, Parsin. Das waren prophetische Worte des Gerichts: Gezählt, gezählt, gewogen und geteilt. Daniel legte die Schrift aus: „Deine Tage als König sind gezählt, du bist gewogen und zu leicht befunden, dein Königreich wird geteilt und den Medern und Persern gegeben." Noch in derselben Nacht wurde Babel erobert und Belsazar getötet. Anders als bei einer Vision haben hier alle Anwesenden die schreibende Hand gesehen und sich hinterher Gedanken über die Bedeutung der Worte gemacht, die nach dem Verschwinden der Hand nach wie vor auf der weißen Wand zu lesen waren. Ich gehe davon aus, dass hier ebenfalls ein Engel Gottes erschienen

---

[21] vgl. Apg. 15,7 ff.

[22] Gleichwohl möchte ich Ihnen empfehlen, das gesamte spannende Kapitel 5 noch einmal zu lesen.

ist, um diese Gerichtsworte an die Wand zu schreiben. Um die Aufmerksamkeit nicht auf den, wohl in der Luft schwebenden, Engel zu lenken, sondern auf die Schrift, war nur die schreibende Hand des Engels sichtbar. Außerdem wurde nicht Klartext geschrieben, sondern rätselhafte Worte, für die eine Auslegung erforderlich war. Sehr schnell wurde den Verantwortlichen klar, dass nur ein einziger Mensch in der Lage war, die Bedeutung der rätselhaften Worte zu erklären: Daniel, der in diesen Dingen besonders von Gott begabt worden war.

Trotz meiner einführenden Bemerkungen zu dem Engelkongress in unserer Stadt bin ich davon überzeugt, dass Gott auch heute noch seine Engel als dienstbare Geister zu den Menschen sendet und durch seine Engel redet und handelt. Dies möchte ich auch anhand eines Beispiels erläutern.

Vor rund dreißig Jahren wollten Wolly und ich einmal mit unserem Volkswagen in die Nachbarstadt fahren. Wolly schob das metallene Schwingtor der Garage hoch und wir gingen zu unserem Auto, er zur Fahrerseite und ich zur Beifahrerseite. Während ich in Gedanken versunken neben dem Auto stand und darauf wartete, dass er die Fahrertür aufschloss, sich hinein lehnte und wie üblich von innen die Beifahrertür entriegelte, so dass ich einsteigen konnte[23], spürte ich plötzlich, wie sich eine Hand auf meinen Kopf legte und mich sanft und zugleich so fest herunterdrückte, dass ich in die Knie ging. Ich wandte mich leicht um und fragte Wolly: „Was soll das?" Zu meinem Erstaunen sah ich, dass Wolly nach wie vor auf der anderen Seite des Autos stand und die Tür aufschloss. Hinter mir war niemand zu sehen. In diesem Moment löste sich von der Deckenvorrichtung, an der das Schwingtor aufgehängt war, eine Eisenstrebe und schlug krachend auf das Autodach, wobei die Strebe mich noch leicht am Kopf berührte. Ob an der Decke eine Schraubverbindung gerissen oder Materialermüdung eingetreten war, kann ich heute nicht mehr sagen. Nachdem wir uns von dem ersten Schrecken erholt hatten, fuhren wir sofort in die Klinik und ließen meinen Kopf röntgen. Glücklicherweise wurde nur eine leichte Prellung diagnostiziert. Hätte mich die Eisenstrebe mit voller Wucht getroffen, wäre weit Schlimmeres passiert – das konnte ich mir auf Grund der Delle im Autodach ausrechnen. Erst nach der ganzen Aufregung wurde mir schlagartig bewusst, dass mir nichts Ernsthaftes passiert war, weil eine Hand rechtzeitig so stark auf meinen Kopf gedrückt hatte, dass ich in die Knie gegangen war.

Wessen Hand? – In den folgenden Jahren wurde Psalm 121 zu einem meiner Lieblingspsalmen. In den Versen 7 und 8 heißt es dort: „Der Herr behütet dich vor allem Unheil und bewahrt dein Leben. Der Herr behütet dich, wenn du kommst und wenn

---

[23] Damals gab es noch keine Zentralverriegelung.

du wieder gehst, von nun an bis in Ewigkeit." Ich bin überzeugt, dass ich damals die Hand eines Engels gespürt habe, auch wenn ich ihn nicht gesehen habe.

Engel habe ich erst später gesehen. Nachdem wir wegen eines beruflichen Wechsels wieder einmal umgezogen waren und schon einige Wochen in dem neuen Haus wohnten, sah ich eines Abends auf dem Heimweg – möglicherweise in einer Vision – einen riesigen Engel vor unserem Haus stehen, der bis zum Dach des zweieinhalb geschossigen Gebäudes reichte, den Blick vom Haus abgewandt, mit ernstem Gesichtsausdruck, gerüstet wie ein Krieger der Antike. Wolly konnte den Engel nicht sehen. Hin und wieder, wobei es eigentlich keinen besonderen Anlass gab und es auch nicht regelmäßig geschah, sah ich diesen Engel erneut in der gleichen Position vor unserem Haus stehen. Natürlich fragten wir Gott nach der Bedeutung des Engels, bekamen jedoch keine konkrete Antwort, sondern hatten den inneren Eindruck, dieser Engel stehe zu unserem Schutz vor dem Haus. Es mag etwa zwei Jahre später gewesen sein, als eine Gruppe von Freunden aus den USA uns besuchte. Einer von ihnen, ein sehr stark prophetisch begabter Mann, fragte uns kurz nach dem Betreten des Hauses: „Wisst ihr eigentlich, dass vor eurem Haus ein riesiger Engel steht, mit der ganzen Waffenrüstung bekleidet?"

Hatte dieser Freund ebenfalls eine Vision? Oder war es gar keine Vision, sondern hatte Gott uns unabhängig voneinander einen Blick in die unsichtbare Wirklichkeit um uns herum ermöglicht? Die Bibel spricht sowohl im Alten Testament als auch im Neuen Testament mit großer Selbstverständlichkeit davon, dass nicht nur die Welt existiert, die wir mit unseren äußeren Sinnesorganen wie Augen, Ohren, Nase, Tastsinn usw. erfassen können, sondern dass es daneben einen unsichtbaren Bereich gibt, der uns normalerweise verschlossen ist. Ein auffallendes Merkmal der Propheten des Alten und des Neuen Testaments ist das besondere Gespür dafür und auch die Erfahrung, dass es neben der sichtbaren Wirklichkeit auch eine unsichtbare Wirklichkeit gibt. Gelegentlich nimmt Gott den Schleier weg und gewährt uns einen Blick in diesen unsichtbaren Bereich um uns herum.

Eine Begebenheit, die das anschaulich darstellt, finden Sie in 2. Könige 6,8-23. Da ich die Erfahrung gemacht habe, dass die wenigsten Leser ein Buch beiseite legen und eine empfohlene Bibelstelle sofort nachlesen, möchte ich auch den Gewissenhaften unter Ihnen diese Mühe abnehmen und Ihnen diese spannende Geschichte gleich hier präsentieren:

„Der König von Aram[24] führte Krieg gegen Israel. Während er sich mit seinen Heerführern beriet, schlug er vor: ‚Ich will da und da das Lager aufschlagen.' Aber Elisa, der Mann Gottes, warnte den König von Israel: ‚Geh nicht dort hin, denn die Aramäer wollen ihre Truppen dort zusammenziehen.' Da ließ der König von Israel den Ort, den Elisa ihm genannt und vor dem er ihn gewarnt hatte, überprüfen. Das tat er mehrere Male. Schließlich wurde der König von Aram wütend deswegen. Er ließ seine Heerführer rufen und fragte sie empört: ‚Wer unter uns ist der Verräter, der zum König von Israel hält?' – ‚Es ist keiner von uns, mein Herr und König', antwortete einer der Heerführer. ‚Elisa, der Prophet in Israel, sagt dem König von Israel jedes Wort, das du in deinem Schlafzimmer sprichst'. Da befahl der König: ‚Geht und stellt fest, wo Elisa sich aufhält. Dann schicken wir Leute hin, die ihn gefangen nehmen sollen'. Er erhielt die Nachricht: ‚Elisa ist in Dotan'. Also schickte der König von Aram bei Nacht ein großes Heer mit vielen Streitwagen und Pferden, das die Stadt umzingelte. Als der Diener des Propheten am nächsten Morgen aufstand und aus dem Haus trat, war die Stadt umgeben von Truppen, Pferden und Streitwagen. ‚Mein Herr, was wollen wir tun?' rief er Elisa zu. ‚Hab keine Angst!' sagte Elisa. ‚Denn es sind mehr auf unserer Seite als auf ihrer'. Und er betete: ‚Herr, öffne ihm die Augen und lass ihn sehen'. Da öffnete der Herr dem Diener die Augen, und als er aufblickte, sah er, dass das Bergland um Elisa herum voll feuriger Pferde und Streitwagen war. Als das aramäische Heer gegen sie vorrückte, betete Elisa zum Herrn: ‚Mach sie doch alle blind'. Und der Herr tat, worum Elisa ihn gebeten hatte. Daraufhin sagte Elisa zu ihnen: ‚Ihr habt den falschen Weg genommen. Das ist nicht die richtige Stadt! Folgt mir, ich will euch zu dem Mann bringen, den ihr sucht'. Und er führte sie nach Samaria. Sobald sie in der Stadt waren, betete Elisa: ‚Bitte, Herr, öffne ihnen die Augen und lass sie sehen'. Der Herr tat es, und sie merkten, dass sie mitten in Samaria waren.

Als der König von Israel sie sah, rief er Elisa zu: ‚Mein Vater, soll ich sie töten?' ‚Auf gar keinen Fall!' befahl Elisa. ‚Du würdest doch auch keine Krieger töten, die du im Kampf gefangen genommen hast. Gib ihnen Brot zu essen und Wasser zu trinken und schick sie zurück zu ihrem Herrn'. Da ließ der König ein großes Fest für sie ausrichten, und als sie gegessen und getrunken hatten, schickte er sie zu ihrem König zurück. Danach ließen die aramäischen Plünderer das Land Israel in Frieden."

Der Prophet Elisa konnte in die unsichtbare Welt hineinblicken und sah die Heerscharen Gottes in Dotan. Um seinem Diener die Angst zu nehmen und ihm ein Stück von der Größe Gottes zu zeigen, bat Elisa darum, dass Gott seinem Diener die geistlichen Augen öffnen sollte. In der weiteren Entwicklung wird die große Autorität und Vollmacht sichtbar, die Elisa im Gebet hatte. Bei nicht wenigen prophetisch begabten

---

[24] Gemeint ist Ben-Hadad, der in Damaskus regierte.

Menschen unserer Tage lässt sich zwar feststellen, dass sie – wie der Prophet Elisa – die geistliche Dimension bestimmter Umstände sehr gut sehen und analysieren können, doch fehlt es überwiegend an der großen Autorität und Vollmacht, die die herausragenden Personen der Bibel und der Kirchengeschichte hatten.[25]

Vor einigen Jahren waren Wolly und ich eingeladen, an der Ostsee ein mehrtägiges Seminar über das Thema „Gottes Stimme im Alltag hören" durchzuführen, und hatten uns entschlossen, die lange Strecke von rund elfhundert Kilometern mit dem Auto zu bewältigen. Es war Sommer und wurde früh hell, und morgens um vier Uhr wollten wir die lange Fahrt antreten. Während wir noch am Frühstückstisch saßen und uns über das bevorstehende Seminar unterhielten, spürten wir beide, wie sich eine große Ruhe ausbreitete und eine Atmosphäre des Friedens aufkam. Zuerst aus den Augenwinkeln und dann durch ein kurzes Drehen des Kopfes sah ich plötzlich, dass noch jemand mit uns am Tisch saß. Ich war weder überrascht noch kam Furcht in mir auf, und eher beiläufig fragte ich Wolly: „Siehst du ihn auch dort sitzen, den Engel?" Er schaute angestrengt zum anderen Ende des Tisches und meinte dann: „Leider nicht. Ich sehe nur den Stuhl. Aber ich spüre die Anwesenheit eines Engels."

Wir beendeten schweigend unser Frühstück und fühlten uns für die bevorstehende Reise und das Seminar ungemein ermutigt: Gott sagt uns durch seinen Engel, dass er mit uns ist! Die anschließende Fahrt verging wie im Fluge, und am Abend wurden wir von unseren Freunden liebevoll empfangen. Trotz der sehr langen Fahrt waren wir noch nie so gestärkt und erfrischt nach einer Reise.

9. Gott redet durch Umstände und unsere Erfahrungen

Wir lebten einige Zeit mitten im Odenwald. Nachdem Gott mir mehrmals klar gesagt hatte, dass wir sehr bald in Karlsruhe leben würden, kam schließlich einige Monate später die berufliche Veränderung und wir mussten nach Karlsruhe ziehen. Wir suchten verzweifelt nach einem Haus, ohne etwas zu finden, da zu jener Zeit der Wohnungsmarkt wie leer gefegt war, weil plötzlich viele Menschen aus den neuen Bundesländern in den Westen kamen. Ich hatte die Vorstellung oder den inneren Wunschgedanken, dass wir ein kleines, handliches und pflegeleichtes Haus am Waldrand mieten sollten – in kühler Lage und preiswert. Dann sprach der Heilige Geist in unserer stillen Zeit zu mir: „Ihr werdet ein Haus finden, das euch zu groß und zu teuer und nicht richtig erscheint, aber dieses Haus ist für euch." Es war unfassbar – auf unsere Suchanzeigen wurde uns nur ein einziges Haus angeboten, groß und kastenförmig; ein

---

[25] Näheres dazu in den Büchern von Jack Deere.

Reihenhaus mit sieben Zimmern über vier Etagen, alles zusammen zweihundertvierzig Quadratmeter und von außen recht unansehnlich. Die Miete war doppelt so teuer wie bisher. Und doch entschieden wir uns für dieses Haus. In den fünf Jahren, die wir dort wohnten, hatten wir viele Schwierigkeiten. Rostige Wasserleitungen und undichte Fensterrahmen machten das Haus sehr pflegeintensiv, denn wenn man einmal mit dem Putzen durch war, konnte man gleich wieder anfangen. Auch kümmerte sich der Vermieter nicht um die diversen Mängel; es gab viel Aufregung, wenn aus der Dusche entweder nur kaltes oder heißes Wasser kam. Und doch war das Haus genau richtig – für Wollys berufliche Tätigkeit an zwei verschiedenen Arbeitsstellen, die knapp vierzig Kilometer auseinander lagen, stand dieses Haus recht günstig nahezu gleich weit von beiden entfernt. Zur damaligen Zeit bekamen wir auch viel Besuch aus Amerika und hatten keine Probleme, auch größere Gruppen von Gästen mühelos unterzubringen. Zudem waren wir wegen der Lage auch schnell in Stuttgart, Heidelberg, Frankfurt oder Würzburg. Trotz der teilweise schwierigen Umstände waren wir daher sicher, dass wir am richtigen Platz waren.

Doch nur die Umstände an sich, egal ob positiv oder negativ, können nie das alleinige Kriterium dafür sein, ob Gott redet und uns in eine bestimmte Richtung lenken möchte. Zum Beispiel kann der Umstand, dass ich an meinem Arbeitsplatz eine schwierige Situation vorfinde, vieles bedeuten:

1. Ich bin am falschen Platz und sollte mich nach etwas anderem umschauen.
2. Ich muss dazulernen und mich anstrengen, um die Schwierigkeiten zu überwinden.
3. Es handelt sich um ein geistliches Problem, ein Hindernis, das ich erkennen muss, um es dann mit Gebet und eventuell auch Seelsorge überwinden zu können.
4. Gott will etwas ganz anderes von mir, und ich muss zunächst wieder auf seinen Weg kommen.

Die Umstände können und sollten nur im Zusammenhang mit dem begleitenden Reden Gottes gedeutet werden. Außerdem ist zu bedenken, dass sich manchmal auch der Feind in Umständen manifestieren kann. Man sollte sich daher fragen, ob die Umstände, die man erlebt, ein Eingreifen Gottes oder eine Verunsicherungstaktik des Bösen sind. Paulus konnte seine Reisen nicht immer so durchführen, wie er es sich vorgenommen hatte. Mehrmals erkannte er, dass er regelrecht abgehalten wurde, und einige Male wusste er auch den Grund. Einmal schrieb er den Christen in Thessalonich: „Wir wären so gern gekommen, und ich, Paulus, habe es auch immer wieder versucht, aber der Satan hat es nicht zugelassen."[26] Ein anderes Mal

[26] 1. Thess. 2,18

schrieb er den Christen in Rom: „Ihr sollt wissen, liebe Freunde, dass ich schon oft vorhatte, euch zu besuchen, aber bis jetzt immer daran gehindert wurde."[27] Über die zweite Missionsreise des Paulus berichtete Lukas: „Danach reisten Paulus und Silas durch das Gebiet von Phrygien und Galatien, weil der Heilige Geist ihnen untersagt hatte, in die Provinz Asien zu gehen. Als sie dann ins Grenzgebiet von Mysien gelangten, wollten sie weiter in die Provinz Bithynien, doch auch das ließ der Heilige Geist nicht zu."[28]

Paulus betont im Römerbrief, dass er durch gewisse Umstände mehrfach an einer Reise nach Rom gehindert wurde. Bei der geplanten Reise nach Thessalonich wusste er genau, dass es Satan war, der diese Reise verhindert hatte, und bei der zweiten Missionsreise hatte er erkannt, dass der Heilige Geist die Reise nach Kleinasien verhindern wollte.[29]

Wenn Sie vor einer wichtigen Aufgabe stehen, dann bemühen Sie sich, die Leitung des Heiligen Geistes wirklich unmissverständlich heraus zu hören und insbesondere negative Umstände richtig zu beurteilen. Aber auch positive Umstände können gefährlich sein, wenn sie uns einschläfern und uns unaufmerksam machen. Nur weil alles glatt geht, muss dies nicht bedeuten, dass Gott mit Ihnen ist und Sie auf dem richtigen Weg sind. Denken Sie an den Propheten Jona: Ihm gelang zunächst einmal die Flucht vor Gott, er bekam gerade noch ein Schiff in die richtige Richtung und hatte genügend Geld bei sich, und doch war er total auf dem Holzweg und merkte es erst, als Gott handelte.[30]

10. Gott redet durch Träume

Gott hat zu biblischen Zeiten recht häufig durch Träume zu den Menschen geredet, und auch in der Kirchengeschichte gibt es Belege für Träume, in denen sich Gott bestimmten Menschen offenbart hat.[31] Und auch in unseren Tagen scheint Gott noch durch Träume zu reden. In den folgenden beiden Kapiteln werde ich mich ausführlicher mit prophetischen Träumen und ihrer Bedeutung beschäftigen.

---

[27] Röm. 1,13

[28] Apg. 16,6-7

[29] Weitere Beispiele aus der Bibel finden sich bei Jack Deere, a.a.O. Seite 117 ff.

[30] Jona, Kap. 1

[31] Wer sich näher damit befassen möchte, dem empfehle ich die entsprechenden Bücher im Literaturverzeichnis, besonders die Titel von Jack Deere, a.a.O. Kap. 15.

5. Prophetische Träume

In diesem Kapitel werde ich auf zwei unterschiedliche Arten von prophetischen Träumen zu sprechen kommen. Das eine sind Träume, die genau so eintreffen, wie wir sie geträumt haben. Das andere sind Träume, die uns merkwürdig vorkommen, weil sie viele Symbole beinhalten oder weil uns das Geschehen so unverständlich ist, dass wir auf Anhieb gar nicht wissen, was Gott uns mit so einem Traum sagen will. Ich werde deshalb für beide Traumarten einige Beispiele bringen.

Ein junger Mann, der mir bekannt ist, machte vor Jahren eine Ausbildung als Elektroinstallateur und verlegte während seiner Ausbildungszeit viele Kabel. Eines Nachts hatte er folgenden Traum: Ganz oben auf einem fahrbaren Gerüst verlegte ich in einer großen Halle an der Decke Kabel, um danach Lampen zu montieren. Dann bekam ich im Traum folgenden Gedanken: „Was würdest du tun, wenn das Gerüst jetzt einstürzt?" Im Traum schaute ich mich um und fand an der Decke einen großen Haken. Da sagte ich mir: „Da könnte ich mich festhalten." Anschließend wachte ich auf.

Am nächsten Tag bekam er die Aufgabe, genau auf diesem Fahrgerüst oben an der Decke Kabel zu verlegen. In einer Höhe von sieben bis acht Metern machte er sich an die Arbeit. Plötzlich merkte er, wie das Gerüst unter ihm nachgab. Sofort fiel ihm der Traum ein, und ohne groß nachzudenken griff er nach dem tatsächlich vorhandenen Haken und hielt sich fest. Dann stürzte das Gerüst ein. Seine Arbeitskollegen vermuteten ihn unter den Trümmern, bis sie ihn oben an der Decke fanden und herunter holten. Das war ein lebensrettender Traum, der eine direkte Entsprechung in der Wirklichkeit hatte.

Vor einigen Jahren bekam ich innerhalb eines halben Jahres zwei Träume, die sich stark ähnelten. In der Nacht vom 23. auf den 24. Dezember 1998 hatte ich den ersten Traum: Ein furchtbarer Sturm erhebt sich vom Himmel. Der Wind bläst Wolly und mich fast um. Regen und Dampf kommen herab. Wir müssen uns auf die Erde pressen, um nicht weggeweht zu werden. In der Nacht vom 5. auf den 6. Juni 1999 folgte dann der zweite Traum: Wolly und ich verlassen das Haus. Die Bäume draußen sind ohne Blätter wie im Winter. Plötzlich kommt ein Windstoß, ein Druck, und alle Bäume biegen sich und werfen Zweige ab. Es sieht so aus, als ob alles weggefegt wird. Ich rufe laut nach meinem Mann und rufe auch in ein Haus hinein, dass die Leute drinnen bleiben sollen. Ich will in unser Haus zurück, bekomme aber kaum die Türe auf und rufe laut: Hilfe, Jesus!

Nach diesen beiden Träumen haben wir beide täglich gebetet, dass Jesus uns beschützt, dass wir nicht in diesen gefährlichen Sturm hineingeraten. Ich habe ja im 5. Kapitel schon geschrieben, dass wir am Morgen des Zweiten Weihnachtstages 1999 in Freiburg einen so starken Sturm hatten wie noch niemals zuvor. Da Wolly damals eine Grippe hatte, waren wir nicht im Gottesdienst, sondern zuhause. Die ganze Zeit beteten wir um Schutz für unser Haus. Von den Nachbarhäusern flogen die Dachziegel herunter, in den Vorgärten zersplitterten die Bäume, und vom Fenster aus sahen wir, wie der Sturm im Wald hinter unserem Haus riesige Tannen wie Streichhölzer umknickte. Der dichte Regen wirkte wie Dampf. Aber bei uns passierte überhaupt nichts; nur der Strom war für ein paar Stunden weg.

Später haben wir erfahren, dass die Strecke von der Kirchengemeinde bis zu uns wegen umgestürzter Bäume blockiert war und Schäden in Millionenhöhe entstanden waren. Wir sind überzeugt, dass Gott uns damals davor bewahrt hat, das Haus zu verlassen. Ein älteres Ehepaar aus unserer Nachbarschaft war gerade auf der Straße, als es losging. Der Sturm war so stark, dass die Frau auf die Straße fiel und herumgewirbelt wurde. Sie hatte viele Verletzungen, Prellungen und Blutergüsse und musste danach im Krankenhaus genäht werden. Im Rückblick betrachtet weiß ich, dass Gott mir damals in beiden Träume gezeigt hatte, was in der nahen Zukunft passieren wird. Nun weiß ich auch, dass ich in solchen Situationen nicht nur um Bewahrung für mich beten soll, sondern auch für meinen Wohnort und die Menschen um mich herum.

Nun will ich auf symbolische Träume eingehen. Vor einigen Jahren bekamen Wolly und ich das Angebot, für ein internationales christliches Werk in der Gesamtleitung für Deutschland mitzuarbeiten. Spontan wussten wir nicht, wie wir auf die Anfrage reagieren sollten. So erbaten wir uns einige Tage Bedenkzeit, machten das Angebot zu unserem Gebetsanliegen und fragten Gott, was er davon hielt. Wenige Tage später hatte ich folgenden Traum:

Wolly und ich steigen in eine Straßenbahn, die ziemlich voll ist. Überwiegend junge Leute sind in der Bahn. Die Bänke der Straßenbahn sind so aufgestellt, dass es keinen Mittelgang gibt. Nach mehreren Stationen steigen einige Leute aus, und wir bekommen einen Platz. Plötzlich sind Wolly und ich mit einigen anderen Personen in der Führerkabine. Wir sind etwa fünf bis sechs Leute und steuern gemeinsam die Straßenbahn, die in einer Kurve in eine andere Straße einbiegen soll. Es verlaufen aber zwei Paar Schienen nebeneinander. Auf der Straße und auf den Schienen liegt verwischter Sand, so dass man nichts Genaues sehen kann. Während wir in die Kurve einbiegen, kippt die ganze Straßenbahn um und fällt auf die Seite, weil wir auf die falsche Spur geraten sind. Ich überlege, ob ich die Straßenbahn von Hand wieder aufstellen kann.

Diesen Traum verstanden wir beide als Antwort Gottes auf unser Gebet. Die Straßenbahn war ein Symbol für das christliche Werk, und da wir gelegentlich schon dort mitgearbeitet hatten, befanden wir uns auch in dem Straßenbahnwagen. Unser Aufenthalt in der Führerkabine symbolisierte Leiterschaft. Der verwischte Sand auf der Straße verdeckte das richtige Schienenpaar, also den richtigen Weg, und erinnerte mich an die Warnung in Matthäus 7, 26, nicht auf Sand zu bauen. Der weitere Kurs der Bahn war nicht gesichert, und deshalb entgleiste sie und fiel um.

Man kann sich natürlich fragen, ob die Bahn umkippte, weil entweder zu viele Personen am Steuer waren, oder ob unsere Anwesenheit in der Führerkabine eine Bedeutung in sich hatte. Erstgenanntes könnte eine Warnung sein, dass zu viele Leiter das Werk vom Kurs abbringen könnten. Die zweite Variante könnte man so deuten, dass das Werk während der Zeit unserer geplanten Mitarbeit vom Kurs abkommen würde. Wir haben die Warnungen in dem Traum jedenfalls ernst genommen und das Angebot abgelehnt. Etwa ein Jahr später geriet das Werk dann tatsächlich in erhebliche Turbulenzen, so dass die Leiterschaft vollständig ausgewechselt wurde.

Zum Thema Träume finden Sie in Ihrer Bibel rund siebzig Verse und sogar ganze Abschnitte – sieben stehen im Neuen und die übrigen Stellen im Alten Testament.

Den ersten prophetischen Traum in der Bibel hatte übrigens ein Heide, Abimelech, der König von Gerar. In 1. Mose 20,3 ff wird davon berichtet. Zur Vorgeschichte gehört, dass Abraham Sarah aus Angst als seine Schwester und nicht als seine Frau ausgegeben hatte, worauf der König Abimelech sie in seinen Harem aufnahm. Anschließend hatte Abimelech einen Traum, und in diesem Traum klärte Gott ihn über die wahre Sachlage auf und sagte zu ihm: „Sarah ist mit Abraham verheiratet, und wenn du ihm nicht sofort seine Frau zurückgibst, musst du sterben." Natürlich handelte Abimelech sofort im Sinne Gottes. Interessant an dieser Begebenheit ist noch, dass Gott in dem Traum zu Abimelech sagte: „Dieser Abraham – der ist ein Prophet." (Vers 7)

Der nächste prophetische Traum in der Bibel ist auch als „Jakob und die Himmelsleiter" bekannt. In 1. Mose 28, 11-22 wird folgendes berichtet: „Als die Sonne untergegangen war, richtete Jakob sich an dem Ort, an dem er gerade war, für die Nacht ein. Er nahm sich einen Stein als Kissen und legte sich dort zum Schlafen nieder. Im Traum sah er eine Leiter, die von der Erde bis in den Himmel reichte. Und er sah die Engel Gottes auf ihr hinauf- und hinabsteigen. Ganz oben stand der Herr und er sprach: ‚Ich bin der Herr, der Gott deines Großvaters Abraham und der Gott deines Vaters Isaak. Das Land, auf dem du liegst, werde ich deinen Nachkommen geben. Deine Nachkommen werden so zahlreich sein wie der Staub der Erde. Sie werden sich ausbreiten nach Osten, Westen, Norden und Süden. Durch dich und deine Nachkommen sollen alle Sippen der Erde gesegnet werden. Mehr noch, ich werde bei dir sein und dich beschützen, wo du auch hingehst. Ich werde dich in dieses Land zurückbringen. Ich werde dich nie im Stich lassen und stehe zu meinen Zusagen, die ich dir gegeben habe.' (…) Am nächsten Morgen stand Jakob in aller Frühe auf. Er nahm den Stein, den er als Kissen benutzt hatte, und stellte ihn als Gedenkstein auf. Dann goss er Öl über seine Spitze. Er nannte die Stätte Bethel – Haus Gottes – (…) und sprach: ,An der Stelle, wo ich den Gedenkstein aufgestellt habe, soll das Haus Gottes sein.'"

Jakob war zur Zeit des Traumes auf der Flucht vor seinem Bruder Esau, den er um sein Erbe gebracht hatte, und in Bethel erhielt er mittels des Traumes gewaltige prophetische Zusagen Gottes, die nicht nur ihn selbst, sondern auch seine Nachkommen betrafen und die sich in den folgenden Jahrhunderten erfüllen sollten.

Wenn mir früher dieser Text begegnete, erinnerte ich mich an Urlaubszeiten in den Anfangsjahren unserer Ehe, als wir mit Zelt und Schlafsack in Südfrankreich unterwegs waren. Ich wäre nie auf den Gedanken gekommen, mir einen Stein als Kopfkissen auszusuchen, sondern hätte mir an Jakobs Stelle einen Mantel zusammengerollt und diesen als Kopfkissen benutzt. Doch nachdem ich mit biblischen Symbolen vertrauter wurde, begann ich die tiefe Bedeutung jener Nacht in Jakobs Leben zu verstehen. Ein Stein oder Fels ist häufig ein Symbol für Jesus. Als Petrus und Johannes sich in Jerusalem vor dem Hohen Rat rechtfertigen mussten, gab Petrus ihnen zu bedenken: „Denn Jesus ist der Stein, den ihr Bauleute verworfen habt, der nun zum Eckstein geworden ist."[32] In seinem ersten Brief kam Petrus noch einmal darauf zu sprechen und schrieb: „Kommt zu Christus, dem lebendigen Eckstein im Tempel Gottes. Er wurde von den Menschen zwar verworfen; doch in den Augen Gottes, der ihn erwählt hat, ist er kostbar. (…) In der Schrift heißt es: ,Ich lege einen Stein in Jerusalem, einen auserwählten, kostbaren Eckstein, und wer an ihn glaubt, wird nicht umkommen.' Für euch, die ihr glaubt, ist er kostbar, doch für alle, die ihn ablehnen, gilt: ,Der Stein, den die Bauleute verworfen haben, ist zum Eckstein geworden.'"[33] Mit diesen Worten zitiert Petrus prophetische Ankündigungen aus dem Alten Testament,[34] auf die sich bereits Jesus im Gespräch mit den Pharisäern bezogen und auf sich selbst angewandt hatte.[35] Vielleicht erinnern Sie sich noch an die Jahreslosung der Herrnhuter Brüdergemeinde vor einigen Jahren: „Vertraut auf den Herrn für immer, denn

---

[32] Apg. 4,11
[33] 1. Petr. 2,4-7
[34] Ps. 118,22; Jes. 28,16
[35] Matth. 21,42-44; Mark. 12,10-11; Luk. 20,17

der Herr ist der ewige Fels."[36] So nannte auch David Gott seinen schützenden Fels,[37] so erschien dieses Symbol des Steins für Jesus im Traum des Königs Nebukadnezar[38] und schließlich ermahnte Jesus seine Zuhörer in der Bergpredigt mit den Worten: „Wer auf mich hört und danach handelt, ist klug und handelt wie ein Mann, der ein Haus auf massiven Fels baut."[39]

Doch gehen Sie mit mir zurück zu Jakob und seinem harten Kopfkissen, auf das er seinen Kopf legte. Die tiefere Bedeutung jener Nacht liegt darin, dass Jakob seinen Verstand und sein logisches Denken Jesus bzw. Gott anvertraute. Dadurch wurde er sensibel für das Reden Gottes und empfing in einem prophetischen Traum Gottes Verheißungen. Jakob begriff am nächsten Morgen schlagartig diesen Zusammenhang, erkannte die symbolhafte Bedeutung des Steins und gab seinem Schlafplatz einen symbolträchtigen Namen – Haus Gottes. Im nächsten Kapitel werde ich den Bereich biblischer Symbole noch einmal aufgreifen und vertiefen.

Eine Generation später offenbart sich Gott Josef durch Träume. Josef ist einer der zwölf Söhne Jakobs und wurde auch Träumer genannt, weil er eine Reihe außergewöhnlich prophetischer Träume bekam. Neben Josef gibt es noch eine weitere Prophetengestalt, die von Gott beeindruckende Träume und Visionen erhielt – Daniel.

Die unterschiedliche Qualität von Träumen

Josef und Daniel sind in gewisser Weise Schlüsselpersonen. Von ihnen können wir lernen, wie wir mit prophetischen Träumen umgehen sollten. Dann fällt es uns auch erheblich leichter, die Bedeutung von Träumen zu entschlüsseln, die wir selber haben oder die andere uns erzählen. Zur Vertiefung empfehle ich Ihnen deshalb, das Leben von Josef und Daniel noch einmal anzuschauen. Sie finden ihre Lebensbeschreibungen in 1. Mose 37-50 und im Buch Daniel.

Genau so, wie nicht alle Impulse, Eindrücke oder innere Stimmen, die wir wahrnehmen, von Gott sind, genau so wenig sind auch alle Träume, die wir haben, prophetische Träume. Ein schweres Abendessen kann aufregende Träume verursachen, und wichtige persönliche Ereignisse oder Veränderungen können mich und mein Unterbewusstsein beeinflussen und sich in meinen Träumen niederschlagen. Viele Menschen

[36] Jes. 26,4
[37] Ps. 18,3; 31,4
[38] Daniel 2,34-35 und 44-45
[39] Matth. 7,24

durchleben in ihren Träumen noch einmal ihren Tagesablauf und verarbeiten ihn auf diese Weise.

Mein Mann Wolly hat relativ selten prophetische Träume, doch erzählen ihm andere Menschen ihre Träume. Auch ich gehöre dazu, zumal ich oft Träume habe – manchmal sogar bis zu drei Träume pro Nacht. Wolly zieht mich ab und zu damit auf, indem er mich liebevoll anschaut und dann sagt: Marianne, du bist meine absolute Traumfrau!

Manche Träume enthalten ein positives, oder zumindest neutrales Geschehen, andere Träume enthalten dagegen negative Ereignisse. Ich nenne diese beiden Traumarten hier einmal positive Träume und negative Träume. Wenn es sich um prophetische Träume handelt, kommen beide Arten von Gott. Gott will uns zeigen, was er beabsichtigt – und das drückt sich überwiegend in positiven Träumen aus. Dann wieder lässt Gott zu, dass in einem Traum die Absichten und Pläne des Bösen und seiner finsteren Mächte offenbart werden – das wäre ein negativer Traum. In der Umgangssprache kennen wir dafür auch den Begriff „Alptraum". Doch wozu dienen negative Träume? Sie sind eine Aufforderung Gottes, gegen das Böse anzubeten, so dass Gott dann auf Grund meines Gebets eingreift. Hier geht es dann um so genannte prophetische Fürbitte, über die ich später noch ausführlicher schreiben werde.

Ein Traumbeispiel aus der Geschichte

Der amerikanische Präsident Abraham Lincoln hatte einmal einen Traum, der ihn sehr beunruhigte. Nach etwa zehn Tagen erzählte er diesen Traum seiner Frau Mary und seinem engen Freund Ward Hill Lamon. Dieser Freund hat den Traum des Präsidenten mit folgenden Worten in seinem Tagebuch festgehalten:

Ungefähr vor zehn Tagen ging ich sehr spät schlafen. Ich war die ganze Nacht aufgeblieben, weil ich dringend eine Nachricht von der Front erwartete. Da ich sehr müde war, fiel ich in einen tiefen Schlaf und fing an zu träumen. Totenstille schien mich zu umgeben. Dann hörte ich gedämpfte Seufzer, so als weinten einige Menschen. Ich träumte, ich verlasse mein Bett und gehe die Treppe hinunter. Dort zerbrach ein herzzerreißendes Schluchzen die Stille, aber die Trauernden konnte ich nirgendwo erkennen. Ich ging von einem Raum in den anderen bis zum Ostzimmer. Dort sah ich etwas, das mich sehr bestürzte. Vor mir war der Leichnam eines Mannes aufgebahrt, gekleidet in Leichengewänder. Davor standen Wachsoldaten und viele Menschen, die traurig auf den Leichnam starrten, dessen Gesicht bedeckt war. „Wer ist denn im Weißen Haus gestorben?" fragte ich einen der Soldaten, und dieser antwortete mir: „Der Präsident. Er wurde ermordet!" Daraufhin begann die

Menge laut zu schluchzen und ich erwachte. In dieser Nacht schlief ich nicht wieder ein, und obwohl dies nur ein Traum war, ging er mir seitdem nicht mehr aus dem Sinn. „Das ist ja schrecklich!" sagte seine Frau. „Ich wünschte, du hättest mir nie etwas von diesem Traum erzählt. Wie gut, dass ich nicht an Träume glaube. Ich müsste ja jetzt in Angst und Schrecken leben." „Ach, weißt du, Mary", antwortete Lincoln nachdenklich, „es war nur ein Traum. Lass uns nicht mehr darüber sprechen und versuchen, ihn zu vergessen. Ich denke, der Herr in seiner großen Güte und Weisheit wird alles recht führen. Gott weiß, was das Beste ist."[40] Soweit diese Tagebuchnotiz. Aus der Geschichte wissen wir, dass Abraham Lincoln wenige Tage später, am 14. April 1865, bei einem Theaterbesuch in Washington ermordet wurde.

Wie reagiere ich auf negative Träume?

Negative Träume können aber auch eine andere Ursache haben. Wenn ich Groll, Neid, Bitterkeit oder Hass gegen einen anderen Menschen in meinem Herzen habe, öffne ich damit gleichsam eine Tür für böse Mächte, die dann durch negative Träume Einfluss auf mein Leben nehmen können. Habe ich dann einen negativen Traum über jemanden, den ich sowieso nicht leiden kann, wäre ich sehr skeptisch, ob es sich dabei wirklich um einen prophetischen Traum handelt. In solchen Fällen ist folgendes Gebet angebracht: Herr, wenn dieser Traum wirklich von dir kommt, dann bestätige dein Reden auf andere Weise. Ein Alptraum, der mich quält, kann aber auch noch auf etwas anderes hinweisen. Die Bibel spricht mehrfach davon, dass Menschen mit einem unsauberen oder bösen Geist behaftet sein können. Das gab es nicht nur in der damaligen Zeit, sondern auch heute noch können beispielsweise durch okkulte Praktiken böse Mächte von einem Menschen Besitz ergreifen und ihn dann in seinen Träumen quälen. In solchen Fällen ist die Auslegung eines Traums nicht die Hauptsache – hier sollte vielmehr seelsorgerlicher Dienst mit Hilfe und Befreiung im Vordergrund stehen. Was Alpträume angeht, weise ich noch einmal darauf hin, dass auch traumatisch Erlebtes im Traum verarbeitet werden kann.

Wenn ich nicht gelernt habe, zwischen positiven und negativen Träumen zu unterscheiden, stehe ich in der Gefahr, falsch zu reagieren. Nehmen wir einmal an, ich träume, die Ehe von gewissen Freunden würde in die Brüche gehen. Ich kann auf zweierlei Weise reagieren. Entweder sage ich: Das wäre ja furchtbar, wenn das wirklich eintrifft. Lass uns einmal abwarten und sehen, was passiert, dann weiß ich ja, ob das ein prophetischer Traum war oder nicht. Oder ich erkenne, dass ich in dem Traum Kenntnis von der Absicht des Bösen erhalte, der eine Ehe zerstören will, und

---

[40] Entnommen aus: Ralph Woods, The World of Dreams; New York 1947, Seite 83-86.

dass Gott mir dies offenbart, damit ich im Gebet für diese Freunde eintreten kann. Vielleicht sollte ich sogar konkrete Schritte unternehmen, diesen Freunden bei ihren Eheproblemen zu helfen, ehe es zu spät ist. Meine Unterscheidung ist hierbei also sehr wichtig, sonst könnte es sein, dass ich Gottes Absichten verpasse.

Praktische Hinweise zum Umgang mit Träumen

1. Träume aufschreiben

Wenn ich weiß, dass Gott durch Träume zu den Menschen redet, und wenn ich erwarte, dass er durch einen Traum auch zu mir reden kann, wie gehe ich dann vor? Nun, Wolly und ich haben uns angewöhnt, Gott richtiggehend einzuladen, zu uns durch Träume zu sprechen. Dementsprechend bereiten wir uns darauf auch vor.

Dazu gehört zum Beispiel, dass wir auf dem Nachttisch Schreibzeug bereit liegen haben. Warum? Einmal wurde Wolly gegen drei Uhr morgens wach und hatte den Traum, den er gerade geträumt hatte, sehr lebhaft und plastisch vor sich. Er wusste, dass es ein prophetischer Traum war, den er am nächsten Morgen aufschreiben wollte. Er schlief dann aber wieder ein und wusste beim Aufstehen nur noch, dass er einen wichtigen prophetischen Traum gehabt hatte; mehr nicht. Nicht die geringste Einzelheit oder das Thema war hängen geblieben, und auch später ist ihm dieser Traum nie mehr eingefallen. Der Prophet Daniel war da gewissenhafter. In Daniel 7,1 können Sie das nachlesen: „Im ersten Jahre Belsazars hatte Daniel einen Traum. Er schrieb den Traum alsbald auf, und dies ist der vollständige Bericht."

Bei mir ist es anders als bei Wolly, ich kann mich oft tagelang noch an meine Träume erinnern. Dann muss ich sie aber auch aufschreiben, denn sonst gehen sie verloren, weil ich in der Zwischenzeit schon wieder andere Dinge geträumt habe. Viele Träume, die bestimmte Gemeinden betreffen, kommen einfach nachts, ohne dass ich mich vorher mit einer Gemeinde besonders beschäftigt hätte. Auf der anderen Seite habe ich aber auch „Antwortträume", wenn ich Gott ein bestimmtes Anliegen gebracht habe oder ihn konkret nach einer Antwort gefragt habe. So war es auch, als ich für den jungen Mann betete, den ich eingangs erwähnt habe, und Gott mir in einem Traum zeigte, wie er sich für Jesus entschied.[41]

---

[41] vgl. den Anfang von Kapitel 3

2. Gott einladen

Ehe wir einschlafen, beten wir ein Gebet, das so ähnlich wie das folgende lautet:
Lieber Vater, ich lade dich ein, dass du heute Nacht in meinen Träumen zu mir redest.
Schenke doch, dass ich mich beim Aufwachen noch daran erinnern kann. Gib mir
auch die Auslegung für meine Träume, damit ich weiß, was du mir sagen willst. Amen.

3. Traumtagebücher aufbewahren

Die Auslegung eines Traums lässt meistens auf sich warten. Deshalb haben wir uns
Schreibbücher angeschafft, wo wir neben dem Traum auch das Datum notieren, an
dem wir ihn geträumt haben. Ab und zu schaue ich mir meine alten Träume an, die
vielleicht schon fünf Jahre alt sind, und bete um Klarheit. Immer wieder kommt es
vor, dass solch ein alter Traum plötzlich eine ganz aktuelle Bedeutung bekommt. Es
gibt keinen festen Zeitrahmen für die Zeit zwischen Traum und Auslegung, doch in
vielen Fällen dauert es durchschnittlich zwei bis drei Jahre, bis bei mir ein Traum
aktuell wird.

Einige Bemerkungen zum Schluss

Unser Freund Jack Deere hat die Erfahrung gemacht, dass Menschen, die bewusster
mit ihren Träumen umgehen wollen und erwarten, dass Gott zu ihnen redet, in der
Anfangszeit – also in den ersten sechs bis acht Wochen – überwiegend Alpträume
haben. Jack erklärt das damit, dass zuerst ein Reinigungsprozess nötig ist, in dem Negatives aus dem Unterbewusstsein entfernt wird, damit der Weg frei wird für Gottes
Gedanken.[42] Ich kann mir das gut vorstellen, denn durch die tägliche Informationsflut wird so vieles in einem Menschen gespeichert, dass da zunächst gar kein Raum
ist für Impulse von Gott.

Wolly und ich haben erst im Nachhinein erkannt, wie segensreich unsere Entscheidung im August 1980 war, uns von unserem Fernseher zu trennen. Ich gebe ehrlich
zu, dass wir damals nicht aus hochgeistlichen Motiven heraus gehandelt haben,
sondern eher praktische Gesichtspunkte bei dieser Entscheidung im Vordergrund
standen. Wir befanden uns in einer Phase der Gemeindeaufbauarbeit und hatten
schlichtweg keine Zeit fürs Fernsehen. Außerdem waren uns die Gebühren zu teuer.
Mehr als ein- oder zweimal pro Woche sahen wir eh nie fern. Also wurde der Fernseher ausgemustert. Wir haben diese Entscheidung in mehr als dreißig Jahren nie bereut.

---

[42] Dreams and Visions and Hearing God's Voice. Seminar in Anaheim, 1989

Vielleicht fällt es uns deswegen leichter, Gottes Stimme zu hören, weil unsere Köpfe nicht mit Krimis und Seifenopern angefüllt sind. Verstehen Sie mich bitte nicht falsch. Ich sage nicht, dass man als Christ keinen Fernseher haben darf. Das steht nicht in der Bibel! Jeder darf für sich selbst diese Entscheidung treffen. Aber wir haben die Erfahrung gemacht, dass es uns gut tut, ohne Fernseher zu leben.

Seit wir einen neuen PC haben, der fernsehtauglich ist und für den wir auch Gebühren zahlen, schauen wir nun ab und zu mal wieder eine Sendung. Allerdings habe ich in diesem Zusammenhang eine interessante Erfahrung gemacht. Immer wenn ich mir einen Spielfilm angesehen habe, bleiben die prophetischen Träume aus und ich bekomme auch viel weniger Impulse von Gott. Es scheint so, als ob mein Gehirn zunächst die zusätzlichen Informationen verarbeiten muss und dadurch in dieser Zeit quasi besetzt ist.

Hoffentlich haben Sie jetzt kein falsches Bild von mir bekommen. Mein Leben wird nicht von Träumen bestimmt und ich schwinge mich auch nicht wie Tarzan von einem Traum zum anderen durch einen prophetischen Urwald, sondern für mich ist es wichtig, jederzeit empfangsbereit zu sein für das, was Gott mit mir und durch mich tun will. Wolly und ich wohnten vor vielen Jahren in einem Mehrfamilienhaus, als die Wohnung im Erdgeschoss frei wurde und ein Ehepaar mittleren Alters einzog. Herr Schulze war knapp sechzig, seine Frau knapp fünfzig. Kurz darauf begegnete ich der Frau im Wäschekeller, wo wir beide unsere Wäsche zum Trocknen auf die Leine hängten. Frau Schulze fing mit einem Gespräch an. „Frau Peuster, ich habe solche Angst, dass mein Mann sterben könnte. Ich muss oft an den Tod denken, und das macht mir große Angst. Geht es Ihnen auch so?" Ich antwortete ihr, dass ich keine Angst vor dem Tod habe, und ganz vorsichtig erklärte ich Frau Schulze, dass wir Christen sind, die sich bewusst für ein Leben mit Jesus Christus entschieden haben. Diese Vertrauensbeziehung mit Jesus gibt uns die Gewissheit, dass unser Leben nach dem Tod weitergehen wird; die Bibel nennt das „ewiges Leben". Für Frau Schulze waren diese Dinge ganz neu, da sie und ihr Mann sich kaum um Religion oder Christentum gekümmert hatten. Jetzt waren beide plötzlich interessiert, mehr darüber zu erfahren.

In den folgenden Wochen und Monaten trafen wir uns regelmäßig zum Gespräch, besuchten gemeinsam Gottesdienste und christliche Veranstaltungen, und eines Tages wollten beide wissen, wie sie denn Christen werden könnten, die auch so eine enge Beziehung zu Gott haben wie wir und unsere Freunde. Über diese Offenheit von Herrn und Frau Schulze freuten wir uns natürlich, und so sprachen wir mit ihnen über einige Aussagen der Bibel, besonders aus dem Johannesevangelium. Gleich im ersten Kapitel heißt es: „Jesus kam in seine Welt, aber die Menschen nahmen ihn nicht auf."

Die ihn aber aufnahmen und an ihn glaubten, denen gab er das Recht, Kinder Gottes zu sein."[43] Bisher dachten Herr und Frau Schulze, alle Menschen auf der ganzen Welt seien Gottes Kinder. Jetzt erfuhren sie, dass alle Menschen auf der Welt zwar Gottes Geschöpfe sind, dass man aber erst dann ein Kind Gottes wird, wenn man Jesus aufnimmt und an ihn glaubt. Darüber wollten sie mehr wissen, und so erklärte ich ihnen, dass das Wort „glauben" vom Urtext her bedeutet „sich jemandem anvertrauen". Man vertraut sich Jesus an und nimmt ihn auf in sein Leben, indem man dafür eine bewusste Willensentscheidung trifft und dann im Gebet zu Gott diesen Glaubensschritt umsetzt. Nun, beide sagten jedenfalls, das hätten sie jetzt verstanden, darüber wollten sie nachdenken und dann ihre Entscheidung treffen.

Wenige Tage später geschah folgendes: Herr und Frau Schulze luden uns zu sich ein und sagten: „Wir haben uns beide für Gott entschieden und gebetet, aber es ist nichts passiert. Dann haben wir noch einmal gebetet, und auch ein drittes Mal. Aber verändert hat sich nichts." Wolly und ich schauten uns an und überlegten, was wir falsch gemacht hatten. Jetzt kommt etwas ganz Rührendes. Als wir nachfragten, stellte sich heraus, dass die beiden das Vaterunser gebetet hatten – dreimal hintereinander. Das hat unsere Herzen bewegt. Damals wurde mir noch einmal neu bewusst, dass Menschen ohne christliche Erfahrung oder mit nur wenig kirchlichem Hintergrund mit dem Thema Gebet kaum etwas anfangen können. Herr und Frau Schulze waren solche Leute. Wir verbrachten noch den ganzen Abend mit ihnen, und kurz vor Mitternacht geschah es, dass beide in einem persönlichen Gespräch mit Jesus ihm ihr ganzes Leben anvertrauten.

Es fing an mit einer Frage, die innere Ängste widerspiegelte, die Gott aber gebrauchte, um mir zu signalisieren, dass hier ein Mensch auf der Suche nach der Wahrheit war. Kürzlich trafen wir beide in der Stadt; Herr Schulze ist jetzt über achtzig Jahre alt. Voller Freude erinnerten sie uns an jenes denkwürdige Datum ihrer bewussten Hinwendung zu Jesus, und beide strahlten die Liebe Gottes aus, von der sie seit damals ergriffen sind.

[43] Joh. 1,11-12, Hoffnung für alle

6. Bilder, Symbole und ihre Bedeutung

Eine Schwierigkeit bei prophetischen Träumen liegt darin, dass uns unterschiedliche Dinge gezeigt werden. Manchmal träumen wir einen Geschehensablauf, der später auch tatsächlich so eintrifft. Das war bei dem Traum des jungen Mannes der Fall, der auf dem Gerüst stand. Häufig sind prophetische Träume aber gerade nicht so konkret wie bei dem jungen Mann, sondern sehr verschlüsselt und voller Symbolik. Ich sah einmal in einem Traum das Leiterehepaar eines geistlichen Werkes, die an einem Bergabhang standen. Plötzlich fielen eine Menge Steine auf die beiden, und sie konnten sich nicht in Sicherheit bringen. Vom natürlichen Ansatz her wäre eine denkbare Reaktion gewesen, dieses Ehepaar zu warnen: Ihr Lieben, plant besser keinen Urlaub in den Bergen, denn es könnte sein, dass ihr in eine Lawine oder einen Steinschlag geratet und verletzt werdet. Ich habe diesen Traum damals nicht weitergegeben, sondern allgemein um Schutz gebetet. Einige Monate später wurde bekannt, dass dieser Leiter sexuellen Missbrauch begangen und seine Frau nichts dagegen unternommen hatte. Das Werk wurde aufgelöst, und zurück blieb eine ganze Anzahl verletzter und enttäuschter Menschen.

Steine, die auf Menschen fallen, kommen verschiedentlich in der Bibel vor. Im Alten Testament war das eine Form der Bestrafung bei schweren Sünden, beispielsweise bei Ehebruch und anderen sexuellen Verfehlungen. Der Traum war nach meinem heutigen Verständnis ein Hinweis darauf, dass im Leben dieses Ehepaares eine schwere sexuelle Verfehlung ans Licht kommen würde.

Keine Deutung, sondern Auslegung

Wenn wir es mit einem Traum zu tun haben, der reich an Symbolen ist, die die Bildersprache Gottes enthalten, dann möchten wir gerne schnell wissen, was für eine Bedeutung sich dahinter verbirgt. Vor allem in esoterischen Buchläden wird eine ganze Palette von Büchern zum Thema Traumdeutung angeboten. Wenn Sie mit der Auslegung Ihrer prophetischen Träume weiterkommen möchten, dann rate ich Ihnen von solchen Büchern ab. Diese ganze Literatur geht im Wesentlichen zurück auf die psychologische Forschung von Siegmund Freud und Wilhelm Reich. Dabei geht es um Träume, die Vorgänge aus unserem Unterbewusstsein widerspiegeln. Träume, die im biblischen Sinn als prophetische Offenbarungen Gottes verstanden werden können, gehören aber in eine andere Kategorie. Traumdeutung ist ein Begriff, den Siegmund

Freud geprägt hat; so heißt auch eines seiner vor mehr als einhundert Jahren erschienenen Bücher. Ich vermeide deshalb diesen Begriff hier und spreche lieber von der Auslegung von Träumen.

Symbole, Begriffe und Rätsel

In prophetischen Träumen tauchen manche Symbole oder Begriffe immer wieder auf, die häufig, aber nicht im Sinne einer Gesetzmäßigkeit, dieselbe Bedeutung haben. In den USA gibt es Gemeinden, die für die Auslegung solcher Träume und der darin enthaltenen Symbole umfangreiche Listen mit Deutungsmustern zu Gegenständen, Zahlen, Farben und anderen Dingen herausgeben und diese Art der Deutung mit passenden Bibelstellen belegen. Auch davon halte ich nicht so viel, obwohl die eine oder andere Deutung durchaus hilfreich sein kann und mir zumindest eine bestimmte Richtung angibt, in der ich weiter nach einer Bedeutung suchen kann.

Steve Thompson führt in seinem Buch eine Unterteilung in drei Untergruppen zum Thema Symbolik durch: Biblische Symbole, zeitgemäße Symbole und persönliche Symbole.[44] Solche Symbole spielen laut Thompson nicht nur in prophetischen Träumen eine Rolle, sondern können allgemein im Rahmen einer prophetischen Offenbarung auftauchen, also auch durch einen Impuls oder Eindruck, durch ein Bild oder eine Vision oder auf andere Weise. Im Folgenden möchte ich kurz darauf eingehen.

Biblische Symbole

Biblische Symbole sind Begriffe, die in der Bibel zu finden sind und dort eine oder mehrere Bedeutungen haben.

Wasser: Ein typisches und häufig vorkommendes biblisches Symbol ist das Wasser. Hier gilt es zu unterscheiden, ob es sich um ein fließendes Gewässer oder um ein stehendes Gewässer handelt. Fließendes Wasser wie Bäche, Ströme oder Flüsse symbolisiert oft die Kraft des Heiligen Geistes. So sagt Jesus beispielsweise in Johannes 7,38: „Wer an mich glaubt, aus dessen Innerem werden Ströme lebendigen Wassers fließen, wie es in der Schrift heißt." Im nächsten Vers fügt Johannes als Erklärung hinzu: „Mit dem lebendigen Wasser meinte er den Geist, der jedem zuteil werden sollte, der an ihn glaubte." Stehendes Wasser wie Teiche, Seen oder Tümpel steht dagegen oft für die eigene Kraft und mangelndes Gottvertrauen. In Jeremia 2,13 sagt

[44] A.a.O. Seite 69-77

Gott: „Mich, die Quelle des lebendigen Wassers, verlassen sie und graben sich stattdessen undichte Brunnen, die das Wasser nicht halten können." Statt Brunnen findet sich in vielen Übersetzungen das Wort „Zisternen". Das waren große Hohlräume im weichen Gestein, in denen sich Wasser, meist Regenwasser, ansammeln konnte.

Frauen: Auch Frauen spielen gelegentlich in Träumen eine Rolle. Wenn ein Mann oft von Frauen träumt, ist das nicht unbedingt prophetisch; vielleicht laufen da Dinge aus dem Unterbewusstsein ab, weil er unbedingt heiraten will und die richtige Frau sucht. Wenn jedoch in einem prophetischen Traum eine Frau vorkommt, ist diese Frau häufig ein Symbol für die Kirche oder Gemeinde. Eine junge Frau, die in einem Traum dauernd krank ist und sich überhaupt nicht erholt, kann symbolisch dafür stehen, dass es mit dem Aufbau einer neu gegründeten Gemeinde Schwierigkeiten geben wird. Bei so einem Traum könnte man als nächstes im Gebet Gott fragen, wo genau die Probleme liegen und wie eine Lösung aussehen könnte. Der Apostel Johannes adressierte seinen zweiten Brief an die „auserwählte Herrin und ihre Kinder", und er schließt mit den Grüßen der „Kinder deiner auserwählten Schwester." Hier stehen die Begriffe Herrin und Schwester jeweils für eine Gemeinde.

Tiere: In Träumen kommen auch immer wieder Tiere vor, und so begegnet man hin und wieder auch einem Hund. In der Bibel gibt es rund zwanzig Stellen, an denen von Hunden die Rede ist. Nahezu alle Stellen drücken etwas Negatives aus; nur wenige haben eine neutrale Aussage. Deshalb stehen Hunde in prophetischen Träumen oft für Dämonen oder dämonische Angriffe. Das schließt jedoch nicht aus, dass jemand, der mit Hunden groß geworden ist und auf eine Vielzahl positiver Erfahrungen zurückblicken kann, einen prophetischen Traum haben kann, in dem ihm ein Hund zum Helfer wird und in einer bedrohlichen Situation den Weg zum rettenden Ausgang zeigt. Das kann dann der Fall sein, wenn das Symbol Hund ein persönliches Symbol ist und dieses Symbol regelmäßig von Gott in Träumen oder auf andere Art gebraucht wird.

Tische: Der Tisch ist ein Symbol für Versorgung und Gemeinschaft. Schon in 2. Mose 25,23-30 heißt es u.a.: „Fertige auch einen Tisch aus Akazienholz an, zwei Ellen lang, eine Elle breit und eineinhalb Ellen hoch. Überzieh ihn mit reinem Gold und bring ringsum eine goldene Zierleiste an. … Auf diesem Tisch sollen ständig Schaubrote (wörtlich: das Brot des Angesichts) vor mir liegen." Während die Priester von der einen Seite auf die Brote schauen, schaut Gott von der anderen Seite darauf, und so entsteht Gemeinschaft. Beim Abendmahl in unseren Kirchen und Gemeinden lautet die Einladung in Anlehnung an 1. Korinther 10,16: „Kommt zum Tisch des Herrn!" Das bedeutet: Kommt in die Gegenwart Gottes und habt Gemeinschaft mit ihm[45]. In

---

[45] vgl. 1. Kor. 10,18

Psalm 23,5 sagt David: „Du deckst mir einen Tisch vor den Augen meiner Feinde." Damit drückt er aus, dass Gott ihm selbst in großer Not und Bedrängnis nahe ist, und er Gemeinschaft mit ihm haben kann.

Wolly übernahm schon sehr früh in der Gemeinde eine Leitungsfunktion und wurde wenig später auch Ältester. In den zehn Jahren, die er in dieser Gemeinde verbrachte, lagen ihm Themen wie Gemeindeaufbau, Evangelisation und Wachstum sehr am Herzen. Unser Gemeindeleben war angefüllt mit vielen Aktivitäten, und wir identifizierten uns sehr mit der Gemeinde und ihren Programmen, wodurch die Gemeinschaft mit Jesus zu kurz kam. Für Wolly gab es kaum Zeiten der Stille, kaum Zeiten der tiefen Anbetung, des Hörens auf Gottes Stimme. Doch plötzlich griff Jesus ein, und durch einen Umzug kamen wir in eine einsame Gegend, rund zweihundertfünfzig Kilometer entfernt. Mit einem Mal gab es keine christlichen Aktivitäten mehr, was uns am Anfang wirklich zu schaffen machte.

Kurz darauf flogen wir für sechs Wochen nach Amerika und besuchten dort auch den Hauskreis von Freunden. Nach einer Gebetsgemeinschaft sagte der Leiter Don Galitzen: Während des Gebets hatte ich ein inneres Bild vor Augen, und ich glaube, der Heilige Geist will damit etwas sagen. Das Bild war folgendermaßen: In einem Zimmer steht ein Tisch, vollgepackt mit vielen guten Dingen, die man gern anschaut, wie ein großer Gabentisch am Geburtstag oder an Weihnachten. Plötzlich kommt von oben eine riesige Hand, die mit einer einzigen Bewegung alles vom Tisch wegfegt, so dass nichts übrig bleibt und die Tischplatte vollkommen leer ist.

Beim gemeinsamen Gebet um die Bedeutung des Bildes bekam Wolly schlagartig die Erkenntnis, dass dieses Bild sein eigenes Leben darstellte. Alle geistlichen Aktivitäten in seinem Leben, die er Gott als Beweis seines Christseins präsentiert hatte, zählen nichts vor ihm; mit einer Handbewegung hat er sie weggefegt. Diese Einsicht in Amerika hatte ihn sehr ernüchtert, und so fing für uns ein Prozess des Umdenkens an, der sich über mehrere Monate hinzog und uns schließlich zu der Erkenntnis führte, dass es für Jesus nicht so wichtig ist, was wir für ihn tun. Viel wichtiger ist, wer wir in Jesus sind. Uns beiden ist mit Hilfe dieses prophetischen Bildes viel später noch etwas anderes klar geworden: Die Hand Gottes hatte alles vom Tisch herunter gefegt, so dass nur der Tisch als solcher übrig blieb – der Tisch als Symbol für die Gemeinschaft des Menschen mit Gott. Damit zeigte Gott uns, dass erst wenn alles Unwichtige zur Seite geschoben ist, das Wichtige wieder sichtbar wird – die Gemeinschaft zwischen Gott und uns, seinen Kindern.

Türen: Die Tür ist ein Symbol für den Zutritt in das Reich Gottes. Jesus sagte in Johannes 10,9: „Ich bin die Tür; wenn jemand durch mich hineingeht, wird er gerettet werden" (Luther), was bedeutet, dass ohne Jesus niemand den Zugang zum Vater im Himmel bekommt. Eine verschlossene Tür bedeutet Ausschluss und Gericht. In 1. Mose 7,16 wird berichtet, dass Gott hinter Noah die Tür der Arche zuschloss; für alle, die draußen blieben, kam das Gericht. In Matthäus 25,1-13 erzählt Jesus das Gleichnis von den zehn Brautjungfern; zuletzt standen fünf von ihnen vor der verschlossenen Tür. Eine Tür kann auch für den Beginn eines neuen geistlichen Dienstes oder Auftrags stehen. Der Apostel Paulus spricht mehrfach davon, dass sich für ihn eine Tür aufgetan hat.[46] Als die Apostel in das Gefängnis geworfen wurden, öffnete Gott die Türen durch Engel oder durch ein Erdbeben und zeigte ihnen damit, dass der geistliche Auftrag weiterging.[47]

Tore: Ein Tor wie zum Beispiel ein Stadttor, ein großes Hoftor oder ein Scheunentor ist oft ein Symbol für richterliche Gewalt und Gericht. Im Altertum war der freie Platz innerhalb der Stadttore der Mittelpunkt des öffentlichen Lebens. Hier hielten die Ältesten der Stadt Gericht, und hier wurden Rechtsverträge abgeschlossen.[48] Nach Hebräer 13,12 litt und starb Jesus außerhalb der Stadttore, das Verfahren gegen ihn fand außerhalb der rechtlichen Ordnung statt.

Namen: Biblische Namen für Orte oder Personen haben von der hebräischen oder griechischen Sprache her eine besondere Bedeutung. So bedeutet Josef „Vermehrung." Daniel hat die Bedeutung „Gott hat gerichtet". Jesaja heißt „der Herr ist Hilfe". Deborah bedeutet „Biene", Ester ist „der Stern" und Ruth ist „die Freundin". In einem Bibellexikon oder in der Studienbibel findet man weiterführende Erklärungen. Vor vielen Jahren bekamen Wolly und ich auf einer christlichen Konferenz einmal folgendes prophetische Wort: Ihr werdet einen Sohn bekommen und ihn Ephraim nennen. Am Anfang dachte ich, freiwillig würde ich meinem Sohn nicht gerade den Namen Ephraim geben. Später haben wir herausgefunden, dass Ephraim „Fruchtbarkeit" bedeutet. Inzwischen verstehen wir diese Prophetie so, dass wir sie nicht wörtlich interpretieren sollten, sondern dass das Wort Ephraim als Symbol für Fruchtbarkeit zu verstehen ist – Gottes Hinweis an uns, dass wir in unserem Leben etwas hervorbringen (Geburt) werden, was fruchtbar für Gott ist (Ephraim).

Zeitgemäße Symbole: Zeitgemäße Symbole finden sich schon bei Jesus. Denken Sie nur an die vielen Gleichnisse, die Jesus gebrauchte. Darin verwendete er Dinge und Begriffe, die damals zum alltäglichen Leben gehörten: Sauerteig, Senfkorn, Feigenbaum, Weinberg, neuer Wein in alten Schläuchen, Brot des Lebens, Ackerboden

---

[46] vgl. 1. Kor. 16,9; 2. Kor. 2,12; Kol. 4,3
[47] vgl. Apg. 5,19; 12,10; 16,26
[48] vgl. 5. Mose 25,7; Jer. 26,10; Ruth 4

usw. Die Erklärungen werden Ihnen von Jesus gleich mitgeliefert, deshalb brauche ich darauf nicht näher einzugehen. Wir leben heute nach rund zweitausend Jahren in einer anderen Zeit mit ganz neuen Begriffen und Bildern. Deswegen träume ich nicht von Feigenbäumen oder Sauerteig. Ein fließendes Gewässer, Bäume und manche Tiere kommen schon einmal vor, aber oft habe ich es mit Flugzeugen, Autos oder Straßenbahnen zu tun, mit einer Schleuse, einem Bahnhofsschild oder einem Haus mit acht Fenstern. Sie haben bestimmt noch weitere Vorschläge aus Ihren eigenen Träumen. Lassen Sie mich auf einige zeitgemäße Symbole etwas näher eingehen, die oft in Träumen eine Rolle spielen.

Fahrzeuge: Fahrzeuge stehen oft für geistliche Dienste, Tätigkeiten oder Begabungen. Ein Auto symbolisiert einen persönlichen Dienst, ein Bus, eine Straßen- oder Eisenbahn könnte für eine Gemeinde oder eine christliche Organisation stehen, oft auch für eine geistliche Bewegung oder geistliche Strömung, eine neue geistliche Richtung, die eingeschlagen wird. Wenn der Bus oder Zug in dem Traum nicht an sein Ziel kommt oder unterwegs verunglückt, ist das als Warnung für eine solche geistliche Bewegung zu verstehen. Natürlich kann ich Ihnen dazu keine Bibelstelle geben; diese Auslegung beruht auf der Erfahrung mehrerer Propheten.

Flugzeuge: Ein Flugzeug kann für einen nationalen oder internationalen Dienst stehen, aber auch dafür, dass ich mich auf einer hohen Ebene bewege, sei es im geistlichen Bereich, sei es in der Gesellschaft oder im Wirtschaftsleben.

Motorräder: Dieses Fahrzeug steht manchmal für den prophetischen Dienst, denn auf einem Motorrad hat man ein erweitertes Sichtfeld, eine schnelle Beschleunigung, eine große Wendigkeit, aber auch weniger Schutz, man ist sensibel und anfällig gegenüber den Kräften der Natur.[49] Vor längerer Zeit hatten wir es mit einem Traum zu tun, in dem ebenfalls ein Motorrad eine Rolle spielte, und dort stand das Motorrad als persönliches Symbol für eine Erbschaft.

Häuser: Ein Haus kann ein Symbol sein für mein eigenes Leben („Lebenshaus"), für meine Familie, aber auch für meine Kirchengemeinde ("Haus des Herrn"). In meinen Träumen geht es gelegentlich um das Dach eines Hauses, und in aller Regel symbolisiert es die Leiterschaft, die sich an der Spitze befindet und Schutz bieten soll.

Persönliche Symbole: Persönliche Symbole bezeichnen Dinge aus meinem eigenen Leben wie Personen, Orte, Ereignisse, Gegenstände, die mir persönlich etwas bedeuten, für andere Menschen aber relativ bedeutungslos sind. Das kann eine Rede-

---

[49] So Steve Thompson, a.a.O. Seite 72

wendung sein, die nur in meiner Familie üblich war, oder ein Kose- oder Spitzname aus der Kindheit, der heute niemandem mehr bekannt ist. Es kann ein Ereignis sein, für das es keine Zeugen gibt und das ich nie jemandem erzählt habe; nur Gott und ich wissen davon. Wenn so etwas in einem Traum eine Rolle spielt, werde ich persönlich ganz stark angesprochen und weiß, dass Gott mir etwas sagen will. Im Johannesevangelium wird am Ende von Kapitel 1 beschrieben, wie Nathanael ein Jünger Jesu wird. Philippus hatte ihn mitgebracht, und Nathanael war voller Skepsis. In Vers 48 fragte Nathanael: „Woher kennst du mich?" Jesus antwortete: „Ich sah dich unter dem Feigenbaum, noch bevor Philippus dich rief." Von dieser Antwort Jesu ist Nathanael so überwältigt, dass er in Vers 49 zu Jesus sagte: „Rabbi, du bist der Sohn Gottes – du bist der König Israels!" Wir wissen nicht, was da unter dem Feigenbaum geschehen ist. Vielleicht war Nathanael ganz allein, und vielleicht hat er zu Gott gebetet: Herr, was hast du vor mit meinem Leben? Siehst du mich überhaupt hier auf der Erde? Und kurz darauf tritt Jesus auf ihn zu, den seine Freunde für den Messias halten, und Jesus sagt: „Du, Nathanael, ich sah dich unter dem Feigenbaum."

So ähnlich kann es uns auch gehen, wenn wir plötzlich erkennen, dass Gott zu uns redet. Erinnern Sie sich noch an Wollys Erlebnis, als er zum Glauben an Jesus kam? Damals sagte der Prediger: „Hier ist jemand, der hat für dieses Jahr schon seinen Urlaub geplant, aber er hat noch nicht für die Ewigkeit geplant." Die Urlaubsplanung war für ihn in diesem Zusammenhang ein ganz persönliches Symbol.

Warum Symbole?

Warum spricht Gott durch Symbole und Rätsel in Träumen? Er tat es bei Josef oder Daniel, aber auch in unserer Zeit. Mit unserem menschlichen Verstand können wir die Bedeutung der Symbolsprache Gottes, wie ich sie einmal nennen möchte, nicht erforschen, zumal gerade bei den persönlichen Symbolen Gott mit jedem Menschen seine eigene Sprache spricht.[50] Die richtige Auslegung kann also nur von Gott kommen – so bleibe ich abhängig von Gott. Komplizierte Symbole sind ein gutes Zeichen dafür, dass Gott redet. Menschen können sich kaum so etwas ausdenken.

Die Auslegung von Träumen

Wolly und ich beschäftigen uns nicht nur mit unseren eigenen Träumen, sondern auch mit denen anderer Menschen. Daher beten wir oft das folgende Gebet: Herr,

[50] Hilfreich zur Vertiefung ist hier das Buch von Ken Gire.

schenke mir die Gabe, dass ich auch die Träume anderer Menschen auslegen kann. Ich habe Sie ja darauf hingewiesen, dass Josef und Daniel diese besondere Gabe hatten. In Anaheim besuchten Wolly und ich Anfang der neunziger Jahre ein Seminar zum Thema Prophetische Träume, und am Ende boten die Lehrer des Seminars an, für die Teilnehmer zu beten und sie zu segnen. Auch wir nahmen dieses Angebot an, und kurze Zeit später stellten wir fest, dass Wolly offensichtlich die Gabe bekommen hatte, Träume auszulegen und die Symbolsprache Gottes zu erklären.

Josef, einer der Söhne Jakobs, hatte mit siebzehn Jahren einen bemerkenswerten Traum, der mit seinem eigenen Leben zu tun hatte und den er seinen Brüdern erzählte: „Wir waren draußen auf dem Feld und banden das Getreide in Garben zusammen. Meine Garbe stellte sich auf und blieb stehen. Eure Garben scharten sich um sie und verneigten sich vor ihr! Du willst also König werden und über uns herrschen?", verhöhnten ihn seine Brüder.[51]

Für die richtige Auslegung dieses Traums brauchten seine Brüder wohl nur wenige Sekunden, wie ihre spontane Reaktion zeigte. Es dauerte dann mehr als zwanzig Jahre, bis folgendes geschah: Josef herrschte über ganz Ägypten. ... So kamen auch seine Brüder zu ihm. Sie verneigten sich tief vor ihm. ... Seine Brüder erkannten ihn nicht, aber Josef erkannte sie. Er erinnerte sich an die Träume, die er vor vielen Jahren gehabt hatte.[52]

Ich empfehle Ihnen, die spannende Lebensgeschichte von Josef noch einmal nachzulesen. Wenig später wurde er nach Ägypten verkauft, es folgte die Begebenheit mit Potifars Frau, vor der Josef sich in Sicherheit bringen musste, und schließlich unschuldig ins Gefängnis geworfen wurde. Auch der Mundschenk und der Bäcker des Pharaos landeten dort. Im Gefängnis legte Josef auch die Träume dieser beiden Menschen aus. Ein wichtiger Schlüsselvers ist hier 1. Mose 40,8: „Ist die Auslegung nicht Gottes Sache?" Josef war sich bewusst, dass er diese Träume nur auslegen konnte, weil Gott ihm den Sinn und die Bedeutung der Träume offenbart hatte. Später bekam der Pharao selbst einige Träume, mit denen er nichts anfangen konnte, die ihn aber beunruhigten. Als seine Wahrsager und Traumdeuter ihm nicht helfen konnten, wandte er sich schließlich an Josef: „Ich habe gehört, dass du Träume deuten kannst, deshalb habe ich dich rufen lassen." Josef wiederholte noch einmal, was er schon zwei Jahre zuvor dem Mundschenk und dem Bäcker gesagt hatte: „Es steht nicht in meiner Macht, das

---

[51] 1. Mose 37,7-8
[52] 1. Mose 42,6-9

zu tun; nur Gott kann es."[53] Josefs Antwort offenbarte seine Demut. Er suchte nicht seine eigene Ehre, er trumpfte nicht auf und sagte: „Deine Wahrsager und Traumdeuter kannst du alle vergessen, ich bin der einzig wahre Experte in diesen Dingen." Es ist die gleiche Haltung, die wir bei Daniel finden, der ebenfalls die Gabe hatte, prophetische Träume auszulegen.

In Daniel Kapitel 2 wird von einem Traum des babylonischen Königs Nebukadnezar berichtet – ein Traum von einem großen Standbild oder Statue. Der Kopf dieser Statue war aus Gold, Brust und Arme aus Silber, Bauch und Lenden aus Bronze, die Beine aus Eisen, und die Füße aus einem Gemisch, teilweise Eisen, teilweise Tonerde. Plötzlich setzte sich irgendwo ein großer Stein in Bewegung und krachte gegen die Füße dieser Statue. Das ganze Standbild brach zusammen, wurde zermalmt, und der Wind blies den Staub weg, so dass nichts übrig blieb. Der Stein aber wurde zu einem großen Berg und erfüllte die ganze Erde.

Dieser Traum beunruhigte den König, weil er damit nichts anfangen konnte. Für solche Fälle hatte er ein ganzes Team von Fachleuten: Wahrsager, Beschwörer, Zauberer, Sterndeuter. Mit denen muss er allerdings schlechte Erfahrungen gemacht haben, denn diesmal ging er anders vor. Nicht wie sonst üblich erzählte er seinen Experten von dem Traum, die ihn dann auslegen sollten, sondern er verlangte, dass seine Wahrsager ihm seinen Traum erzählen und auch auslegen sollten. Natürlich protestierten sie und sagten, das sei unmöglich, worauf Nebukadnezar befahl, sie alle umzubringen.

Nun gehörten zu den Weisen von Babel auch Daniel und seine drei Freunde, und Daniel gelang es, eine Gnadenfrist zu erwirken. Daniel betete gemeinsam mit seinen Freunden, und in einer nächtlichen Vision zeigte Gott ihm den Traum des Königs und dessen Auslegung. Auch Daniel war sich bewusst, dass er vollkommen von Gott abhängig war. So antwortete er dem König in Daniel 2, 27-28: „Das Geheimnis, nach dem der König fragt, kann von keinem einzigen Weisen, Zauberer, Zeichendeuter oder Wahrsager aufgedeckt werden. Aber es gibt einen Gott im Himmel, der das Verborgene ans Licht bringt." Später in Vers 45 betonte er noch einmal: „Ein großer Gott hat dem König gezeigt, was die Zukunft bringen wird."

Sie haben sicher bemerkt, dass ich mich hier in einem Spannungsfeld bewege. Einerseits gebe ich Ihnen Hinweise, wie Sie anhand der Bedeutung verschiedener Symbole einen Zugang zu Ihren prophetischen Träumen finden können, und auf der anderen Seite betone ich, dass wir bei der Auslegung symbolhafter Prophetien vollkommen von Gott abhängig sind, weil nur er die richtige Bedeutung kennt. Mir geht es hier vor

---

[53] 1. Mose 41,15-16

allem darum, Ihnen zu verdeutlichen, dass das Spektrum der prophetischen Gabe auch die Gabe der Auslegung umfasst, insbesondere bei Träumen. In 1. Korinther 12, 10 und 14, 13 wird neben der Gabe der Sprachenrede auch die Gabe der Auslegung von Sprachenrede besonders erwähnt. Wenn wir uns nach den Gaben des Geistes ausstrekken, dürfen wir also auch darum bitten, die Gabe der Auslegung prophetischer Träume zu bekommen, wie mein Mann und ich es vor vielen Jahren in Anaheim getan haben.

Gleichzeitig ist es wichtig, die von mir so bezeichnete Symbolsprache Gottes besser kennen zu lernen. Gottes Symbole ziehen sich wie ein roter Faden von der ersten bis zur letzten Seite der Bibel, und durch beständiges Bibellesen können Sie mit dieser besonderen Sprache so vertraut werden, dass es Ihnen immer leichter fällt, gerade in prophetischen Träumen Gottes verborgenes Reden zu entdecken. Im letzten Teil dieses Abschnitts möchte ich anhand verschiedener Träume, Visionen und Eindrücke aufzeigen, wie wir innerhalb unserer prophetischen Arbeitskreise mit Symbolen umgehen.

Kürzlich hatte ein Mitarbeiter in der Nacht eine Vision für eine bestimmte Gemeinde. Sie lautete folgendermaßen: Einige Leute, eine Gruppe von zehn bis zwanzig Personen, hacken mit einer Hacke den Boden auf, alle in einer Richtung, auf einem Feld oder einer Fläche. Der Boden war sehr hart und ganz trocken, auch unter der obersten Schicht war kaum Feuchtigkeit. Sie schwitzten und es war anstrengend. Da weitete sich der Blick nach vorn, wo eine riesige Staumauer stand, hinter der ein Stausee war. Aber alle Abflüsse waren zugemacht und ich habe den dringenden Eindruck, dass einer oben den Abfluss öffnen müsste, damit das Wasser abfließen kann.

Diese Vision erinnerte uns an verschiedene Gleichnisse Jesu, die im 13. Kapitel des Matthäusevangeliums beschrieben werden. Dort werden Samen auf einem Acker ausgesät. Das ist ein Bild für die gute Nachricht der Bibel, die der Welt bekannt gemacht wird. Je nach dem, wie der Zustand des Bodens (ein Bild für das menschliche Herz) ist, wird der Same (ein Bild für das Evangelium) aufgenommen oder nicht. In der oben erwähnten Vision war eine größere Gruppe von Menschen dabei, mit großem Kraftaufwand einen Boden zu bearbeiten, der hart und trocken war. Diese arbeitenden Menschen symbolisierten die Mitarbeiter einer Gemeinde, die ihre ganze Kraft für den Dienst einsetzten. Als sich der Blickwinkel veränderte, konnte man in der Nähe einen großen Stausee voller Wasser erkennen. Mit diesem Wasser könnte man das Ackerland so gut durchtränken und feucht halten, dass der Same mühelos wachsen würde. Das Problem war nur, dass an der riesigen Staumauer alle Abflüsse dicht waren – das Wasser konnte nicht über das ausgetrocknete Land fließen. Die Mitarbeiter der Gemeinde mühten sich in eigener Kraft ab und hatten keinen Blick dafür, dass ihre Arbeit viel effektiver sein könnte, wenn sie dem Heiligen Geist Zugang gestatten würden. Der große gefüllte Stausee war hier ein Symbol für die niemals nachlassende Kraft des Heiligen Geistes. Doch die Mitarbeiter hätten die Abflüsse öffnen müssen. Unser Mitarbeiter hat inzwischen Kontakt zur Leitung dieser Gemeinde aufgenommen und ihnen von seiner Vision berichtet.

Ein anderes Mal hatte ein Pfarrer davon geträumt, wie ihm das Auto gestohlen wird. Einige Tage später hatte er einen weiteren Traum. Diesmal wurde ihm das Fahrrad gestohlen. Wir sprachen mit ihm über die Situation in seiner Gemeinde und fanden heraus, dass manche seiner Mitarbeiter mit ihm nicht übereinstimmten, was den Kurs der Gemeinde betraf. Kurz darauf träumte er dann, dass ihm ein Koffer gestohlen wird. Etwa zwei Wochen später schickte er uns folgenden Traum, den vierten Traum dieser Serie: Ich träumte, ich habe mich nach England beworben. Doch dann wurden aus meinem Zimmer meine Bewerbungsunterlagen und meine Schuhe gestohlen. Es stellte sich heraus, dass ein Kind die wichtigste Seite der Unterlagen zerrissen hatte, und dass der rechte Schuh kaputt war. Die Mutter des Kindes wollte mir als Schadensersatz für die Schuhe zwanzig Euro geben. Darüber wurde ich wütend und wachte auf.

Dieser Pfarrer war kurz zuvor in England gewesen und von der Erneuerungsbewegung in den dortigen Kirchen so sehr angetan, dass er sich überlegt hatte, wie er eine Erneuerung auch in seine eigene Gemeinde hinein bekommen könnte. Wir hatten den Eindruck, dass Auto und Fahrrad den geistlichen Dienst des Pfarrers darstellten und ihm jemand diesen Dienst wegnehmen wollte. Auch der Koffer passte dort hinein als ein Symbol dafür, dass er im Reich Gottes unterwegs war. Die Schuhe könnten sich nach Epheser 6,15 auf die Gabe der Evangelisation oder einen evangelistischen Dienst beziehen. Auch den wollte man ihm wegnehmen. Die Bewerbungsunterlagen für England symbolisierten die Kontakte zur dortigen Erneuerungsbewegung. Das Kind könnte für eine unreife Gruppe in der Gemeinde stehen, die diese wichtigen Kontakte zerstören wollte. Der angebotene Schadensersatz war viel zu niedrig und zeigte, dass die betreffenden Mitarbeiter gar nicht begriffen hatten, was für einen großen geistlichen Schaden sie angerichtet hatten.

Im Gespräch mit diesem Pfarrer stellte sich heraus, dass unsere Auslegung genau seine Position in der Gemeinde beschrieb. Er wollte natürlich auch wissen, wozu Gott ihm diese Träume gegeben hatte. Wolly und ich hatten den Eindruck, Gott wollte ihn damit warnen. Die Gemeinde war noch nicht reif für große Veränderungen, und durch falsche Reaktionen könnte ein Schaden entstehen, der kaum wieder gut zu machen wäre.

Nun möchte ich noch von einem Traum berichten, den ich selbst im Dezember 1994 hatte: Ich liege oder sitze wie ohnmächtig auf der Straße, und Wolly ist bei mir. Dann sehe ich mit Schrecken ein kleines Kind, ein Baby, auf den Dachziegeln eines dreistöckigen Hauses. Das Kind rutscht an den Ziegeln herunter, und es ist niemand da, der es aufhalten oder auffangen könnte. Dann saust das Kind ungebremst herunter und zerschmettert auf der Straße.

Hier geht es um drei Symbole: Kind, Haus und Dach. Ehe ich zu der Auslegung des Traumes komme, möchte ich noch von einem zweiten ähnlichen Traum berichten, den eine Freundin von mir im Juli 2001 hatte: Ich beobachte vom Dach eines Hauses, in dem ich wohne, wie Feuertropfen vom Himmel fallen und sofort alles in Brand setzen, wo sie die Erde berühren. Zuerst geht ein Bus in Flammen auf, dann brennt es auf der Dachterrasse des gegenüber liegenden Hauses. Ich will schnell in meine Wohnung rennen, verpasse aber den richtigen Flur. Es sind so viele Wohnungen und Flure im Haus.

Hier finden wir neben dem Symbol Dach als weitere Symbole Feuer und Flammen, Häuser und Wohnungen und einen Bus. Wie bereits erwähnt, kann ein Haus manchmal das eigene Leben darstellen, es kann aber auch für das Haus Gottes stehen und symbolisiert dann eine Gemeinde, eine christliche Organisation, ein Missionswerk oder Ähnliches. In einem solchen Fall steht das Dach für die Leitung oder Leiterschaft.

Im ersten Traum fällt ein Kind vom Dach auf die Straße und wird zerschmettert. Hier könnte das Kind einen noch jungen Arbeitszweig einer Gemeinde darstellen oder auch für die Neugründung einer Gemeinde innerhalb eines Gemeindeverbandes oder eines Werkes stehen. Doch die Leiterschaft oder die Verantwortlichen vernachlässigen diesen Arbeitszweig oder die junge Gemeinde, das Ganze entgleitet ihnen irgendwie und hat keine Überlebenschance.

Wenige Tage nach diesem ersten Traum riefen uns die jungen Leiter einer geistlichen Gruppierung an, die seit einiger Zeit innerhalb der örtlichen Kirchengemeinde abendliche Lobpreisgottesdienste anbot. Das Ganze hatte sich verselbständigt und die Gruppe ließ sich von der Leitung der Kirche nichts mehr sagen. Die jungen Leute kamen zu einem Beratungsgespräch zu uns, und es stellte sich heraus, dass sie auch in sich uneins waren und dass sie keine Unterordnung praktizieren wollten. Auch nach unserer Beratung waren sie nicht einsichtig, sondern wollten den eigenen Weg weiter gehen. Das ging dann noch einige Monate so weiter, bis die Gruppe sich schließlich auflöste und die Lobpreisgottesdienste beendet wurden.

Im zweiten Traum beobachtet jemand vom Dach eines Hauses, wie Feuer vom Himmel fällt. Die Position auf dem Dach lässt darauf schließen, dass die Person eine leitende Funktion hat. Vom Himmel fallendes Feuer ist oft ein Bild für das Gericht

Gottes, das wir beispielsweise von Sodom und Gomorrha her kennen[54] und auch mehrmals bei dem Propheten Elia finden.[55] Auch Jesus benutzte dieses Bild vom Feuer als dem Gericht Gottes.[56] Wenn Sie sich jetzt erinnern, dass ein Bus eine geistliche Bewegung oder Strömung darstellen kann und wir davon ausgehen, dass das Dach des gegenüber liegenden Hauses für die Leiterschaft einer anderen Gemeinde steht, die sich in der Nähe oder zumindest in der gleichen Stadt befindet, dann wird der Traum schon etwas klarer. Kurze Zeit nach diesem Traum erlebte diese Freundin dann, wie in ihrer Stadt eine aufstrebende Gemeindearbeit durch Streitigkeiten mit der Leiterschaft fast explosionsartig zerstört wurde, so dass der Gemeindepfarrer sich entschied, diese Gemeinde zu verlassen.

Jetzt möchte ich noch etwas zu den persönlichen Symbolen sagen. Ich habe weiter oben bereits ausgeführt, dass ein prophetisch Begabter häufig wiederkehrende Symbole entdeckt, wenn Gott in Träumen, Visionen, inneren Bildern, Eindrücken usw. zu ihm redet. Diese persönlichen Symbole sind nur für ihn von besonderer Bedeutung; andere, denen er seine Träume erzählt, können mit diesen Symbolen kaum etwas anfangen, da sie in diese Bildersprache Gottes, die nur von Gott und einem Einzelnen gebraucht wird, nicht eingeweiht sind. Allerdings kann jemand mit der Gabe der Auslegung von prophetischen Träumen durchaus weiterhelfen, wenn Gott ihm die geheimnisvollen Zusammenhänge erschließt. Beispielsweise bekomme ich seit vielen Jahren für Gemeinden, die ich kenne oder von denen ich gehört habe, so genannte Essensträume. Ohne mein eigenes Zutun und ohne irgendeine Erwartungshaltung sehe ich in diesen Träumen dann bestimmte Dinge, die etwas mit dem Thema Essen zu tun haben:

1. wer der Koch ist; was er kocht oder an Speisen zubereitet;
2. wie die hygienischen Verhältnisse in der Küche oder beim Essen sind und wie das Geschirr aussieht;
3. wie die Gemeinde mit dem Essen umgeht und ob die Leute überhaupt dazu kommen, das Essen zu sich zu nehmen;
4. wer sonst noch am Essen teilnimmt;
5. welche speziellen Gewohnheiten der Koch oder die Gemeinde hat.

Im Laufe der Zeit habe ich entdeckt, dass diese Träume persönliche Symbole enthalten. Der Koch steht für den Leiter der Gemeinde, der für die richtige geistliche Ernährung verantwortlich ist. Die Art der verschiedenen Speisen zeigt an, ob es sich

[54] 1. Mose 19,24
[55] 2. Könige 1,10-12
[56] Matth. 5,22; 13,40; 18,8

um solide geistliche Nahrung handelt, von der die Menschen auch satt werden; auch die Ausgewogenheit bei den angebotenen Speisen spielt eine Rolle. Die hygienischen Verhältnisse in der Küche beschreiben den Bereich der Seelsorge.

Denken Sie einmal an diese Bedeutungen, wenn ich Ihnen nachfolgend den einen oder anderen Traum berichte.

Für eine bestimmte Gemeinde hatte ich einmal folgenden Traum: Viele Leute stehen Schlange bei der Essensausgabe. Als Köche sehe ich dort den Prediger und den leitenden Ältesten der Gemeinde. Es gibt ein Eintopfgericht, und jeder bekommt einen Schöpflöffel voll mit Nudeln und Soße auf seinen Teller. Ich denke im Traum: Das schmeckt ja, aber ernährt das auch richtig? Wo ist das Fleisch? Was ist mit Vitaminen und Nährstoffen? Bei dieser Gemeinde stand der Pastor im Sinne des Ein-Mann-Prinzips im Vordergrund und das Gemeindeleben konzentrierte sich auf den Gottesdienst am Sonntag. An den übrigen Tagen der Woche, im Alltag, lebte jeder nach seinen eigenen Vorstellungen. Der Glaube an Jesus hatte nicht das ganze Leben durchdrungen, und es gab sehr viel negatives Gerede übereinander in der Gemeinde. Es fehlte die verändernde und heilende Kraft Gottes, die im Traum durch das Fehlen von Fleisch, Vitaminen und Nährstoffen deutlich wurde.

Für eine andere Gemeinde hatte ich den folgenden Traum: Eine große Menschenmenge ist versammelt. Es herrscht Trubel und Chaos und alles ist unorganisiert. Das Essen besteht aus Kuchenstücken, doch es reicht nicht für alle. Mein Mann und ich finden zunächst keinen Platz am Tisch und bekommen dann Kinderstühle zum Sitzen. Von dem Essen gibt es für uns nur noch die Krümel, die übriggeblieben sind. Diese Gemeinde wirkte sehr attraktiv, was hier durch die Kuchenstücke symbolisiert wird, und so wurden auch sehr viele Menschen angezogen. Die Gemeinde war stark evangelistisch ausgerichtet, es ging hauptsächlich um die Einladung zu einem Leben mit Jesus, doch fehlten dann die weiterführenden Schritte. So blieb die Gemeinde eine Ansammlung von jungen Christen, die in den Anfängen des Glaubens stecken blieben, hier symbolisch dargestellt durch die Kinderstühle. In Hebräer 5,12-14 ist auch von so einer Situation die Rede: Ihr seid wie Säuglinge, die nur Milch trinken, aber keine feste Nahrung essen können.

Noch ein Traum für eine dritte Gemeinde: Mein Mann und ich sind sehr hungrig und werden zum Essen in eine Gemeinde eingeladen. Der Lobpreisleiter ist Koch und Gastgeber zugleich. Wir müssen in eine Kellerwohnung und stehen vor verschlossener Tür. Auf der anderen Seite, also hinter dieser Tür, singt der Lobpreisleiter und singt und singt, und keiner hört unser Klopfen. So verrinnt die Zeit; wir bekommen nichts zu essen und werden auch nicht satt. Diese Gemeinde legte einen so großen Wert auf die musikalische Lobpreiszeit, dass andere wichtige Elemente des Gottesdienstes zu kurz kamen. Es gab dort so gut wie keine lehrmäßige Unterweisung, die häufigen Gastredner verbreiteten teilweise Sonderlehren, und die Gemeinde war zum großen Teil nicht in der Lage, das zu erkennen, da sich ihr Glaubensleben durch die Über-betonung der Musik mehr auf einer seelischen Ebene und nicht auf einer geistlichen Ebene abspielte. Dass so eine Entwicklung zu einer Gefahr werden kann, hatte der Leiter der Vineyard-Bewegung, John Wimber, schon früh erkannt und mit folgenden Worten davor gewarnt: „They don't worship the Lord, they worship the worship." Das heißt: Sie beten nicht den Herrn an, sondern sie beten den Lobpreis an.

Zum Abschluss ein Traum, den ich einmal für eine sehr große Gemeinde bekam: In einer großen Lagerhalle findet ein Gottesdienst statt. Der Raum ist voller Menschen, darunter jede Menge arme Leute. Es gibt Speisekarten mit verschiedenen Menüs, und jeder kann nach der Karte speisen und das bestellen, was ihm schmeckt und was ihm gut tut, egal ob er bezahlen kann oder nicht. Bedienstete laufen hin und her und haben herrliche Gerichte und Speisen in den Schüsseln. In dieser Gemeinde stand der Dienst am Nächsten im Vordergrund, und die Mitarbeiter waren bestrebt, dem Einzelnen genau das zukommen zu lassen, was er am nötigsten brauchte und womit ihm geistlich geholfen wurde. Diese Gemeinde verstand sich nicht als eine funktio-nierende Organisation, sondern als lebendiger Organismus.

Ich weiß bei meinen prophetischen Träumen nicht immer, was all die Einzelheiten genau bedeuten, aber ich fange mit den Dingen an, deren Bedeutung ich kenne. So kann ich beispielsweise für die richtige „Ernährung" in einer bestimmten Gemeinde beten, ohne dass ich weiß, was der Traum als Ganzes zu bedeuten hatte.

Es gäbe noch viele weitere interessante prophetische Träume, die ich hier erwähnen könnte, doch das würde den Rahmen dieses Buches sprengen, so dass ich es bei den geschilderten Beispielen belassen möchte.

Die Bedeutung von Zahlen in der Bibel

In den prophetischen Büchern der Bibel kommt es häufig vor, dass einzelne oder mehrere Zahlen eine Rolle spielen, denken Sie z.B. an die sieben Jahre im Leben des Königs Nebukadnezar[57], an die vier Winde des Himmels, die vier Tiere, die aus dem Meer stiegen, von denen eines vier Flügel, ein anderes vier Köpfe und ein weiteres

---

[57] Daniel 4,13; 20; 22;29

zehn Hörner hatte[58], an die siebzig Jahrwochen, aufgeteilt in sieben Jahrwochen, 62 Jahrwochen und eine Jahrwoche[59] oder die dreieinhalb Zeiten, die 1290 Tage und die 1335 Tage[60], von denen im Buch Daniel berichtet wird. Im Buch der Offenbarung geht es um sieben Gemeinden, sieben Sterne und sieben Leuchter[61], 24 Älteste auf 24 Thronen und vier lebendige Wesen mit jeweils sechs Flügeln[62], sieben Siegel, sieben Posaunen und sieben Zornschalen[63], um Zeiten von 42 Monaten[64] und tausend Jahren[65], um 144 000 Versiegelte[66] und viele ähnliche Dinge.

Allgemein bekannt sind auch die Träume des Pharao mit den sieben fetten und sieben mageren Kühen bzw. den sieben fetten und sieben mageren Ähren[67] sowie die Träume seiner Beamten mit drei Weinreben bzw. drei Brotkörben[68], bei deren Auslegung der prophetisch begabte Josef diese Zahlen jeweils als Zeitangaben sah, deren Bestätigung nicht lange auf sich warten ließ.

Wenn Sie beim Lesen der Bibel aufmerksam darauf achten, entdecken Sie sowohl im Alten Testament als auch im Neuen Testament eine Fülle von Zahlenangaben, wobei bestimmte Zahlen wie sieben, zwölf oder vierzig besonders oft erscheinen. Das hat schon frühzeitig die Vermutung aufkommen lassen, dass Zahlen in der Bibel eine geistliche Bedeutung haben, weshalb zu diesem Thema auch „zahl"-reiche Bücher erschienen sind.[69] Einerseits bin ich davon überzeugt, dass solche biblischen Zahlen nicht nur mengenmäßig etwas ausdrücken, sondern zugleich eine symbolische Bedeutung haben, die durch die ganze Bibel hindurch mit der entsprechenden Zahl verknüpft ist.[70] Andererseits sehe ich die Gefahr, dass bestimmten Zahlen eine magische Bedeutung beigelegt wird, indem solche Zahlen überbetont und nicht mehr im Zusammenhang des jeweiligen Textes gesehen werden. Auch wenn Ihnen die Offenbarung des Johannes ein „Buch mit sieben Siegeln" ist und Sie dieses Buch bisher nach den

[58] Daniel 7
[59] Daniel 9,24-27
[60] Daniel 12,7-12
[61] Offb. 1-3
[62] Offb. 4
[63] Offb. 5-9 und 16
[64] Offb. 13,5
[65] Offb. 20,2-7
[66] Offb. 14,1
[67] 1. Mose 41,1-7
[68] 1. Mose 40,9-22
[69] eine Auswahl finden Sie im Literaturverzeichnis
[70] so auch Kevin Conner a.a.O.

Briefen an die sieben Gemeinden in Kleinasien[71] nicht weitergelesen haben, weil Ihnen die bildhaften Schilderungen allzu unverständlich erscheinen, wissen Sie doch, dass die Zahl 666 für den Antichristen der Endzeit steht.[72] Manche Gläubige sind da sehr sensibel und denken automatisch daran, wenn sie ein Autokennzeichen mit der Zahl 666 sehen, eine Telefonnummer mit dieser Zahlenfolge genannt bekommen oder im Hotel feststellen, dass man ihnen das Zimmer Nr. 666 zugewiesen hat.

Gar nicht so selten kommt es vor, dass auch heute in prophetischen Bildern, Visionen und Träumen bestimmte Zahlen vorkommen und sich deshalb die Frage stellt, ob diese Zahlen auch symbolisch gemeint sein und eine verborgene Bedeutung enthalten könnten, die es zu entdecken gilt. Wir leben zwar im Computerzeitalter, in dem riesige Mengen von Zahlen und Daten in Sekundenschnelle verarbeitet werden, doch hat sich im täglichen Leben der Gebrauch von Zahlen und der Umgang damit nicht geändert: eine Frau mit 65 Jahren, die einen Korb mit 24 Äpfeln bei sich hat und die Früchte an vier Personen verteilt, wird heute genauso wahrgenommen wie zur Zeit Abrahams. Deshalb glaube ich, dass die symbolische Bedeutung von Zahlen in der Bibel auch in unserer Zeit hilfreich sein kann, prophetische Eindrücke, die Zahlen enthalten, so auszulegen, dass die verschlüsselte Botschaft Gottes darin richtig verstanden wird. Um die geistliche Bedeutung einer Zahl herauszufinden empfiehlt z.B. Kevin Conner, sich zunächst einmal den Zusammenhang ihres ersten Erscheinens in der Bibel klar zu machen. In einem zweiten Schritt kann durch einen Vergleich mit anderen Schriftstellen, wo diese Zahl ebenfalls vorkommt, festgestellt werden, ob der vermutete Symbolgehalt dieser Zahl sich bestätigt.[73] In meinem 9. Kapitel über Prophetie und Heilung werden Sie bemerken, dass die Zahl sieben, die in der Bibel rund sechshundert Mal vorkommt, häufig ein übernatürliches Eingreifen Gottes anzeigt. Das geht zurück auf das Wunder der Schöpfung, die in sieben Tagen erfolgte, wobei auch der siebte Tag als Ruhetag Teil der göttlichen Schöpfungsordnung ist.

Nachdem einer unserer Mitarbeiter einen offenbar prophetischen Traum hatte, in dem er mit dem Aufzug in den vierzigsten Stock eines Hochhauses fahren und dort aussteigen musste, hatten wir Veranlassung, uns mit der symbolischen Bedeutung der Zahl vierzig zu beschäftigen. Überrascht stellten wir fest, dass die Zahl vierzig fast achtzig Mal in der Bibel erscheint, meist in Verbindung mit einer Zeitangabe wie vierzig Tage oder vierzig Jahre. Die Zahl vierzig zieht sich wie ein roter Faden durch die ganze Bibel, und ich teile die Auffassung mehrerer Bibelausleger, dass diese Zahl für eine Zeit der Vorbereitung oder der Bewährung steht, einer Zeit der Erprobung,

[71] Offb. 2-3
[72] Offb. 13,18
[73] Conner a.a.O. Seite 49

die entweder mit einem Sieg oder einer Niederlage enden kann. Lassen Sie mich das anhand einiger Bibelstellen näher erläutern.

Isaak, der Sohn Abrahams, war vierzig Jahre alt, als er Rebekka zur Frau nahm.[74] Diese Zeit steht für die Vorbereitung auf die Ehe, wobei wir aus unserer Sicht jetzt nicht sagen dürfen, Isaak hat aber spät geheiratet. Schließlich wurde er 180 Jahre alt.[75] Als Isaaks Sohn Esau vierzig Jahre alt war, nahm er sich zwei Frauen von den Hethitern, Judith und Basmath, die Isaak und Rebekka viel Verdruss machten.[76] Wie sein Vater heiratete Esau ebenfalls mit vierzig Jahren, doch war er ungehorsam und nahm sich gleich zwei Frauen aus einem fremden Volk, das nichts von Gott hielt, und so gab es Schwierigkeiten in der Familie. Mehr als hundert Jahre später starb Jakob, der Bruder Esaus, im Alter von 147 Jahren in Ägypten. Die Ärzte balsamierten ihn ein, und sie verwendeten darauf volle vierzig Tage, denn so lange dauerte die Einbalsamierung.[77] Jakob und seine Familie lebten inzwischen schon seit 17 Jahren in Ägypten, wo zu jener Zeit andere Vorstellungen vom Totenreich herrschten als bei den Hebräern. Und doch finden wir hier wieder die vierzig Tage als Zeit der Vorbereitung auf ein Leben nach dem Tod, wie die Ägypter es sich vorstellten.

In seiner Verteidigungsrede vor dem Hohen Rat sagte Stephanus u.a. folgendes: Als Mose vierzig Jahre alt war, beschloss er eines Tages, seine Brüder und Schwestern aus dem Volk Israel aufzusuchen. Unterwegs sah er, wie ein Ägypter einen Israeliten misshandelte. Mose kam ihm zu Hilfe, rächte ihn und erschlug den Ägypter. (...) Da floh Mose aus Ägypten und lebte als Fremder im Land Midian. (...) Vierzig Jahre später erschien Mose in der Wüste am Berg Sinai ein Engel in den Flammen eines brennenden Busches.[78] Ich erinnere Sie daran, dass Gott dabei Mose den Auftrag gab, zum Pharao zu gehen und ihn aufzufordern, das Volk Israel ziehen zu lassen. Zu dieser Zeit war Mose bereits achtzig Jahre alt und sein Bruder Aaron war 83 Jahre alt.[79] Mose starb im Alter von 120 Jahren.[80]

Moses Leben von 120 Jahren lässt sich in drei Zeitabschnitte von jeweils vierzig Jahren gliedern, und jeder dieser Abschnitte war eine Vorbereitungs- und Bewährungszeit. Die ersten vierzig Jahre lebte er am Königshof des Pharao und wurde darauf vorbe-

[74] 1. Mose 25,20-21
[75] 1. Mose 35,27
[76] 1. Mose 26,34-35
[77] 1. Mose 50,2-3
[78] Apg. 7,23-30
[79] 2. Mose 7,7
[80] 5. Mose 34,7

reitet, eine politische Führungspersönlichkeit zu werden, doch bestand er die Bewährung nicht, als er voller Zorn menschlich reagierte und einen Ägypter erschlug. Die zweiten vierzig Jahre lebte er in der Wüste, wo er mit vierzig Jahren Zippora heiratete, eine Tochter Jethros, des Priesters von Midian, und dann vierzig Jahre lang Schafe hütete. Er lernte, ein Hirte zu sein, bestand dieses Mal die Bewährungszeit und wurde danach mit achtzig Jahren Leiter des Volkes Israel. Die letzten vierzig Jahre zog er mit dem Volk durch die Wüste, was eine Prüfungszeit für den Einzug in das Land Kanaan war, doch diesen Höhepunkt seines Lebens, zurückkehren zu können in das Land seiner Vorväter, erreichte Mose nicht, weil er zum Schluss die Bewährung nicht bestand. Nachdem bereits 38 Jahre vergangen waren, geschah unterwegs in Kadesch-Barnea folgendes: Der Herr sprach zu Mose: „Rede mit dem Felsen dort, dann wird Wasser aus ihm fließen." (…) Mose holte aus und schlug zweimal mit dem Stab auf den Felsen. Da strömte Wasser heraus, so dass alle Israeliten und ihr Vieh genug zu trinken hatten. Der Herr aber sagte zu Mose und Aaron: „Weil ihr mir nicht vertraut und den Israeliten nicht meine Heiligkeit deutlich gemacht habt, sollt ihr mein Volk nicht in das Land führen, das ich ihnen geben werde."[81]

Im Zusammenhang mit der Übergabe von zwei steinernen Tafeln, die Gott mit den Zehn Geboten beschrieben hatte, war Mose zweimal über einen Zeitraum von jeweils vierzig Tagen in der unmittelbaren Nähe Gottes, und dort hat er sich bewährt, so dass Gott mit ihm persönlich (Luther: von Mund zu Mund) redete.[82] Am Ende seines Lebens hieß es sogar über ihn: Nie wieder gab es einen Propheten wie Mose in Israel, dem der Herr persönlich begegnete.[83] Später erinnerte Kaleb Josua, Moses Nachfolger, an eine Episode während der Wüstenwanderung mit folgenden Worten: „Ich war vierzig Jahre alt, als mich Mose, der Diener des Herrn, von Kadesch-Barnea aus losschickte, um das Land zu erkunden."[84] Josua und Kaleb waren zwei der zwölf Kundschafter, die Mose damals nach Kanaan schickte, und der Bericht darüber enthielt die Feststellung: Nachdem sie das Land vierzig Tage lang erkundet hatten, kehrten die Männer zurück.[85] Josua und Kaleb waren voller Mut und Zuversicht, dass sie das Land erobern konnten, doch die übrigen zehn Kundschafter berichteten furchtbare Übertreibungen und versetzten das Volk Israel in Angst. Diese ganze Unternehmung war eine Glaubensprüfung, eine Zeit der Bewährung, die niemand bestanden hatte außer Josua und Kaleb. Die Bibel berichtet weiter: Da sprach der Herr: „Eure Kinder müssen die Folgen eurer Treulosigkeit tragen. Sie sollen vierzig Jahre lang als Hirten

---

[81] 4. Mose 20,7-12
[82] 2. Mose 24,18; 31,18; 34,28; 4. Mose 12,8
[83] 5. Mose 34,10
[84] Josua 14,7
[85] 4. Mose 13,25

durch die Wüste wandern, bis auch der Letzte von euch in der Wüste gestorben ist. Weil die Männer vierzig Tage das Land erkundet haben, sollt ihr vierzig Jahre lang die Folgen eurer Sünde tragen: ein Jahr für jeden Tag."[86] Von den Erwachsenen, die damals diese Worte Gottes hörten, kamen später tatsächlich nur zwei in das verheißene Land Kanaan: Josua und Kaleb.

Nach Mose und Josua folgt das Buch der Richter, und auch hier begegnet man mehrfach den vierzig Jahren: Als Otniel, der Neffe Kalebs, Richter war, hatte das Land vierzig Jahre lang Ruhe. Unter dem Richter Ehud hatte das Land achtzig Jahre lang Ruhe. (Das waren zweimal vierzig Jahre). Als die Prophetin Deborah Richterin war, herrschte wieder für vierzig Jahre Ruhe im Land, und ebenso war es unter dem Richter Gideon.[87] Die Zeit, in der Simson und Delilah lebten, wird so beschrieben: Wieder taten die Israeliten Böses in den Augen des Herrn, und der Herr lieferte sie vierzig Jahre der Gewalt der Philister aus.[88]

Während einer Zeitspanne von etwa vierhundert Jahren nannte man damals die Leiter des Volkes Israel Richter. Wenn ein Richter gottesfürchtig war, segnete Gott das Volk und schenkte vierzig Jahre Frieden. In dieser Bewährungszeit konnte das Volk zeigen, ob es Gott treu war. Meistens hat das Volk diese Prüfungen nicht bestanden, so dass Gott seine schützende Hand zurückzog und Feinde ins Land einfielen. Dann wartete Gott auf eine Umkehr seines Volkes, und einmal dauerte die Unterdrückung durch die Philister vierzig Jahre, bis das Volk sich bewährte und sich Gott wieder zuwandte. Der Priester Eli, der zugleich Richter war, hatte seine Prüfungszeit von vierzig Jahren nicht bestanden. Der spätere Prophet Samuel war als kleiner Junge bei ihm in der Ausbildung und musste ihm schon damals ein prophetisches Gerichtswort Gottes weitersagen.[89]

Die ersten Könige in Israel, das waren Saul, David und Salomo, regierten jeweils vierzig Jahre lang. Knapp einhundert Jahre nach Salomos Tod regierte der gottesfürchtige König Joasch ebenfalls vierzig Jahre in Jerusalem.[90] Diese Könige waren von Gott erwählt und bekamen eine Regierungszeit von vierzig Jahren als Zeit der Bewährung, ob sie an Gott festhielten oder sich durch militärische Erfolge, großen Wohlstand oder den Einfluss anderer Religionen von Gott abwandten. Saul und Salomo bestanden diese Prüfung nicht.

[86] 4. Mose 14,33-34
[87] Richter 3,11; 30; 5,31; 8,28
[88] Richter 13,1
[89] 1. Sam. 3,11-18; 4,18
[90] Apg. 13,21; 1. Kön. 2,11; 11,42; 2. Kön. 12,1

Der Kampf zwischen David und Goliath ist Ihnen sicher bekannt. In dieser Geschichte wird eine bemerkenswerte Einzelheit berichtet: Vierzig Tage lang, am Morgen und am Abend, baute sich der Philister Goliath vor den Israeliten auf und verhöhnte sie.[91] Diese Tage waren eine Zeit der Prüfung und Bewährung für das Volk Gottes, und David war schließlich derjenige, der die Verantwortung übernahm, sich Goliath stellte und die Prüfung bestand.

Die Bußpredigt des Propheten Jona lautete: Noch vierzig Tage, und die Stadt Ninive wird zerstört werden![92] Die Einwohner von Ninive nutzten jedoch diese Zeit der Prüfung und taten Buße, so dass Gott sein angekündigtes Gericht rückgängig machte und die Stadt verschonte.

Die Bedeutung der Zahl vierzig setzt sich im Neuen Testament fort: Danach führte der Heilige Geist Jesus in die Wüste, weil er dort vom Teufel auf die Probe gestellt werden sollte. Nachdem er vierzig Tag und vierzig Nächte keine Nahrung zu sich genommen hatte, war er sehr hungrig.[93] Das war die Bewährungsprobe für Jesus, denn anschließend begann er seinen öffentlichen Dienst in der Kraft des Heiligen Geistes. Sein Weg führte ihn bis nach Golgatha. In den vierzig Tagen nach seiner Kreuzigung erschien er den Aposteln immer wieder und bewies ihnen auf vielfältige Weise, dass er wirklich lebt. Und er sprach mit ihnen über das Reich Gottes.[94] Diese Zeit diente den Aposteln als Vorbereitung für den anschließenden Dienst. Sie bewährten sich und wurden kurz darauf am fünfzigsten Tag mit dem Heiligen Geist erfüllt.

Fanden Sie es nicht auch spannend, dem roten Faden der Zahl vierzig durch die ganze Bibel nachzuspüren, von Isaak bis Jesus? Ähnliche Entdeckungen können Sie auch bei anderen Zahlen machen. Ich möchte es aber dabei belassen und Sie auf die weiterführende Literatur verweisen, denn sonst würde der Rahmen dieses Buches gesprengt werden.

[91] 1. Sam. 17,16
[92] Jona 3,4
[93] Matth. 4,1-2
[94] Apg. 1,3

7. Welche Aufgabe hat Prophetie?

Diese Frage könnte man auch anders formulieren: Welche Absichten verfolgt Gott, wenn er redet?

1. Auferbauung, Ermutigung und Trost

Knapp zwanzig Jahre nach der Himmelfahrt Jesu gab es in Jerusalem die erste größere christliche Konferenz. Es ging um Gemeindefragen, um das richtige Vorgehen bei Evangelisationen und es ging um die Missionsarbeit im Ausland. Einige Teilnehmer berichteten auch über das Wirken des Heiligen Geistes und über die Zeichen und Wunder, die sie erlebt hatten. Am Schluss der Konferenz machten sich Paulus und Barnabas auf den Rückweg in ihre Heimatgemeinde nach Antiochia, fast fünfhundert Kilometer entfernt, und sie bekamen aus Jerusalem zwei Begleiter mit auf den Weg: Judas mit dem Beinamen Barsabas und Silas – so steht es in Apostelgeschichte 15, 4-31.

Kaum waren sie in Antiochia eingetroffen, wurde eine Gemeindeversammlung einberufen und dort von der Konferenz in Jerusalem berichtet. Anschließend heißt es in dem Text von Apostelgeschichte 15,32: „Danach sprachen Judas und Silas, die beide die Gabe der Prophetie besaßen, noch lange zu ihnen, um sie im Glauben zu ermutigen und zu stärken".

Diese beiden Gläubigen, Judas und Silas, waren Ermutiger! In Vers 26 werden sie beschrieben als „Männer, die für Jesus Christus, unseren Herrn, ihr Leben aufs Spiel gesetzt haben". An dieser Stelle eine persönliche Frage an mich – und an Sie: Könnte man mich auch so beschreiben, als jemand, der sein Leben aufs Spiel gesetzt hat für den Namen unseres Herrn Jesus Christus? – Diese beiden jedenfalls waren erfüllt vom Heiligen Geist und sie hatten beide die Gabe der Prophetie. Weil der Heilige Geist wusste, dass die Gemeinde in Antiochia eine Ermutigung brauchte, schickte er Judas und Silas dorthin. Ohne zu zögern machten sich beide auf den beschwerlichen Weg, denn sie waren von ihrem Auftrag begeistert, für andere Christen Ermutiger sein zu können.

Paulus war auf seiner zweiten Missionsreise und hatte schon einiges an Verfolgung und Anfeindungen erlebt. In Philippi wurde er gemeinsam mit Silas ins Gefängnis gesperrt, doch als sie um Mitternacht Lobpreislieder sangen, gab es ein Erdbeben, und sie wurden freigelassen. Kaum waren sie in Thessalonich, ging die Verfolgung weiter und sie flüchteten nach Beröa. Dort gab es wieder Unruhen wegen ihrer Evangelisation, und Paulus zog rasch weiter nach Athen. Dort wurde er verspottet, und so ging er nach Korinth. Als Paulus in Korinth wieder angefeindet und verspottet wurde, war das Maß voll und er wollte aufgeben. Doch da griff Gott ein, begegnete ihm nachts in einer Vision und forderte ihn auf: „Hab keine Angst. Rede weiter und schweige nicht! Denn ich bin mit dir. Niemand wird dir schaden, denn ich habe viele Menschen hier in dieser Stadt."[95] Diese Erfahrung ermutigte den Paulus so stark, dass er weitere achtzehn Monate in Korinth blieb und die Gemeinde erst verließ, als die dortigen Christen so fest im Glauben standen, dass sie auch ohne Paulus zurechtkamen.

Bei einem Gebetstreffen wurde für verschiedene Teilnehmer um Heilung gebetet. Wolly und ich waren etwa eine Stunde mit dem Auto unterwegs und kamen hinzu, als gerade für eine Pastorenfrau gebetet wurde, die eine Nervenerkrankung hatte, verbunden mit Rückenschmerzen. Mir kam ganz plötzlich eine Bibelstelle in den Sinn, nämlich Jesaja 30,20. Ich kannte diesen Vers nicht und schaute deshalb in meiner Bibel nach und nannte dann Wolly die Stelle, damit er prüfen konnte, ob das Wort für diese Frau eine Bedeutung hatte. Der Text der Verse 20-21 lautete nach der Elberfelder Übersetzung so: „Und hat der Herr euch auch Brot der Not und Wasser der Bedrängnis gegeben, so wird dein Lehrer sich nicht mehr verbergen, sondern deine Augen werden deinen Lehrer sehen. Und wenn ihr zur Rechten oder wenn ihr zur Linken abbiegt, werden deine Ohren ein Wort hinter dir her hören: Dies ist der Weg, den geht!"

Während ich dann weiter für die Frau betete, bekam ich das Wort Unwahrhaftigkeit. Diesen Eindruck gab ich ebenfalls zur Prüfung an Wolly weiter. Nachdem er innerlich darüber gebetet hatte, sprach er der Frau laut die beiden Verse aus Jesaja 30 zu und sagte dann: „Durch die Unwahrhaftigkeit anderer Menschen bist du sehr verletzt worden, und Krankheit konnte in dein Leben kommen. Aber jetzt wird Jesus eingreifen und dich herausholen und dir den Weg zeigen, den du gehen sollst." Über die Reaktion der Frau war ich sehr überrascht, denn sie schrie auf und brach weinend zusammen und sagte immer wieder: „Genau das ist geschehen in meinem Leben!" Diese beiden prophetischen Eindrücke waren wie ein Durchbruch, und nach dem Gebet sagte diese Frau im Gespräch, dass sie jetzt gestärkt und voller Hoffnung sei und ein neues Vertrauen zu Gott gefunden habe.

An diesem Beispiel wird deutlich, wie wichtig es ist, prophetische Eindrücke nicht einfach weiterzusagen, sondern zuerst auslegen und prüfen zu lassen. Wenn man für einen Kranken betet und Jesus innerlich fragt, was die Ursache ist, und dann das

---

[95] vgl. Apg. 18,1-11

Wort Unwahrhaftigkeit hört, ist vielleicht der erste Gedanke: Na klar, weil derjenige unwahrhaftig gewesen ist, konnte die Krankheit ihn angreifen. Ohne großes Nachdenken spricht man dann aus: Du bist krank geworden wegen deiner Unwahrhaftigkeit. In unserem konkreten Fall wäre die Pastorenfrau ganz am Boden zerstört gewesen, und das prophetische Wort hätte das Gegenteil von dem bewirkt, wozu der Heilige Geist es ursprünglich gegeben hatte. So ein falscher Umgang mit ungeprüfter Prophetie kommt leider relativ oft vor und richtet großen Schaden an.

Immer wieder habe ich es erlebt, dass Jesus mir Dinge mitteilt, bevor sie geschehen – das können schöne Dinge sein, aber auch Dinge, die mit Trauer und Unglück zu tun haben – ohne dass ich durch Gebet etwas daran ändern könnte. Bei dem Propheten Amos[96] steht folgendes: „Gott, der Herr, tut nichts, ohne sein Geheimnis vorher seinen Dienern, den Propheten, anvertraut zu haben." Ich möchte Ihnen dazu ein trauriges Erlebnis erzählen, das Jesus gebraucht hat, um andere zu trösten: Eines Tages kam ein Freund zu Besuch, ein Manager mit einer hohen beruflichen Position. Wir waren sehr erschrocken, weil er so abgemagert war. Er erzählte uns, dass er zusammen mit einigen Freunden für einen Pastor fastete, der krebskrank war. Vierzig Tage wollten er und seine Freunde fasten und Jesus um das Leben dieses Pastors bitten. Wie ein Blitz hat mich das getroffen, und ich dachte mir, dass ich solche Freunde auch gern hätte. – Dieser Freund bat mich nun darum, mit ihm zu beten und Jesus zu fragen, wie er diese Situation sieht. Beim Beten um das Leben dieses Pastors, den ich persönlich gar nicht kannte, bekam ich folgende Vision:

Ein böser Mund öffnet sich und spricht bitter und böse. Eine riesige, große, weiß gekleidete Gestalt trägt diesen krebskranken Pastor auf dem Arm. Der Pastor sieht aus wie ein Häufchen, wie ein kleines Bündel, wie zugerichtet, so klein wie ein Kind, aber geborgen und getragen. Unter den Füßen der übergroßen, weiß gekleideten Gestalt züngelt Feuer, und Schlangen versuchen, hochzuschießen. Aber sie erreichen das Häuflein Kind im Arm der großen Gestalt nicht. Diese Gestalt geht und geht durch die Feuerflammen; die Schritte werden immer größer, der Gang wird immer schneller. Das Kind wird zu einer großen Stadt gebracht. Diese Stadt ist golden. Die riesige Gestalt geht auf das Tor zu. Ein uraltes, wunderschönes Tor, rosenumrankt, überwachsen mit einer Flut von Rosen, Blüten, Knospen und grünen Blättern. Alles blüht und ist neu und duftet. Die große Gestalt setzt den Pastor in dem Tor ab. Er ist jetzt sicher, gerettet, und wird wieder auf seine eigenen Beine gestellt. Dann wächst er, und aus dem Häufchen wird wieder eine Person, die weiß gekleidet ist.

---

[96] Amos 3,7

Nach einer Zeit des Gebets teilten wir diese Vision unserem Freund mit. Seine Freunde und er beteten darüber und waren sich einig, die Vision der Frau des kranken Pastors mitzuteilen. Kurz vor dem Tod des Pastors geschah dann folgendes: Der Pastor war sehr geschwächt und sah äußerlich nur noch wie ein kleines Häufchen aus; seit Tagen konnte er nicht mehr sprechen. Eine Verwandte und seine Frau waren an seinem Krankenbett. Die Verwandte öffnete den Mund und sagte zu der Frau des Pastors: Wo ist jetzt dein Gott? Wie kann er das zulassen? Bitterkeit und Schmerz kam aus ihrem Mund. Die Ehefrau sagte: Du siehst das ganz falsch. In Wirklichkeit trägt ihn gerade ein Engel zu Gott. Dieser Engel behütet ihn vor Schaden. In diesem Augenblick öffnete der Sterbende seinen Mund und predigte das Evangelium. Eine Krankenschwester, die dabeistand, sagte: Das ist wirklich ein Mann Gottes.

2. Warnung und Vorbereitung

Das Buch Hiob besteht zu einem großen Teil aus den Reden Hiobs und seiner drei Freunde. Bevor Gott selber zu Hiob spricht, meldet sich ab Kapitel 32 ein junger Mann namens Elihu zu Wort. Im Kapitel 33 macht Elihu eine wichtige Aussage:

„Aber Gott redet doch auf die eine und andere Weise, wir merken es nur nicht. Im Traum, in einer nächtlichen Vision, wenn tiefer Schlaf auf den Menschen fällt, wenn er in seinem Bett schlummert, da öffnet er dem Menschen das Ohr und erschreckt ihn mit seiner Warnung, um ihn von falschem Handeln abzubringen und ihn vor Hochmut zu bewahren. Er will seine Seele vor dem Grab retten und sein Leben vor dem Wurfgeschoss des Todes."[97]

Auch im Neuen Testament wird verschiedentlich berichtet, dass auf prophetische Weise Warnungen ausgesprochen wurden. In Apostelgeschichte 11,27-29 heißt es: „In jener Zeit kamen auch einige Propheten aus Jerusalem nach Antiochia. Einer von ihnen, ein Mann mit Namen Agabus, stand in einer der Versammlungen auf und weissagte, getrieben vom Heiligen Geist, dass eine große Hungersnot über das ganze Römische Reich hereinbrechen würde. Diese Prophezeiung erfüllte sich in der Regierungszeit des Claudius. In Antiochia beschlossen sie deshalb, die Gläubigen in Judäa zu unterstützen; jeder sollte geben, so viel er konnte."

Dieser Prophet Agabus trat später noch einmal in Erscheinung, nämlich in Apostelgeschichte 21,10-11: „Während unseres mehrtägigen Aufenthalts (in Caesarea) traf ein Prophet mit Namen Agabus aus Judäa ein. Als er uns besuchte, nahm er den Gürtel des

---

[97] Hiob 33,14-18

Paulus und fesselte sich damit an Händen und Füßen. Dann sagte er: Der Heilige Geist erklärt: So wird der Besitzer dieses Gürtels von den führenden Männern der jüdischen Gemeinde in Jerusalem gefesselt und den fremden Völkern ausgeliefert werden."

Durch diese prophetische Handlung wollte Agabus den Paulus warnen, nicht nach Jerusalem zu gehen. Paulus verstand diese Prophetie weniger als Warnung denn als Vorbereitung auf das, was ihn in Jerusalem erwarten würde.[98] Im Zusammenhang mit der Prüfung von Prophetien werde ich auf diese Begebenheit noch einmal zurückkommen. Nun will ich wieder ein Beispiel aus unserem eigenen Leben weitergeben.

Wir wohnten eine Zeitlang im Odenwald. Eines Tages bereitete ich das Mittagessen vor, während Wolly noch im Wald joggen war. Beim Umrühren des Essens hörte ich innerlich ganz deutlich eine Stimme, die zu mir sagte: Bete jetzt für Wolly, er braucht es! Ja ja, dachte ich, heute Morgen habe ich schon für ihn gebetet; also Herr, nochmals: Segne ihn. Dann kochte ich weiter. Kurz darauf klingelte es an der Tür. Wolly stand blutend draußen. Vier ausgerissene und wildernde Schäferhunde hatten ihn angefallen und gebissen, aber zum Glück kam nach kurzer Zeit der Hundehalter dazu und half ihm. Offensichtlich hatte ich die Warnung durch den Heiligen Geist nicht ernst genug genommen.

Längere Zeit versuchten wir, ein kleines Haus zu kaufen, weil wir aus verschiedenen Gründen aus unserem gemieteten Haus heraus mussten. Durch eine Zeitungsannonce bekamen wir die Adresse eines schönen Reihenhauses am Stadtrand. Das konnten wir kaufen. So fuhren wir hin und machten eine Besichtigung. Das Grundstück lag idyllisch an einem Bach mit Bäumen. Hinter dem Bach verlief nur noch ein Feldweg, danach kamen eine Gärtnerei und eine große Hochspannungsleitung der Stromversorgung. In meinem Inneren tauchte das Wort Elektrosmog auf, ohne dass ich jedoch etwas Konkretes damit anfangen konnte. Einige Dinge an dem Haus gefielen uns nicht, und so kauften wir es nicht. Etwa sechs Monate später saßen wir auf einer Geburtstagsfeier mit einer Familie zusammen, die dort in der Gegend wohnte. Sie berichteten uns, dass die Stadtverwaltung ursprünglich geplant hatte, hinter dem Bach ein Neubaugebiet zu errichten. Diese Planung musste aber verworfen werden, da unter der Hochspannungsleitung sehr starker Elektrosmog festgestellt worden war. Sie berichteten, dass Spaziergänger dort sogar bei feuchtem Wetter durch aufgespannte Regenschirme Stromschläge erlitten hatten.

---

[98] vgl. Apg. 20,22-24

3. Führung und Entscheidungshilfe

Die Hauptaufgaben von Prophetie sind Ermutigung, Auferbauung und Trost. Im Neuen Testament hat Prophetie nicht primär einen leitenden oder führenden oder auch direktiven Charakter, sondern kommt eher einer Hilfestellung gleich. Gott hat Ihnen Ihren Verstand gegeben, damit Sie Entscheidungen treffen können. Wie gehen Sie dabei vor? Sie prüfen alle positiven und negativen Argumente, nehmen eine Abwägung vor und legen sich dann fest. Das ist der normale Weg, zu einer Entscheidung zu kommen. Manchmal ist Ihre Entscheidung auch falsch. Das kann durchaus auch etwas Gutes beinhalten, denn dann haben Sie die Chance, aus Ihren Fehlern zu lernen.

Es gibt aber Entscheidungen, die unbedingt richtig sein sollten. Wen soll ich heiraten? Welchen Beruf soll ich ergreifen? Die Angst, bei wichtigen Entscheidungen daneben zu liegen, bringt viele Christen dazu, jemanden mit einer prophetischen Gabe um Rat zu fragen. Doch ehe Sie einen solchen Schritt gehen, sollten Sie selber viel Zeit mit Jesus verbracht und ihm im Gebet Ihre Fragen vorgelegt haben. „Suchet, so werdet ihr finden, sagt Jesus."[99] Wenn Sie danach immer noch keine Klarheit haben, treffen Sie sich doch mit anderen zum Gebet. Dabei ist es hilfreich, wenn ein prophetisch Begabter dabei ist. Ich habe die Erfahrung gemacht, dass bei wichtigen Entscheidungen in aller Regel Jesus dem Suchenden selbst etwas aufs Herz legt. Wenn dann noch prophetische Eindrücke und Worte hinzukommen, haben diese mehr einen bestätigenden Charakter und dienen der Ermutigung, den gefundenen Weg auch einzuschlagen. Niemand sollte eine größere Entscheidung ausschließlich aufgrund einer Prophetie treffen, die er von jemand Anderem bekommen hat!

Das kann sonst zu skurrilen Situationen führen, was ich an einem Beispiel verdeutlichen möchte. Ein junger Mann sagte zu einem hübschen Mädchen in der Gemeinde: Jesus hat mir gesagt, dass du mich heiraten sollst. Sie mögen jetzt schmunzeln, aber diese Geschichte ist tatsächlich passiert. Das Mädchen war sich da gar nicht so sicher, aber der junge Mann sagte bestimmt: Du bist halt noch junggläubig. Für dich ist erst einmal wichtig, Jesus zu gehorchen. Kurz darauf gab er im Gottesdienst ihre Verlobung bekannt. Es kam dann, wie es kommen musste – nach wenigen Monaten haben sie sich wieder getrennt; beide zutiefst verletzt.

Oder jemand geht auf einen Mitchristen zu und sagt mit großem Ernst: Gott hat mir gesagt, du sollst deinen Beruf aufgeben und in den vollzeitigen Dienst gehen. Auch das kommt öfter vor als wir denken, und auch zu Wolly hat das schon mal jemand gesagt. Doch bei so wichtigen Entscheidungen vertraue ich darauf, dass Jesus zuerst einmal

---

[99] vgl. Matth. 7,7

selbst mit mir darüber spricht, denn Gott hat mir meinen Verstand nicht umsonst gegeben. Wenn also eine persönliche Prophetie mit folgenden Worten anfängt: Gott hat mir gesagt, du sollst ... , dann sollten Sie vorsichtig sein!

4. Aufdeckung und Bereinigung von Sünde

In 2. Samuel Kapitel 11 wird berichtet, wie König David mit Batseba, der Frau des Hethiters Uriah, Ehebruch beging. Batseba wurde schwanger, worauf David dafür sorgte, dass Uriah während des Kampfes um die Stadt Rabba getötet wurde. Anschließend nahm David Batseba zur Ehefrau, und der gemeinsame Sohn wurde geboren. Durch den Propheten Nathan sorgte Gott dafür, dass Davids Sünde aufgedeckt wurde. Bemerkenswert dabei ist, dass Nathan David nicht direkt mit seiner Schuld konfrontierte, sondern in bildhafter Sprache unter Verwendung verschiedener Symbole das Geschehen ansprach:

„Da sandte der Herr Nathan zu David. Als dieser zu David kam, sagte er: In einer Stadt lebten zwei Männer. Der eine war reich, der andere arm. Der Reiche besaß viele Schafe und Rinder. Der Arme hatte nichts außer einem kleinen Lamm, das er gekauft hatte. Er zog es zusammen mit seinen Kindern auf. Es aß vom Teller des Mannes, trank aus seinem Becher und schlief in seinen Armen. Er behandelte es wie eine Tochter. Eines Tages kam ein Gast in das Haus des reichen Mannes. Doch statt ein Lamm oder ein Rind aus seiner eigenen Herde für den Gast zu schlachten, nahm er das Lamm des Armen, schlachtete es und setzte es seinem Gast vor. David wurde sehr zornig über diesen Mann. So wahr der Herr lebt, schwor er, wer so etwas tut, verdient den Tod! Er muss dem Armen vier Lämmer für das eine geben, das er ihm, ohne auch nur das geringste Mitleid zu zeigen, geraubt hat. Da sagte Nathan zu David: Du bist dieser Mann! ... Denn du hast den Hethiter Uriah durch die Ammoniter ermorden lassen und seine Frau gestohlen."[100]

David bekannte seine Schuld, worauf ihm vergeben wurde. In seiner ersten Reaktion auf Nathans Erzählung hatte er allerdings in einer Art Verfluchung gefordert, dass der Übeltäter das Lamm vierfach erstatten sollte. Damit bezog sich David ersichtlich auf die Regelung in 2. Mose 21,37: „Wer ein Rind, ein Schaf oder eine Ziege stiehlt und dann schlachtet oder verkauft, muss das Rind fünffach und das Schaf oder die Ziege vierfach ersetzen."

[100] vgl. 2. Sam. 12,1-9

Davids Fluch fiel auf erschreckende Weise auf ihn selbst zurück, denn er bezahlte in der Tat vierfach, da ihm vier seiner Söhne gewaltsam genommen wurden:

- Der im Ehebruch gezeugte Sohn der Batseba starb sieben Tage später.[101]

- Amnon, der seine Stiefschwester Tamar vergewaltigt hatte, wurde durch seinen Bruder Absalom getötet.[102]

- Absalom, der eine Verschwörung gegen seinen Vater David anzettelte, wurde durch Davids General Joab getötet.[103]

- Adonia, der sich eigenmächtig zum Nachfolger Davids machen wollte, wurde auf Anordnung Salomos getötet.[104]

Der König Nebukadnezar, der Jerusalem eroberte und das Volk Israel in die Verbannung nach Babel schickte, war der mächtigste Herrscher seiner Zeit. Er wurde so stolz, dass er sogar eine große Statue anfertigen ließ, die auf sein Geheiß von allen Menschen angebetet werden musste.[105] Durch einen prophetischen Traum wurde er von Gott auf seine Sünde des Stolzes hingewiesen und er bekam die Möglichkeit, umzukehren und Gott als den höchsten Herrscher anzuerkennen. Doch schauen wir uns einmal den Traum gemeinsam an, der in Daniel 4,7-14 steht:

„Ich sah deutlich einen Baum. Er stand in der Mitte der Erde und war unermesslich groß. Er wuchs und wurde immer größer und mächtiger und sein Wipfel reichte schließlich bis in den Himmel. Man konnte ihn noch vom äußersten Ende der Erde sehen. Er hatte frische grüne Blätter und trug so reichlich Frucht, dass alle von ihm genährt wurden. Die wilden Tiere fanden unter ihm Schatten, und in seinen Zweigen nisteten die Vögel des Himmels. Alles, was lebte, ernährte sich von ihm. Plötzlich sah ich in meinen Visionen, die mir erschienen, während ich auf meinem Bett lag, einen Boten. Es war ein Engel Gottes, und er stieg vom Himmel herab. Er rief mit mächtiger Stimme: Fällt diesen Baum und haut seine Äste ab! Entlaubt ihn und verstreut seine Früchte! Die Tiere sollen aus seinem Schatten fliehen und die Vögel aus seinen Zweigen! Den Stumpf und die Wurzeln aber lasst stehen. Er soll gefesselt sein mit einer Kette aus Eisen und Bronze und umgeben sein vom Gras des Feldes. Er

---

[101] 2. Sam. 12,18
[102] 2. Sam. 13,29
[103] 2. Sam. 18,14
[104] 1. Kön. 2,25
[105] Daniel 3,1-7

soll den Tau des Himmels trinken und sich wie die wilden Tiere von Gras ernähren. Sein menschliches Herz soll ihm genommen und ihm stattdessen das eines Tieres gegeben werden. Das alles soll sieben Zeiten andauern. Dieser Befehl beruht auf einem Beschluss der himmlischen Wächter und auf einer Anordnung der Engel: Die ganze Welt soll erkennen, dass der Höchste die Herrschaftsgewalt über alle Königreiche der Welt innehat und die Herrschaft demjenigen geben kann, dem er sie geben will. Selbst den niedrigsten Menschen kann er zum Herrscher erheben."

Dieser Traum bestand wiederum aus verschiedenen Bildern und Symbolen, die Nebukadnezar zunächst verschlossen waren. Auffallend war das bekannte Symbol des Baumes, der – wie an vielen anderen Stellen der Bibel – einen Menschen darstellen sollte, nämlich Nebukadnezar selbst. Ich möchte Sie an das erinnern, was ich im 4. Kapitel betont habe, dass nämlich eine Prophetie aus den drei Elementen Offenbarung, Auslegung und Anwendung besteht. Die Offenbarung war hier der prophetische Traum, der für den Träumenden unverständlich war. In den Versen 21-23 gibt der Prophet Daniel die Auslegung dieses Traumes:

„Der Höchste hat über dich, meinen Herrn und König, einen Beschluss gefasst. Man wird dich aus der Gemeinschaft der Menschen ausstoßen, und du musst bei den wilden Tieren des Feldes leben. Wie die Rinder wirst du dich von Gras ernähren, und vom Tau des Himmels wirst du durchnässt werden. Sieben Zeiten werden so über dich hinweggehen – erst dann wirst du erkennen, dass der Höchste die Gewalt über alle Reiche der Welt hat und dass er das Königtum demjenigen geben kann, dem er will. Dass aber befohlen wurde, den Baumstumpf und die Wurzeln stehen zu lassen, bedeutet Folgendes: Dein Königreich wird dir wieder zufallen, sobald du eingesehen hast, dass der Herr im Himmel die Herrschaftsgewalt innehat."

Die Anwendung dieser Prophetie, also die Antwort auf die Frage, wie auf das Reden Gottes reagiert werden soll, findet sich in Vers 24: „Darum, o König, höre an, was ich dir rate: Lass ab von deiner Sünde und schaffe Recht. Brich mit deinen Ungerechtigkeiten und kümmere dich darum, dass die Armen und die Unterdrückten das bekommen, was sie brauchen. Nur dann kann es dir auf Dauer gut gehen."

Nebukadnezar ließ sich jedoch nicht warnen, sondern wurde genau zwölf Monate später wahnsinnig und lebte sieben Jahre lang wie ein Tier. Erst am Ende dieser Zeit kehrte sein Verstand zurück und er gab Gott mit folgenden Worten die Ehre: „Jetzt preise, erhebe und verherrliche ich, Nebukadnezar, den König des Himmels. Alles, was er tut, ist Wahrheit, und seine Wege sind gerecht. Diejenigen, die stolz oder hochmütig sind, kann er erniedrigen."[106]

Im 4. Kapitel habe ich als Beispiel für ein Wort der Erkenntnis eine Begebenheit geschildert, bei der ich während eines Gottesdienstes die Worte „Große Gefahr – Ehebruch" über einer Frau geschrieben sah. Gott hatte mir eine Warnung für diese Frau zukommen lassen, ehe ihre Gedankenspiele konkret werden konnten. Nach anfänglichem Zögern suchte ich die Begegnung mit dieser mir bekannten Frau, und nach einem seelsorgerlichen Gespräch war sie bereit, in ihrem Leben eine Kursänderung vorzunehmen. Ähnlich war es mit dem Ehepaar in den USA, das ich im 3. Kapitel erwähnt habe, das sich mit uns zum Gebet treffen wollte. Die beiden Eindrücke „Ehebruch" und „nicht korrekt bei seinen Finanzen", die ich tagsüber im Gebet bekommen hatte, bestätigten sich am Abend, als beide aus ihrem Leben berichteten. Auch hier wurde die Schuld bekannt und Vergebung zugesprochen.

5. Fürbitte und Gebet

Mit der Fürbitte, die ich hier anspreche, ist die prophetische Fürbitte gemeint, ein besonderer Bereich im Rahmen der prophetischen Gabe, bei der jemand Informationen von Jesus bekommt, die nicht für andere Menschen gedacht sind. In seiner Gebetszeit tritt er dann ein für die Menschen, die Jesus ihm gezeigt hat – oder für bestimmte Umstände, Ereignisse oder auch ganze Länder. Der Unterschied zu einer normalen Gebetszeit ist folgender: In meiner persönlichen Gebetszeit entscheide ich selbst, wofür ich beten will. Manche haben einen Gebetskalender und beten in großer Treue und Ausdauer und in echter Hingabe für bestimmte Anliegen, die sie nach Wochentagen geordnet haben. In der prophetischen Fürbitte befinde ich mich dagegen in einer Phase des hörenden Gebets und warte darauf, dass Jesus mir sagt, wofür ich beten soll. Ich habe mir angewöhnt, zu Zeiten, in denen ich allein im Haus bin, meine Gitarre zur Hand zu nehmen, einige Lieder zu singen und Gott zu loben und ihm zu danken. Danach werde ich still und höre, ob er zu mir reden will. In aller Regel empfange ich nach einiger Zeit prophetische Eindrücke, Impulse und Bilder, in denen Jesus mir mitteilt, wofür ich beten soll. Für Menschen mit diesem Auftrag und dieser Gabe gilt, dass in jedem Einzelfall geprüft werden muss, ob die Information, die von Jesus kommt, anderen gegenüber ausgesprochen werden soll, oder ob es sich um eine vertrauliche Mitteilung handelt, für die in der persönlichen Fürbitte gebetet werden soll.

---

[106] Daniel 4,34

Einmal betete ich in meiner stillen Zeit für verschiedene Anliegen. Da sah ich vor mir das Gesicht einer Freundin in Form eines Bildes. So betete ich lange und intensiv für sie. Im Verlauf des Tages erfuhr ich dann, dass diese Freundin eine merkwürdige Schwellung im ganzen Gesicht hatte, deshalb Angst bekam und den Arzt aufsuchte. Dieser konnte ihr zunächst nicht weiterhelfen, worauf sie verzweifelt war. Nach dem Arztbesuch saß sie im Auto und weinte. Wie sich im Rückblick herausstellte, war das genau zu dem Zeitpunkt, als ich in einer Art Vision ihr Gesicht sah. Am nächsten Tag war die Schwellung abgeklungen.

Eine Zeit lang betete ich morgens in unserer gemeinsamen stillen Zeit immer: Jesus, zeig mir auch heute Menschen, die du für eine Begegnung mit dir vorbereitet hast. Öffne mir die Augen, dass ich deine Gelegenheiten nicht verpasse. Es kam dann recht häufig vor, dass ich mit Menschen zu tun hatte, mit denen ich nach kurzer Zeit über Jesus reden konnte. Einmal war es ganz dramatisch. Wolly machte sich gerade für den Bus fertig, da hatte ich den Eindruck, ich sollte mit ihm in die Stadt fahren. Inzwischen konnten wir beide schon ganz gut mit solchen Impulsen umgehen, und so machte ich mich rasch fertig und wir nahmen gemeinsam den nächsten Bus. An der Endhaltestelle stiegen wir um in die Straßenbahn, und in der Innenstadt stiegen wir beide aus.

Wir waren gerade beim Abschiedskuss vor der Eingangstür, da gab es hinter uns ein lautes Bremsenquietschen. Erschrocken drehten wir uns um und sahen hinter uns einen Verkehrsunfall. Ein junger Mann war mit seinem Fahrrad in den Straßenbahnschienen hängen geblieben und gestürzt, und in diesem Moment überfuhr ihn ein Lkw. Wolly riss sofort die Tür zum Gebäude auf und sagte dem Pförtner, er solle einen Krankenwagen rufen. Dann kümmerten wir uns um den Verletzten. Während Wolly sich hinkniete und für ihn betete, besorgte ich aus einem Geschäft nebenan ein paar Decken, weil es sehr kalt war. Der junge Mann blutete ziemlich am Kopf, und nach kurzer Zeit wurde er ins Krankenhaus gebracht. Während des Tages beteten wir immer wieder für ihn, und dabei hatte ich den Impuls, besonders für sein Bein zu beten. Wolly meinte zwar, er müsse eher eine Kopfverletzung haben, aber wir beteten dann jedenfalls öfter für sein Bein. Ein paar Tage später konnten wir den jungen Studenten im Krankenhaus besuchen. Er erzählte uns, dass er am Kopf nur eine stark blutende Platzwunde hatte. Der Lkw war über seinen Knöchel gefahren und hat das ganze Gelenk zertrümmert, so dass die Ärzte ihm in der Operation den Fuß amputieren wollten. Da machte der Impuls mit dem Bein auf einmal Sinn. Beim Operieren sagte aber einer der Ärzte dann: Er ist noch jung und sportlich gut durchtrainiert. Warum versuchen wir nicht, ihm den Fuß zu erhalten? So trafen sie während der Operation eine neue Entscheidung und fügten die Knochen mit Draht und Schrauben wieder zusammen.

Die Geschichte dieses Studenten ging aber noch weiter. Beim nächsten Besuch im Krankenhaus fragte Wolly ihn: Was wäre denn geschehen, wenn der Lkw nicht das Bein, sondern den Kopf erwischt hätte? Der Student erwiderte: Dann wäre ich jetzt hin. Als ich nachfragte, was er damit meinte, sagte er: Aus und vorbei; Friedhof. Mit dem Tod ist alles vorbei. Er sah unsere skeptischen Blicke und fügte hinzu: Oder? Es ergab sich dann ein gutes Gespräch über das, was die Bibel zum Thema Leben und Sterben sagt, und dieser Student wurde recht nachdenklich. Wir schenkten ihm eine Bibel und einige Bücher zum Thema. Später wurde er in ein Krankenhaus nach Bayern verlegt, und wegen unserer mehrfachen Umzüge riss der Kontakt dann leider ab.

6. Gottes Gericht

Viele der alttestamentlichen Propheten kündigten dem Volk Israel das Gericht Gottes an, wenn es nicht von seinem bösen Weg umkehren würde. Wir wissen aus der Geschichte, dass das Volk sich nicht veränderte und dass schließlich Gottes Gerichte eingetroffen sind. Zuerst wurde im Jahre 722 v. Chr. das Nordreich von den Assyrern erobert, und im Jahre 586 v. Chr. das Südreich von den Babyloniern. Die Einwohner des Landes wurden getötet oder verschleppt. Erst nach siebzig Jahren im Exil in Babel durfte das Volk nach Jerusalem zurückkehren.

Bekannt ist auch die Geschichte von Jona, der zu den so genannten Kleinen Propheten gerechnet wird. Klein deshalb, weil das Buch Jona nur aus vier Kapiteln besteht. In Jona 3,4-10 wird berichtet, wie Jona der Stadt Ninive das Gericht Gottes ankündigte. Die Einwohner der Stadt bis hin zum König ließen sich aufrütteln und kehrten um zu Gott. Das war etwa im Jahre 760 v. Chr. So wurden 120.000 Einwohner verschont und das Gericht um 150 Jahre aufgeschoben. Die Zerstörung Ninives geschah erst im Jahre 612 v. Chr.

Es gibt aber auch etliche Fälle in der Bibel, in denen einzelnen Menschen das Gericht Gottes angekündigt wurde. Erinnern Sie sich noch einmal an den König Belsazar in Babel und die schreibende Hand an der Wand. Sein Gericht stand unmittelbar bevor und wurde noch in derselben Nacht vollzogen.[107] Als der Oberpriester Paschhur den Propheten Jeremia auspeitschen und ins Gefängnis werfen ließ, sagte Jeremia ihm im Auftrag Gottes: „Du aber, Paschhur, sollst mit deiner ganzen Familie gefangen nach Babel verschleppt werden. Dort wirst du sterben und begraben werden, du und alle deine Freunde, denen du falsch geweissagt hast."[108] Ähnliches sagte der Prophet

[107] Daniel 5
[108] Jeremia 20,1-6

Amos dem Priester Amazja, der ihn aus der Stadt Bethel vertrieben hatte; die Kinder des Priesters würden gewaltsam umkommen und er selbst in der Fremde sterben.[109]

Gerichtsprophetien sind nicht auf das Alte Testament beschränkt, sie finden sich auch im Neuen Testament.

Hananias und Saphira wollten vor der Gemeinde in Jerusalem als großzügige Spender gelten und belogen die Apostel. Petrus machte Hananias darauf aufmerksam, dass er mit seinem Verhalten den Heiligen Geist belogen habe, und unmittelbar nach dieser Zurechtweisung fiel Hananias tot zu Boden. Als seine Frau Saphira zu Petrus kam, sagte Petrus zu ihr: „Wie konntet ihr beide nur auf einen solchen Gedanken kommen, den Geist des Herrn auf die Probe zu stellen? Gleich vor der Tür stehen die jungen Männer, die gerade deinen Mann begraben haben; sie werden auch dich hinaustragen." Augenblicklich stürzte auch sie zu Boden und starb.[110]

Auf der Insel Cypern geriet Paulus an den Zauberer Elymas, der den Prokonsul vom Glauben an Jesus abhalten wollte, worauf Paulus zu ihm sagte: „Du Sohn des Teufels! Du steckst voller List und Bosheit und bist der Feind aller Gerechtigkeit. Wirst du denn nie aufhören, die geraden Wege des Herrn zu verdrehen? Jetzt wird der Herr dich strafen und dich für eine Weile mit Blindheit schlagen." Im gleichen Augenblick kam eine tiefe Finsternis über den Zauberer, und er begann umher zu stolpern und jemanden zu suchen, der ihn an die Hand nehmen und führen konnte.[111]

Im Jahre 2007 konnte man auf der Internetseite www.gottesgericht.de erschreckende Dinge lesen, die Gott angeblich für Deutschland und insbesondere für den Rhein-Ruhr-Raum geplant hatte, wenn nicht alle Christen von ihrer Lauheit abkehren und einmütig ins Gebet gehen würden. Diese Internetseite wurde täglich um Dutzende von Seiten länger, weil immer mehr Stimmen diese Vorhersage bestätigten und zum Beweis ihrer prophetischen Legitimation ganze Kapitel aus Hesekiel oder Jesaja zitierten. Die übereinstimmende Kernaussage war, dass an Heiligabend 2007 islamistische Terroristen eine Atombombe über der Domplatte des Kölner Doms zünden würden. Als nichts geschah, war ich von der Reaktion des Verantwortlichen für diese Internetseite beeindruckt. Er löschte die umfangreichen Angaben, entschuldigte sich und räumte offen und ehrlich ein, einer Täuschung erlegen zu sein.

---

[109] Amos 7,10-17
[110] Apg. 5,1-10
[111] Apg. 13,8-11

Ich hatte sonst eher die Erfahrung gemacht, dass bei groß angekündigten und später doch nicht eingetroffenen Gerichtsprophetien, unter Bezugnahme auf den Propheten Jona, verbreitet wurde, Gott habe dank des einmütigen und beharrlichen Gebets der gläubigen Christenheit seinen Entschluss geändert und das angekündigte Gericht doch nicht eintreffen lassen.

8. Wachstums- und Reifeprinzipien

Anlässlich eines Prophetieseminars im Raum Stuttgart im Jahre 1997 verbrachten Wolly und ich ein intensives Wochenende mit John Paul Jackson aus den USA, der über eine jahrzehntelange Erfahrung im prophetischen Dienst verfügt und uns wichtige Einsichten über Wachstum und Reife in der prophetischen Gabe vermittelt hat. Etliches von dem, was wir uns im persönlichen Austausch mit ihm und durch seine Lehrvorträge angeeignet haben, halte ich nach wie vor für so wesentlich, dass ich es in dieses Kapitel habe mit einfließen lassen.

1. Prinzip: Die prophetische Gabe ist ein Geschenk

Eine prophetische Begabung ist keine Auszeichnung, die jemandem verliehen wird, der sich in der Gemeinde besonders engagiert hat, nach dem Motto: Nach fünfundzwanzig Jahren treuer Dienste in unserer Gemeinde verleihen wir dir hiermit den Titel Prophet. Die prophetische Gabe ist vielmehr eine Funktion, ein Auftrag zur Auferbauung der Gemeinde.[112] Das bekannte Kapitel über die Liebe im 1. Korintherbrief erinnert uns daran, dass dieser Auftrag in Liebe ausgeübt werden muss. Dort heißt es nämlich: „Wenn ich die Gabe der Prophetie hätte und wüsste alle Geheimnisse und hätte jede Erkenntnis, und wenn ich einen Glauben hätte, der Berge versetzen könnte, aber keine Liebe hätte, so wäre ich nichts."[113] Lesen Sie es ruhig ein zweites Mal: Ohne Liebe bin ich in Gottes Augen ein Nichts.

Neben der Liebe ist die Demut wichtig. Mose war der größte Prophet und die Bibel sagt über ihn: „Mose war sehr demütig, es gab niemanden auf der Erde, der demütiger war als er."[114] Folgender Grundsatz zieht sich wie ein roter Faden durch die Bibel: Gott gibt dem Demütigen Gnade; dem Hochmütigen widersteht er.[115]

Wenn Gott Ihnen die Gabe der Prophetie schenkt, verbindet er damit einen Auftrag, nämlich dass Sie mit dieser Gabe verantwortungsvoll umgehen. Außerdem hat Gott die Erwartung, dass in gleicher Weise, wie Sie sich in der prophetischen Gabe wei-

---

[112] 1. Kor. 14,4
[113] 1. Kor. 13,2
[114] 4. Mose 12,3
[115] Sprüche 3,34; 1. Petr. 5,5; Jak. 4,6

terentwickeln, auch Ihr Charakter Schritt halten kann und nicht zurückbleibt. Wer prophetisch begabt ist, findet rasch Zulauf in christlichen Kreisen, weil viele Menschen eine schnelle Lösung ihrer Probleme, eine rasche Antwort auf ihre Fragen suchen und oft der Meinung sind, dass ein Prophet ständig Informationen von Gott bekommt und deshalb sofort die richtige Lösung für sie parat hat. Wer sich mit seiner prophetischen Gabe auf diese Weise plötzlich im Mittelpunkt des Interesses sieht, steht in der Gefahr, sich zu wichtig zu nehmen und Gottes Anliegen zu vernachlässigen. Gott spricht nämlich direkt oder durch andere in das Leben von Menschen hinein, damit sie sich verändern und nicht so bleiben, wie sie sind. Damit komme ich zum zweiten Prinzip.

2. Prinzip: Die Gabe erfordert Integrität

Das bedeutet: Wer prophetisch begabt ist und seine Gabe anwendet, sollte von Redlichkeit und Wahrhaftigkeit geprägt sein. Das zeigt sich auch daran, wie wichtig sich ein prophetisch Begabter nimmt. Jeder Mensch braucht heile Bereiche in seinem Leben, sonst ist er entwurzelt und heimatlos. Jeder Mensch ist auf der Suche nach Anerkennung, jeder möchte wichtig sein; das ist Teil unseres natürlichen Menschseins. Nun gibt es in unseren Gemeinden viele verletzte Menschen, die in der Ehe, in der Familie, im Beruf und in Beziehungen erhebliche Schwierigkeiten haben. Hin und wieder haben auch solche Christen unter uns eine gewisse prophetische Begabung. Leider kommt es dann häufig vor, dass sie diese Gabe missbrauchen und sich nach vorn drängen, um endlich einmal Erfolgserlebnisse zu haben und in ihrer Persönlichkeit bestätigt zu werden. Ihre vorrangige Motivation für den prophetischen Dienst ist: Ich möchte wichtig sein, ich möchte vorn stehen und bekannt sein, ich möchte Einfluss gewinnen durch das, was ich sage; ich suche Liebe und Anerkennung. Auch wenn diese Feststellung hart klingt, entspricht sie doch meiner Beobachtung und Erfahrung der letzten Jahrzehnte.

Wer noch unreif im prophetischen Dienst ist, hat aber meistens gar nicht so viel Prophetisches zu sagen. Die falsche Motivation führt dann dazu, dass übertrieben und ausgeschmückt wird. Erfahrene Christen auf diesem Gebiet merken das nicht nur an der Sprache und Redeweise, sondern schon am Auftreten. Der unreife Prophet spricht plötzlich ganz anders als bei einer normalen Unterhaltung. Auch möchte er allen zeigen, dass es schließlich Gott ist, der ihn beauftragt hat, jetzt zu reden, und deshalb lauten seine Einleitungsworte häufig: „So spricht der Herr" oder „Ich, der Herr, sage euch" oder „Höret, meine Kinder, der Herr spricht zu euch!". Nirgends im Neuen Testament gibt es einen Propheten, der so redet. Es kommt natürlich auch vor, dass ein Neuling auf diesem Gebiet sich diese Redeweise bei einem anderen Propheten abschaut und diesen nun kopiert; damit kopiert er aber zugleich auch dessen Unreife.

Ein weiteres Merkmal dieser Unreife ist eine salbungsvolle Sprache, möglichst auf Luther-Deutsch oder „Neu-Kanaanäisch", das gibt seinen Worten dann einen ehrfürchtigen Anstrich: Oh meine unbußfertigen Kindlein, mich deucht, ihr wallet hinieden in sündigen Pfuhlen, sintemalen ihr euch halsstarrig erzeiget!

Sie haben sicher gemerkt, dass ich hier bewusst übertreibe – ich hoffe, Sie haben verstanden, worauf ich hinaus will. Viele prophetische Lehrer in den USA vertreten den Grundsatz: Be just normal. Also: Sei ganz normal. Wenn Sie das beherzigen, könnte ein prophetisches Wort auch so lauten wie das unten zitierte, das ich bei einem unserer Besuche in den USA einmal weitergegeben habe. Damals hatten Wolly und ich in einer Gemeinde einen jungen engagierten Christen kennen gelernt – wir schätzten ihn so auf drei- oder vierundzwanzig Jahre. Er hatte den Abend mit uns verbracht, Vertrauen zu uns gefasst und uns sein Herz ausgeschüttet. Sein größter Wunsch war, endlich die richtige Frau zu finden, und so beteten wir mit ihm. Kurz darauf sprach ich recht sachlich den Eindruck aus, den ich innerlich bekommen hatte: Ich glaube, ich habe von Gott gehört, dass du die richtige Frau heiraten wirst, bevor du dreißig bist. Unser junger Freund strahlte und sagte ganz begeistert: Dann kommt die Frau ja jetzt. Ich bin nämlich vor einiger Zeit neunundzwanzig geworden. Einen Moment lang war ich leicht geschockt, denn ich dachte, er hätte noch sechs oder sieben Jahre Zeit, aber weil er älter war, als wir vermutet hatten, waren es nur noch sieben oder acht Monate bis zu seinem dreißigsten Geburtstag. Danach jedenfalls überschlugen sich die Ereignisse regelrecht. Unser Treffen war im Mai, und im August desselben Jahres machte er seine Hochzeitsreise nach Europa und besuchte uns mit seiner Frau.

Unreife wird auch darin sichtbar, wenn eine kleine prophetische Offenbarung mit eigenen Worten ausgeschmückt wird oder wenn die eigene Auslegung als Teil der Offenbarung ausgegeben wird. Das kommt leider viel häufiger vor, als Sie denken, und das schadet dem prophetischen Dienst insgesamt sehr. Wer unreif ist, setzt sich selbst unter Druck und möchte unbedingt so genannte Prophetien weitergeben, obwohl er gar keine Offenbarungen vom Heiligen Geist bekommen hat. Ein erfahrener und gereifter Prophet weiß, dass er Gottes Reden nicht herbeizwingen kann. Der unreife Prophet gerät dann leicht in die Gefahr, eigene Gedanken als Offenbarungen Gottes weiterzugeben. Ich habe mich manchmal gefragt, ob darin nicht ein Verstoß gegen das Zweite Gebot liegen könnte: Du sollst den Namen Gottes nicht missbrauchen.

Manchmal ahnt so jemand etwas von dieser Gefahr und schafft sich einen selbstgebastelten Mittelweg, indem er sagt: Gott hat mir Psalm soundso aufs Herz gelegt. Er denkt sich dabei, ein Psalm ist ein Wort Gottes, das immer passt. Dann liest er alle dreißig Verse eines Psalms vor, meist in der ältesten Bibelübersetzung, die er für solche Fälle bei sich hat, und hofft, dass zumindest einer der Anwesenden von einem der vielen Verse angesprochen wird. Dabei redet er sich selbst und auch seinen Zuhörern ein, hier ginge es um Prophetie.

Alles hat zwei Seiten, und deswegen möchte ich betonen, dass Gott tatsächlich gar nicht so selten durch ein Bibelwort, wie zum Beispiel durch einen Psalm, zu uns redet. Nur durch Prüfung unter der Leitung des Heiligen Geistes können wir herausfinden, ob Gott tatsächlich eine Prophetie gegeben hat oder ob sich jemand auf fromme Art und Weise produzieren und wichtig nehmen will. Ein kurzes prophetisches Wort von Gott enthält meist mehr an Dynamik und Überzeugungskraft als eine zwanzig Minuten dauernde Beschreibung einer verworren klingenden Vision. Als Faustregel können Sie sich merken: Wer prophetisch begabt ist, der sollte sich nicht so wichtig nehmen.

3. Prinzip: Die prophetische Gabe entwickelt sich

Anknüpfend an das vorige Prinzip sind die meisten jungen Propheten begabt, aber unreif. Das ist zum Beispiel auch der Grund dafür, dass man zur Zeit des Alten Testaments eine Art Ausbildungsstätte für junge prophetisch begabte Menschen hatte. Manche Bibelausleger sprechen von regelrechten Prophetenschulen, doch ich denke nicht, dass es Schulen in unserem Sinne waren. Ein erfahrener Prophet hatte einige Jünger um sich, die ihr Leben mit ihm teilten und auf diese Weise von ihm lernten. Sie übernahmen seinen Lebensstil, seine Charaktereigenschaften, seine Einstellung und Haltung zu wichtigen Dingen, seine Lehre, und sie lernten, wie man verantwortungsvoll mit der prophetischen Gabe umgeht. Heute bezeichnen wir das als ganzheitliches Lernen – Theorie und Praxis werden gleichermaßen weitergegeben. Auch Jesus lebte dieses Modell mit seinen Jüngern.

Der erste Prophet, der sich auf diese Weise um den prophetisch begabten Nachwuchs kümmerte, war wohl Samuel, und zwar in der Stadt Rama. Die prophetische Atmosphäre dort muss so stark gewesen sein, dass sogar Besucher plötzlich anfingen, prophetisch zu reden, sogar König Saul tat dies.[116] Weitere prophetische Schulungszentren, um ein modernes Wort zu gebrauchen, waren zurzeit der Propheten Elia und Elisa wohl in Bethel, in Jericho und in Gilgal.[117] Heute hat man auch wieder erkannt, wie wichtig ein verantwortlicher Umgang mit der Gabe der Prophetie ist, und so werden mehr und mehr Schulungen und Seminare zu diesem Thema angeboten.

---

[116] 1. Sam. 19,18-24
[117] 2. Kön. 2,1-18

Der richtige Umgang mit prophetischen Dingen muss eingeübt werden. Am Anfang braucht man Vorbilder, von denen man lernen kann, Mentoren, mit denen man seine Eindrücke einmal durchsprechen kann, die einem helfen, einen prophetischen Traum auszulegen, oder die ein Bild oder eine Vision prüfen, ehe sie weiter gegeben werden. Wolly und ich haben deshalb im Jahre 1999 einen ersten Arbeitskreis ins Leben gerufen, aus dem inzwischen drei Arbeitskreise geworden sind, in denen wir wir Mitarbeiter begleiten, die prophetisch begabt sind, und sie in ihrer Gabe anleiten und schulen. Keinesfalls soll dabei geistliches Elitedenken gefördert werden. Nur weil jemand prophetisch begabt ist, heißt das nicht, dass er etwas Besonderes ist und eine Sonderstellung in seiner Gemeinde einnehmen kann. Alle geistlichen Gaben werden vom Heiligen Geist zum Dienst in der Gemeinde gegeben – das betrifft auch die Gabe der Prophetie, wie es in 1. Korinther 12 und 14 mehrfach erwähnt wird.

Erinnern Sie sich doch noch einmal an das Leben des Mose, über den es am Schluss heißt: „Nie wieder gab es einen Propheten wie Mose in Israel, dem der Herr persönlich begegnete. Der Herr hatte Mose gesandt, um in Ägypten all die Zeichen und Wunder an dem Pharao, seinen Ministern und seinem Land zu vollbringen."[118]

Mose wurde hundertzwanzig Jahre alt, und sein Leben lässt sich in drei Abschnitte von je vierzig Jahren gliedern. Die ersten vierzig Jahre lebte Mose nach seinen eigenen Gesetzen, bis er damit scheiterte und fliehen musste. Die zweiten vierzig Jahre verbrachte er als Schafhirte in der Wüste. Er lernte den Hirtendienst, wie man mit den anvertrauten Schafen richtig umgeht, ihre Bedürfnisse erkennt und für sie sorgt, ihnen Schutz bietet und sie an die richtigen Orte leitet. Das war seine Zeit der Zurüstung und des Wachstums. Erst als Mose achtzig Jahre alt war, begann sein geistlicher Dienst. In seinen letzten vierzig Jahren stand Mose als Leiter und Prophet in diesem Dienst für Gott und führte sein Volk aus der Gefangenschaft in Ägypten durch die Wüste bis an die Grenzen des verheißenen Landes.

Auch die anderen bekannten Propheten brauchten eine Zeit der Reife und des Wachstums. Samuel war etwa zehn Jahre alt, als er zum ersten Mal Gottes Stimme hörte.[119] Dann heißt es über ihn: „Als Samuel heranwuchs, war der Herr mit ihm und ließ alle Voraussagen Samuels eintreffen. Im ganzen Land, von Dan bis Beersheba, wussten die Israeliten, dass Samuel zum Propheten des Herrn bestimmt war."[120] In den folgenden Jahren hören wir nichts mehr von Samuel, erst im siebten Kapitel geht es weiter: „Es verging eine lange Zeit, bis 20 Jahre um waren. ... Also richtete Samuel die Kinder

[118] 5. Mose 34,10-11
[119] 1. Sam. 1,3-10
[120] 1. Sam. 3,19-20

Israel zu Mizpa."[121] Samuel war zwischenzeitlich etwa fünfunddreißig Jahre alt, und nun wurde er als Prophet und Leiter eingesetzt; damals wurden die Leiter des Volkes Richter genannt. Zwischen dem ersten Hören der Stimme Gottes und der Ausübung der prophetischen Gabe in einem vollmächtigen Dienst lagen rund fünfundzwanzig Jahre, in denen Samuel gelernt, an seinem Charakter gearbeitet und sich vorbereitet hatte für den Dienst, den Gott ihm schließlich anvertraute.

In seinem Buch „Leben mit Vision" beschreibt Rick Warren eine Reise mit Jesus in vierzig Tagen. In der Lektion für den achtundzwanzigsten Tag zum Thema Wachstum und Reife schreibt er: „Es gibt keine Abkürzungen auf dem Weg zur Reife. Wir brauchen Jahre, um erwachsen zu werden, und eine Frucht braucht Monate, um zu reifen. Das Gleiche gilt für die Frucht des Heiligen Geistes. Die Entwicklung eines Charakters, der Jesus ähnlich ist, lässt sich nicht beschleunigen. (...) Nachfolge ist der Prozess der Ausrichtung auf Jesus. Ihr Ziel ist es, Jesus ähnlich zu werden, doch der Weg dorthin wird ein ganzes Leben lang dauern. (...) Wachstum vollzieht sich stufenweise."[122]

4. Prinzip: Autorität darf nicht missbraucht werden

Mit der Gabe der Prophetie ist eine gewisse Autorität verbunden, da ein prophetisch Begabter in einer Art Mittlerrolle Worte Gottes an einen anderen weitergibt. Eine solche Autorität versetzt den Propheten jedoch nicht in den Stand einer grauen Eminenz im Hintergrund, die die Geschicke der Gemeinde oder der Gemeindeleitung lenken darf. Auch im Alten Testament stand der Prophet nie über dem König, sondern er war sein Berater. Wann immer eine Gemeinde sich entschieden hat, einem Propheten die Autorität über den Pfarrer und die Gemeinde zu geben, ist ein solches Experiment schief gegangen – auf Kosten der Gemeinde. Fast alle Sekten der letzten zweitausend Jahre sind so entstanden. Immer wieder gab es da Propheten als Leiter, die die Bibel an ihre eigenen Prophetien anpassen wollten und umgekehrt nicht bereit waren, ihre Prophetien im Licht der Bibel prüfen zu lassen.

Damit jetzt kein Missverständnis aufkommt: Wenn der Pastor einer Gemeinde oder sonst jemand von den Ältesten oder der Leiterschaft eine prophetische Gabe hat, ist das ein wunderbares Geschenk und sehr hilfreich für die Gemeinde. Ich werde in einem späteren Kapitel darauf zu sprechen kommen, dass die Leiterschaft die Verantwortung hat, Prophetien aus der Gemeinde zu prüfen, also über die Bereiche Auslegung

---

[121] 1. Sam. 7,2 und 6, Schlachter
[122] Warren a.a.O., Seite 214 f.

und Anwendung zu entscheiden. Wenn in diesem Prüfungsteam selber prophetisch Begabte sitzen, erleichtert das den Entscheidungsprozess ungemein. Die Warnung, die besonders Leiter im Hinterkopf haben sollten, geht aber darüber hinaus: Nur weil jemand prophetisch begabt ist, hat er nicht das Recht, die Leitung der Gemeinde zu übernehmen und sich über den Pastor und die Ältesten zu stellen. Dazu gehört beispielsweise auch, dass er nicht das Recht hat, in Form eines so genannten prophetischen Wortes öffentlich die Gemeinde oder die Leiterschaft zu kritisieren.

Noch ein letztes Beispiel in diesem Zusammenhang: Einmal erlebte ich, wie der Leiter eines Prophetieseminars ankündigte, er habe für jeden der Teilnehmer ein prophetisches Wort vom Herrn. Dann wandte er sich den Einzelnen zu und prophezeite über ihnen, wobei er überwiegend wohlklingende Verheißungen aussprach und jeweils betonte, dass Gott den Betreffenden liebe und sich über ihn freue und noch Großes mit ihm vorhabe. Die Reaktion der Teilnehmer zeigte, dass sie durch diese Art des Zuspruchs ermutigt waren.

Dass auf diese Weise Prophetien weitergegeben werden, ist nicht ungewöhnlich. Meist werden sie auch auf Tonträgern aufgezeichnet und den Teilnehmern mitgegeben. Ich habe mehrfach erlebt, dass Teilnehmer solcher Seminare mir von ihren Prophetien berichteten oder mir die Kassetten vorspielten und fragten, warum trotz Ablaufs einiger Jahre bisher nichts davon eingetroffen sei. Ehrlich gesagt, habe ich gewisse Bedenken bei dieser Art von Prophetie, denn der prophetisch Begabte bringt damit zum Ausdruck, er könne jederzeit für jeden ein prophetisches Wort von Gott empfangen. Eine solche Verfügbarkeit Gottes finde ich nicht in der Bibel; sie widerspricht auch meinem Gottesbild. Kein Prophet konnte aus sich selbst heraus eine Offenbarung hervorbringen und dann anfangen, prophetisch zu reden. Jeder Prophet musste warten, bis durch den Heiligen Geist etwas offenbart wurde. Niemand besaß die Fähigkeit, nach Belieben prophetisch zu reden.[123]

Außerdem fiel mir auf, dass solche Propheten bei verschiedenen Gelegenheiten mit jeweils anderen Teilnehmern im Wesentlichen ähnlich klingende Formulierungen gebrauchten, so dass ich nach einiger Zeit den Eindruck gewann, dass die prophetischen Zusagen, die einem bestimmten Teilnehmer gegeben wurden, von ihrem Kerngehalt her auf gut fünfundneunzig Prozent der Anwesenden gepasst hätten.

Das folgende Beispiel soll das verdeutlichen: Ich sehe, dass du in deinem Leben Schweres durchgemacht hast, was schon eine Weile zurückliegt, was dir aber immer noch zu schaffen macht. Gott hat gesehen, wie du darunter gelitten hast, doch nun

---

[123] So auch Wayne Grudem, Seite 195 und 206

wird er Freude in dein Leben hinein geben. Gott möchte dir sagen, dass er dich liebt und stolz darauf ist, dass du trotz allem an deinem Glauben festgehalten hast. Er hat etwas ganz Besonderes vor mit deinem Leben, du wirst ein Leiter werden und ein großes Vorbild für viele. Gewisse Prüfungen warten noch auf dich, doch mit der Kraft des Heiligen Geistes wirst du sie bestehen. Auch in deinem Beruf wirst du erfolgreich sein und bezeugen können, dass der Herr ein großartiger Versorger ist.

Ohne Zweifel ist ein solches Wort ermutigend und kann Sie aufbauen, wenn Sie sich gerade in einer Krise befinden. Doch handelt es sich dabei wirklich um Prophetie im Sinne der Bibel, um ein konkretes Reden Gottes, der Sie zu einer Veränderung führen möchte? Wie bereits an anderer Stelle erwähnt, halte ich solche Zusagen eher für gut gemeinte Segenswünsche. Andere Menschen zu segnen ist eine gute Sache, und segnen können wir auch zu jeder Zeit. Solch ein Segen sollte dann aber nicht als Prophetie ausgegeben werden!

Im Rahmen einer Konferenz wurde einmal ein bekannter Prophet angekündigt, der später auch auf dem Podium erschien. Gespannt warteten die rund tausend Teilnehmer, wen aus ihrer Mitte er wohl aufrufen und ihm ein prophetisches Wort geben würde. Unschlüssig schaute der Prophet in die Runde, und nachdem eine ganze Zeitlang nichts weiter geschah, übernahm ein anderer der Redner das Mikrofon und hielt einen durchaus spannenden biblischen Vortrag. In einem nachfolgenden Gespräch erklärte uns der Prophet, Gott habe ihm an jenem Abend keine Prophetien gegeben. Er selbst sei nur wie ein leeres Gefäß, und wenn dieses Gefäß nicht von Gott gefüllt werde, habe er nichts, was er weitergeben könne. Diese Ehrlichkeit hat mich damals sehr beeindruckt.

9. Prophetie und Heilung

Eine bestimmte Geschichte aus dem Alten Testament, in der es um den Propheten Elisa geht, um prophetische Handlungen und um Heilung von einer menschlich gesehen unheilbaren Krankheit, fasziniert mich immer wieder, wenn ich sie lese. Jesus scheint es auch so gegangen zu sein, denn er nahm einmal Bezug auf diese Geschichte, als er in seiner Heimatstadt Nazareth mit dem Unglauben der Stadtbewohner konfrontiert wurde.[3] Viele von Ihnen haben diese Geschichte, die in 2. Könige 5 ausführlich beschrieben wird, schon einmal gehört oder auch selbst gelesen. Die Schilderung in der modernen Bibelübersetzung „Hoffnung für alle" finde ich sehr gelungen. Dort steht in 2. Könige 5,1-15 folgendes:

„Naeman, der oberste Heerführer von Syrien, war ein ausgezeichneter Soldat und Stratege. Er genoss hohes Ansehen, und der König schätzte ihn sehr, hatte doch der Herr durch Naeman den Syrern zum Sieg über die Feinde verholfen. Doch Naeman war aussätzig! In seinem Haus lebte ein israelitisches Mädchen. Syrische Soldaten hatten es auf einem ihrer Raubzüge in das Land Israel gefangen genommen und nach Syrien verschleppt. Sie war die Sklavin von Naemans Frau geworden. Eines Tages sagte das Mädchen zu seiner Herrin: ‚Wenn mein Herr doch einmal zu dem Propheten gehen würde, der in Samaria lebt! Der könnte ihn von seiner Krankheit heilen.'

Naeman ging daraufhin zum König und berichtete ihm, was das Mädchen aus Israel gesagt hatte. Der syrische König bestärkte ihn, den Propheten aufzusuchen, und gab ihm ein Empfehlungsschreiben an den König von Israel mit. Naeman machte sich auf den Weg. Er nahm sieben Zentner Silber, siebzig Kilogramm Gold und zehn Festkleider als Geschenke mit. Das Schreiben an König Joram von Israel lautete: ‚Der Mann, der dir diesen Brief überreicht, ist mein Diener Naeman. Ich habe ihn zu dir gesandt, damit du ihn von seinem Aussatz heilst.' Als Joram den Brief gelesen hatte, zerriss er entrüstet seine Kleider und rief: ‚Bin ich etwa ein Gott, der Macht über Leben und Tod besitzt? Wie kommt der Syrer nur darauf, einen Aussätzigen zu mir zu schicken, damit ich ihn heile? Es liegt ja auf der Hand, was er will: Krieg will er mit uns! Und das hier ist nur ein Vorwand.' Schon bald hörte auch der Prophet Elisa, dass der König voller Entrüstung seine Kleider zerrissen hatte. Er schickte einen Boten zum Palast und ließ Joram ausrichten: ‚Warum bist du so aufgebracht? Schick diesen Mann zu mir! Er soll erkennen, dass es hier in Israel einen Propheten des wahren Gottes gibt.'

---

[3] Lukas 4,24-28

Kurze Zeit später fuhr Naeman mit seinem Gespann bei Elisa vor. Der Prophet schickte einen Diener vor das Haus, der dem syrischen Heerführer sagen sollte: ,Geh an den Jordan, und tauch siebenmal im Wasser unter! Dann wird dein Aussatz verschwinden, und du wirst gesund sein.' Da wurde Naeman zornig, kehrte wieder um und schimpfte: ,Ich hatte erwartet, der Prophet würde zu mir herauskommen, sich vor mich hinstellen und zum Herrn, seinem Gott, beten. Ich hatte mir vorgestellt, wie er seine Hand über meine kranken Stellen hält und mich von meinem Aussatz befreit. Als ob unsere Flüsse Abana und Parpar, die durch Damaskus fließen, nichts wären! Dabei sind sie viel sauberer als alle Bäche Israels! Kann ich nicht auch darin baden und gesund werden?'

Voller Wut machte er sich auf den Heimweg. Doch seine Diener suchten ihn zu beschwichtigen: ,Herr, wenn der Prophet etwas Schwieriges von dir verlangt hätte, dann hättest du es sicher auf dich genommen. Und nun hat er dir nur befohlen, dich zu baden, damit du gesund wirst. Dann kannst du es doch erst recht tun!' Naeman ließ sich umstimmen und fuhr an den Jordan hinunter. Wie der Bote Gottes es befohlen hatte, stieg er ins Wasser und tauchte siebenmal unter. Und tatsächlich: Seine Haut wurde wieder glatt und rein. Er war gesund. Da ritt er mit seinem ganzen Gefolge zum Propheten zurück und bekannte ihm: ,Jetzt weiß ich, dass es nirgends auf der Welt einen wahren Gott gibt, außer in Israel!'"

Stellen Sie sich einmal die Zeit vor, in der diese Geschichte sich abspielte. Etwa um das Jahr 850 v. Chr. war Israel schon seit achtzig Jahren zweigeteilt, nämlich in das Südreich mit der Hauptstadt Jerusalem und das Nordreich mit der Hauptstadt Samaria. Jedes Reich hatte seinen eigenen König. Der König Joram regierte das Nordreich in Samaria, und drei Jahre zuvor hatte er mit seinem syrischen Nachbarn, dem König Benhadad II. in Damaskus, Frieden geschlossen. Es gab aber immer wieder einmal Raubzüge der Syrer nach Israel hinein, und bei so einer Gelegenheit wurde ein junges Mädchen aus Israel nach Syrien verschleppt. Der Name des Mädchens ist uns nicht überliefert; ich nenne sie einfach Karen. Karen kam als Sklavin in die Familie des berühmten Generals Naeman nach Damaskus, wo sie im Haushalt mitarbeiten musste. General Naeman war sehr krank: er war aussätzig. Aussatz, oder Lepra, war eine schlimme Hautkrankheit, bei der die Haut und das darunter liegende Gewebe regelrecht weggefressen wurden. So wird von Menschen berichtet, die keine Nase, keine Lippen, keine Ohren mehr hatten, denen die Finger und manchmal die ganze Hand abgefault waren – eine unheilbare Krankheit, die die Lebensfreude nimmt und die in die Verzweiflung führen kann.

Alle im Haus wussten Bescheid, auch das Personal – das waren damals die Sklaven. Vielleicht hat eine der Sklavinnen gedacht oder es im Kreis der Dienstboten sogar ausgesprochen: Geschieht ihm ganz recht, dass er so krank ist. Das ist die Strafe Gottes dafür, dass seine Soldaten uns verschleppt haben. – Karen, das junge Mädchen aus Samaria, reagierte ganz anders. Karen war ein Mädchen voller Gottvertrauen. Sie klagte nicht über ihre Situation in einem fremden Land, sondern sie akzeptierte ihre Lage und war bereit, sich von Gott gebrauchen zu lassen, wo immer sie war. Karen war innerlich bewegt, als sie mitbekam, dass ihr Herr, der General Naeman, schwer krank war, und sie machte sich Gedanken, wie sie helfen konnte. Sie hatte von dem Propheten Elisa gehört, der sich häufig in ihrer Heimatstadt Samaria aufhielt, und sie wusste, dass dieser Elisa den Geist Gottes in sich hatte, und deshalb Kranke heilen und sogar Tote auferwecken konnte. Aus Anteilnahme wandte sie sich an Naemans Frau und sagte zu ihr: Ach wenn der General doch nach Samaria zu dem Propheten Elisa ginge, der könnte ihn heilen.

Naeman schöpfte Hoffnung, doch es mussten erst einige Hindernisse überwunden werden, bis er wirklich in Samaria einen Termin beim Propheten Elisa bekam. Das ganze war ja eine Auslandsreise, die auf dem großen Dienstweg zwischen zwei Königen geklärt werden musste, und dann gab es noch gewisse Missverständnisse. Doch schließlich erfuhr der Prophet Elisa von dem Anliegen des Naeman und ließ ihn zu sich kommen. Naeman hatte inzwischen Informationen über Elisa eingeholt und wusste deshalb genau, wie Krankenheilung funktioniert: Der Prophet wird seine Hände auf die kranken Körperstellen legen und den Namen Gottes anrufen, also beten.

Ist das nicht auch unsere Vorstellung von Krankenheilung – Handauflegung und Gebet? Ich muss Ihnen sagen, wer so denkt, der denkt biblisch. Im letzten Kapitel des Markusevangeliums sagte Jesus folgendes zu seinen Jüngern: „Diese Zeichen werden die begleiten, die glauben: Sie werden Kranken die Hände auflegen und sie heilen."[124] Hier finden wir eine Anweisung für gläubige Christen: In Jesu Namen sollen sie den Kranken die Hände auflegen, damit sie gesund werden. Dabei ist nicht der Betende die entscheidende Person, sondern Jesus ist derjenige, der handelt und der heilt. Auch wenn manche Menschen die besondere Geistesgabe der Krankenheilung haben, ist es niemals dieser Mensch, der die Heilung bewirkt, sondern es ist Gott, der durch den Heiligen Geist in uns tätig wird.

Gehen Sie mit mir zurück zu Naeman, der vor der Haustür des Propheten Elisa stand und erwartete, dass Elisa ihm die Hände auflegte und für ihn betete. Stattdessen erschien nur ein Diener des Propheten und richtete ihm aus, er solle in den Fluss Jordan steigen und dort im Wasser siebenmal untertauchen. Eine solche Behandlung passte dem berühmten General Naeman überhaupt nicht. Keine persönliche Audienz

[124] vgl. Mark. 16,17-18

beim Propheten, kein persönliches Gebet, keine persönliche Handauflegung – Naeman war verärgert.

Vielleicht haben Sie sich mit einer persönlichen Not auch einmal an Gott gewandt und haben dann durch ein prophetisches Wort eine Antwort bekommen, die Sie nicht erwartet hatten, und die Ihnen überhaupt nicht passte. Vielleicht haben Sie auch so reagiert wie Naeman, Sie haben sich geärgert und sich zurückgezogen. Doch das ist genau die falsche Reaktion! In solchen Fällen ist es gut, Freunde zu haben, mit denen man sich besprechen kann. Naeman hatte solche Freunde. Sie haben ihn liebevoll korrigiert und ermutigt, das zu tun, was von ihm gefordert wurde: Naeman, du musst dich demütigen.

Ein wichtiger Schlüssel für unsere Heilung ist Demut, die ich ja im vorherigen Kapitel schon im Zusammenhang mit Mose erwähnt habe. Der berühmte General Naeman zog seine Uniform mit allen Dienstgradabzeichen aus. Die Menschen unten am Fluss erkannten ihn nicht. Sie sahen dort am Ufer nur einen älteren Mann mit Badehose, der offensichtlich eine schlimme Hautkrankheit hatte, und der vorsichtig Schritt für Schritt in den Fluss hinein stieg. Gehorsam tauchte er siebenmal komplett unter. In diesem Vorgang steckte eine tiefe Bedeutung. Naeman demütigte sich, indem er alles ablegte, was in der Welt zählte: Seine Titel, seine Stellung, seine Auszeichnungen. Er setzte sich dem fließenden Wasser aus, das ja häufig als Symbol für den Heiligen Geist steht, und lieferte sich damit Gott selbst aus. Dann tauchte er siebenmal unter. Auch viele Zahlen in der Bibel haben eine prophetische Bedeutung, und die Zahl sieben steht für das Wunder der Schöpfung. Die Schöpfung erfolgte in sieben Tagen; auch der Ruhetag, der Sabbat, ist als siebter Tag ein Teil der Schöpfungsordnung. An vielen Stellen in der Bibel weist die Zahl sieben auf ein Schöpfungswunder hin, auf ein wundersames Eingreifen Gottes, wo etwas geschieht, das man wissenschaftlich nicht erklären kann.

Im 6. Kapitel des Buches Josua wird berichtet, wie die Stadt Jericho erobert wurde. Sechs Tage lang zogen die Israeliten jeweils einmal um die Stadt herum, wobei sieben Priester mit sieben Widderhörnern mitgingen und laute Musik machten. Am siebten Tag zog das Volk siebenmal um die Stadt, und beim siebten Mal bliesen nicht nur die Priester ins Horn, sondern alle Israeliten schrien aus vollem Hals. Was passierte? Die riesige Stadtmauer fiel komplett in sich zusammen. – Es gibt eine wissenschaftliche These, die besagt, dass durch den gewaltigen Lärm so starke Schalldruckwellen freigesetzt worden sind, dass die Stadtmauer zerborsten sei. – Als ich vor vielen Jahren in Israel vor den Trümmern des alten Jericho stand, wurde mir klar, dass das, was hier freigesetzt worden war, keine Schalldruckwellen waren, sondern die Kraft Gottes: Ein Schöpfungswunder.

In Matthäus 14,19 nahm Jesus fünf Brote und zwei Fische (also sieben Dinge) und konnte damit fünftausend Männer plus Frauen und Kinder satt machen: Ein Schöpfungswunder. In Matthäus 15,36-37 nahm Jesus sieben Brote und ein paar Fische und konnte viertausend Männer plus Frauen und Kinder ernähren. Als alle satt waren, blieben sieben Körbe voller Brot übrig: Ein Schöpfungswunder.

In Lukas 8 wird berichtet, dass die zwölfjährige Tochter des Synagogenvorstehers Jairus gestorben war. Jesus ging in das Haus, wo das tote Mädchen aufgebahrt lag. Er schickte alle Leute hinaus, bis nur noch sieben Personen anwesend waren: Jesus, Jairus, dessen Frau, das gestorbene Mädchen und die Jünger Petrus, Jakobus und Johannes. Dann sprach Jesus zu dem Mädchen: „Steh auf!", und in Vers 55 heißt es: „Im gleichen Augenblick kehrte das Leben in sie zurück, und sie stand auf." Ein Schöpfungswunder.

Naeman tauchte siebenmal unter, und es geschah ein Wunder: Er war auf der Stelle von seinem Aussatz geheilt. Aber nicht nur eine äußerliche Heilung war eingetreten, sondern auch innerlich war etwas mit Naeman passiert. In unserem Text heißt es in Vers 15: „Da ritt Naeman mit seinem ganzen Gefolge zum Propheten zurück und bekannte ihm: ‚Jetzt weiß ich, dass es nirgends auf der Welt einen wahren Gott gibt, außer in Israel!'" Dieses Bekenntnis zeigt uns, dass Naeman durch seine Heilung den lebendigen Gott kennen gelernt hatte und nicht nur äußerlich, sondern auch innerlich ein neuer Mensch geworden war. Ist das nicht ein großartiges Schöpfungswunder? Die nächsten Verse machen deutlich, dass es bei Naeman nicht um ein Lippenbekenntnis ging, sondern dass dieser Mann sich entschlossen hatte, von jetzt an dem wahren Gott zu dienen.

Als in einem Gottesdienst einmal über Heilung gepredigt wurde und Wolly und ich anschließend im Team für Menschen um Heilung beten wollten, kam ein junges Ehepaar zu uns beiden. Vor lauter Tränen konnte die Frau kaum sprechen, und so dauerte es etwas, bis ihr Mann schließlich sagte: Wir sind schon über drei Jahre verheiratet und haben immer noch keine Kinder. Würdet ihr mit uns beten, dass wir Kinder bekommen können? Gerade wollte Wolly sagen: Wir können euch ja so gut verstehen. Wir sind schon über zwanzig Jahre verheiratet und haben auch noch keine Kinder. Da schoss ihm ein Gedanke durch den Kopf: Wenn du das jetzt sagst, nimmst du ihnen noch den letzten Rest an Glauben. So hat er sich auf die Zunge gebissen, verständnisvoll genickt, und wir beide blieben einen Moment im hörenden Gebet.

Ich bekam einen Eindruck für die junge Frau, den ich auch aussprach. Darauf führten wir ein kurzes seelsorgerliches Gespräch. Die junge Frau hatte falsche Gedanken und seelische Blockaden, es ging auch um das Thema Innere Heilung. Anschließend beteten wir für dieses Ehepaar um Heilung, wobei Wolly innerlich zu Jesus sagte: Herr, du hast wirklich Humor. Wir warten schon so lange auf Kinder, und jetzt schickst du dieses Pärchen ausgerechnet zu uns, damit wir für sie um Fruchtbarkeit beten. Nach dem Gottesdienst fuhren die jungen Leute nach Bayern zurück, denn sie waren in unserer Stadt nur zu Besuch.

Ein Jahr später fuhren Wolly und ich in den Schwarzwald, um dort auf einer Konferenz Freunde zu treffen. In der Eingangshalle des Zentrums kam plötzlich ein junger Mann auf uns zu und begrüßte uns herzlich: Erinnern Sie sich noch an mich? Vor einem Jahr haben Sie für meine Frau und mich gebetet, dass wir Kinder bekommen. Im nächsten Moment beugte sich der junge Mann zur Seite, nahm ein kleines Baby aus einer Babywippe, hielt das Kind hoch über den Kopf und sagte: Und das ist Hannah! – Seine Frau war gleich im nächsten Monat nach dem Gebet schwanger geworden.

Mit diesen Beispielen wollte ich Sie auf den Zusammenhang zwischen Prophetie und Heilung aufmerksam machen. Wenn Sie die biblischen Berichte über Heilungen nachlesen, werden Sie noch weitere interessante Verbindungen entdecken. Zur Vertiefung empfehle ich Ihnen jedenfalls die GGE-Publikation „Die Gaben des Heiligen Geistes".

10. Treffen alle Prophetien ein?

Jetzt haben Sie also vielleicht die Situation in Ihrer Gemeinde, dass dort eine große Offenheit besteht, was die Gabe der Prophetie angeht, und so werden mehr und mehr prophetische Worte ausgesprochen, sei es allgemein für die Gemeinde oder auch in der ganz persönlichen Begegnung. Nach meiner Erfahrung werden auf diesem Weg meistens wunderbare Verheißungen weitergegeben, die oft sehr allgemein formuliert sind: Der Herr will uns alle reich segnen! oder Mit dem heutigen Abend wird eine ganz frische Salbung freigesetzt und die Kraft Gottes wird mächtig unter euch wirken! Bei solchen Äußerungen wird eigentlich nicht so recht deutlich, was konkret gemeint ist und was Gott konkret zugesagt hat. Es kommt aber auch vor, dass der Einzelne eine sehr präzise formulierte Verheißung bekommt.

Bei einem Treffen in Kansas City im April 1992 sagte ein prophetisch begabter Mitarbeiter der Gemeinde zu uns: Marianne bekommt Visionen und hat prophetische Eindrücke. Es geht auch um die Unterscheidung der Geister. Besprich alles mit Wolly, der dir bei der Beurteilung eine Hilfe sein wird. Ihr beide werdet ein Modell für Partnerschaft sein und als ein Team sprechen, ähnlich wie John und Paula Sandford, ihr werdet abwechselnd sprechen. Obwohl ich mir das damals kaum vorstellen konnte, ist diese Prophetie sieben Jahre später genau eingetroffen. Seit dieser Zeit haben Wolly und ich bei einer Vielzahl von Gelegenheiten als ein Team gesprochen – wirklich ähnlich wie John und Paula Sandford, die wir Ende der achtziger Jahre in Freiburg kennengelernt haben.

Es werden aber nicht nur ansprechende Verheißungen weitergegeben, sondern manchmal auch Warnungen oder sogar Ankündigungen von wirklich negativen Ereignissen. In der Bibel, gerade im Alten Testament, finden wir etliche Gerichtsandrohungen, sowohl gegen einzelne Menschen als auch gegen ganze Völker. Gerade bei den Prophetien, die eine eher unangenehme oder auch bedrohliche Botschaft enthalten, oder in denen sogar Gottes Gericht angekündigt wird, stellt sich die Frage, ob solche Prophetien immer eintreffen. Aber auch bei positiven prophetischen Zusagen möchten wir gern wissen, ob die wunderbare Verheißung jetzt mit hundertprozentiger Sicherheit eintrifft oder ob wir den Segen eventuell verpassen können. Was sagt die Bibel dazu?

Eine beachtliche Aussage findet sich bei dem Propheten Jeremia, zu dem Gott folgendes sagte: „Manchmal drohe ich an, dass ich ein Volk oder ein Königreich ausrotten, vernichten und vom Erdboden vertilgen will. Wenn die Menschen dann aber einsehen, dass ihre Taten schlecht waren, und daraufhin alles Böse lassen, werde ich meinen Entschluss ändern. Dann soll das Unheil, welches ich vorgesehen hatte, nicht über sie hereinbrechen. Andererseits gilt aber auch: Wenn ich ankündige, dass ich ein Volk oder Königreich einpflanzen und gedeihen lassen will, dieses Volk dann aber nur Böses tut und mir nicht gehorcht, dann soll all das Gute, das ich für dieses Volk geplant hatte, nicht eintreffen."[125]

Im ersten Fall kündigt Gott hier Unheil an. Als das Volk aber von seiner Bosheit ablässt und umkehrt, ändert Gott seinen Entschluss und lässt das Unheil doch nicht eintreffen. Ein bekanntes Beispiel für dieses Handlungsmuster Gottes ist die Erfahrung des Propheten Jona, der der Stadt Ninive das Gericht Gottes ankündigte. Die ganze Stadt kehrte um, worauf Gott sein Gericht um hundertfünfzig Jahre aufschob.

Im zweiten Fall kündigt Gott Segen an, macht die Prophetie aber rückgängig, weil der Empfänger der Prophetie sich Gott gegenüber als ungehorsam erwiesen hatte. Ein weiterer Fall dieser Art hat sich vor knapp dreitausend Jahren ereignet. Die Bibel berichtet darüber im ersten Buch der Könige. Es geht dort um Jerobeam, einen hohen Beamten des damaligen Königs Salomo. Zunächst wird folgendes geschildert:

„Eines Tages, als Jerobeam Jerusalem verließ, begegnete ihm auf der Straße der Prophet Ahija aus Silo, der einen neuen Mantel trug. Die beiden waren allein auf dem Feld und Ahija nahm den neuen Mantel, den er trug, und riss ihn in zwölf Stücke. Dann sagte er zu Jerobeam: Nimm zehn von diesen Stücken, denn so spricht der Herr, der Gott Israels: Ich entreiße Salomo das Reich und gebe dir zehn Stämme! Einen Stamm werde ich ihm lassen, meinem Diener David und der Stadt Jerusalem zuliebe, die ich aus allen Stämmen Israels auserwählt habe. Denn sie haben mich verlassen und Astarte, die Göttin der Sidonier, Kemosch, den Gott der Moabiter, und Milkom, den Gott der Ammoniter, angebetet. Sie haben meine Wege verlassen und nicht länger nach meinem Willen gehandelt, meinen Gesetzen nicht gehorcht und meine Vorschriften nicht befolgt, wie Salomos Vater David es getan hat.

Doch ich will Salomo nicht das ganze Königreich wegnehmen. Denn weil mein Diener David, den ich erwählt habe, meinen Geboten und Gesetzen gehorcht hat, werde ich Salomo die Herrschaft lassen, solange er lebt. Seinem Sohn aber nehme ich das Reich und gebe zehn der Stämme dir. Ein Stamm aber wird seinem Sohn bleiben, so dass die Nachkommen meines Dieners David weiterhin in Jerusalem herrschen, der Stadt, die ich erwählt habe, damit dort mein Name wohne. Dich werde ich auf den

[125] Jer. 18,7-10

Thron Israels setzen und du wirst über alles herrschen, was dein Herz begehrt, und wirst König sein über Israel. Wenn du auf das hören wirst, was ich dir sage, meinen Weg nicht verlässt und nach meinem Willen fragst, und wenn du meinen Gesetzen und Geboten gehorchst, wie mein Diener David es getan hat, dann werde ich immer auf deiner Seite sein. Ich gründe mit dir ein bleibendes Herrschergeschlecht, wie ich es für David tat, und vertraue dir Israel an."[126]

Sie haben beim Lesen sicher schon bemerkt, dass der Prophet Ahija hier eine prophetische Handlung vornahm, indem er seinen neuen Mantel in zwölf Stücke zerriss. Damit deutete er an, dass Gott die Einheit des Volkes Israel zerreißen würde. Die einzelnen Stücke des Mantels stellten die zwölf Stämme des Volkes dar, wobei die beiden Stämme Juda und Benjamin, in deren Mitte die Stadt Jerusalem lag, in der Folgezeit als Einheit gesehen wurden und das Südreich Juda ausmachten. Das Nordreich Israel mit der Hauptstadt Samaria umfasste die zehn übrigen Stämme.

Achten Sie einmal auf den Wortlaut dieser gewaltigen Prophetie in den letzten beiden Versen. Gott machte Jerobeam das Angebot, König über Israel zu werden, mit Ausnahme des südlichen Landesteils, der für die Nachkommen Davids reserviert war, und Gott versprach Jerobeam ein beständiges Königtum für alle seine Nachkommen. Aber auch hier war diese Verheißung an eine Bedingung geknüpft: „Wenn du auf das hören wirst, was ich dir sage, meinen Weg nicht verlässt und nach meinem Willen fragst, und wenn du meinen Gesetzen und Geboten gehorchst."

Jerobeam wollte König werden, und kurz nach Salomos Tod im Jahre 930 v. Chr. wurde er tatsächlich König über die zehn Stämme des Nordreichs Israel. Aber er dachte nicht im Geringsten daran, auf die Bedingungen Gottes einzugehen, sondern er führte in Israel einen abscheulichen Götzendienst ein und zog das Volk vom lebendigen Gott ab. Als rund zwanzig Jahre später sein ältester Sohn todkrank wurde, schickte er seine Ehefrau zum Propheten Ahija, der inzwischen alt und blind geworden war, und derselbe Prophet, der zuvor die große Segensverheißung über ihm ausgesprochen hatte, zeigte ihm jetzt im Auftrag Gottes, dass sein kranker Sohn, der Kronprinz, sterben würde, aber als einziger in der ganzen Familie ein normales Begräbnis erhalten würde. Jerobeam und der Rest der Familie würden gewaltsam umkommen.[127] So geschah es auch einige Jahre später, als Bascha durch eine Revolte König wurde und das ganze Geschlecht Jerobeams ausrottete.[128]

[126] 1. Kön. 11,29-38
[127] 1. Kön. 14,1-20
[128] 1. Kön. 15,27-30

Blättern Sie mit mir noch einmal zurück zu Jeremia, Kapitel 18. Die Verse 3 bis 6 enthalten das bekannte Bild vom Töpfer und dem Ton: „Ich ging zur Töpferwerkstatt und traf den Töpfer an seiner Töpferscheibe an. Wenn ein Gefäß, an dem er arbeitete, seinen Erwartungen nicht entsprach, nahm er den Ton und formte ein neues Gefäß daraus, bis es genau so aussah, wie er es haben wollte. Da sagte mir der Herr Folgendes: Israel, warum sollte ich es mit dir nicht genauso machen können wie dieser Töpfer? Wie der Ton in der Hand des Töpfers, so bist du in meiner Hand."

Auch hier haben die Symbole eine Bedeutung, und diese Stelle sagt uns Folgendes: Gott ist der Töpfer, und er kann den Ton so formen, wie er will, und niemand hat das Recht, Gott deswegen zu kritisieren. Gott zeigte dem Propheten Jeremia so, wer der absolut souveräne Herrscher ist, der völlig frei und unabhängig seine Entscheidungen trifft und keinem Menschen Rechenschaft schuldet. Die moderne Theologie vergisst das manchmal und ihre Vertreter wollen mit Gott diskutieren und ihm Nachhilfeunterricht geben oder Verbesserungsvorschläge machen. Wenn wir uns dieses 18. Kapitel des Buches Jeremia im Zusammenhang anschauen, können wir zwanglos zu dem Ergebnis kommen, dass hier Grundwahrheiten offenbart werden, die für alle Zeiten gültig sind – auch für den Bereich der Prophetie.

Die meisten, wenn nicht sogar alle persönlichen Prophezeiungen, die heute gegeben werden, sind an Bedingungen geknüpft und somit als Aufforderung, Einladung oder Angebot Gottes zu verstehen und eben nicht als sichere Vorhersagen, die auf jeden Fall eintreffen, nach dem Motto: Es ist ja schließlich Gott, der gesprochen hat, und deshalb wird die Prophetie schon kommen. Es ist vielmehr so: Damit prophetische Worte wahr werden können, damit der verheißene Segen eintreffen kann, müssen wir weiterhin auf Gott hören und seinem Wort gehorchen.

Schon die ganz frühen Verheißungen Gottes im Alten Testament waren an Bedingungen geknüpft. Mehrmals hatte Gott seinem Volk deutlich gesagt, dass es selbst über Segen und Fluch entscheiden kann. In 3. Mose 26 sagte Gott: „Wenn ihr meine Gebote befolgt, dann werdet ihr in Sicherheit wohnen, immer genug zu essen haben, eure Feinde besiegen." In 5. Mose 28 klingt es so ähnlich: „Wenn ihr dem Herrn, eurem Gott, gehorcht, dann werdet ihr folgendermaßen gesegnet werden", und dann werden alle Lebensbereiche genannt, die von diesem Segen erfasst werden können.

Aber nicht nur in biblischen Zeiten haben bestimmte Menschen persönliche Prophetien bekommen. Das geschieht immer wieder auch in meinem und in Ihrem Leben. Wenn jemand eine persönliche Prophetie bekommt, empfehle ich deshalb folgendes Gebet:

Herr, ich danke dir für dieses wunderbare prophetische Wort, das du mir gegeben hast. Ich nehme dein Angebot an. Gib mir ein gehorsames Herz und verändere mich durch den Heiligen Geist so, dass dieses prophetische Wort Wirklichkeit in meinem Leben werden kann. Hilf mir, dass ich dir mein Leben lang treu bleibe. Amen.

Wenn Sie in dieser Haltung beten, dann wird Gott Ihnen zeigen, welches die ganz persönliche Bedingung ist, die Sie erfüllen müssen, damit die Prophetie eintreffen kann.

Prophetien für Nationen

Die meisten im Alten Testament gegebenen Prophetien bezogen sich auf das Volk Gottes, also das damalige Israel, doch auch für andere Völker wie Ägypten, Syrien, Arabien, Moab, Edom und die Philister gab es Prophetien, die jeweils das gesamte Volk betrafen. Deshalb wundert es nicht, dass auch heute Prophetien weitergegeben werden, die für ganze Länder wie beispielsweise Deutschland, England oder die USA gelten sollen. Über die modernen Medien verbreiten sich solche Prophetien in christlichen Kreisen ungemein schnell, und ehe man die Zeit abwarten konnte, in der eine solche Prophetie sich erfüllen sollte, ist sie bereits durch drei oder vier aktuellere Prophetien zu dem im Wesentlichen gleichen Thema überholt.

Ehrlich gesagt bin ich müde geworden, seit Mitte der siebziger Jahre in regelmäßigen Abständen prophetische Stimmen zu hören, die voller Begeisterung verkünden, dass die große Erweckung in Deutschland unmittelbar bevorstehen würde. Meiner Erinnerung nach war es etwa 1989, als einige der damaligen bekannten Vertreter der amerikanischen Prophetenbewegung davon sprachen, sie sähen eine große Erweckung kommen, die von England ausgehe und als erstes nach Deutschland herüberkomme, um von dort Auswirkungen auf andere Länder zu haben. England und Deutschland würden in dieser Erweckung eine Schlüsselrolle spielen. Mike Bickle aus Kansas City sprach auf der Prophetenkonferenz in Nürnberg vom 3. bis 6. September 1992 ebenfalls davon und betonte, dass Gott Deutschland und England in der kommenden Erweckung gebrauchen wolle.[129] Etwa 1995 oder 1996 erklärte John Wimber dann öffentlich, nachdem weder in England noch in Deutschland eine Erweckung stattgefunden hatte, dass er für sich zu der Erkenntnis gekommen war, dass die oben erwähnten Prophetien keine echten Prophetien gewesen sind. Angesichts der großen

[129] Vgl. Gemeinde-Erneuerung Nr. 46 vom Oktober 1992, Seite 21

Offenheit über das neue weltweite Wirken des Heiligen Geistes hätte man sich wohl von einem Wunschdenken leiten lassen.[130]

Mehr als fünfzehn Jahre nach seiner Einschätzung von 1992 erklärte Mike Bickle im Februar 2008 in Kansas City: „Heute bin ich mir bewusst, dass die Menschen, die den prophetischen Dienst ausüben, schwach und verwundbar sind. Dabei bleibt die Gewissheit, dass Gott durch schwache und zerbrochene Gefäße spricht, eben durch seine Propheten. … Ich lernte zu verstehen, dass es neben den echten auch menschliche Elemente gab, die falsch waren, z.B. Übertreibungen und Manipulationen. Wenn wir das nicht sehen, werden wir falsche Erwartungen haben. Das Problem, das wir dann mit Prophetien haben, liegt dann in Wirklichkeit nicht so sehr bei den prophetischen Menschen, sondern bei den verantwortlichen Personen in den Gemeinden, die nicht vorbereitet sind, neben Wahrheit auch Schwachheit im Leben der menschlichen Gefäße zu sehen, die das prophetische Wort weitergeben.“[131]

Da ähnliche Prophetien über eine bevorstehende Erweckung bis in die jüngste Zeit immer wieder auftauchen, kommt natürlich die Frage auf, wie wir damit umgehen sollten. Solche Prophetien werden gewöhnlich nicht im normalen Gemeindeumfeld gegeben, sondern sie entstehen oft in besonderen Situationen wie beispielsweise einer großen Konferenz. Wenn Sie selbst schon einmal eine oder mehrere christliche Großkonferenzen mit mehreren tausend Teilnehmern besucht haben, wissen Sie, wovon ich spreche. Man hat Abstand von zuhause, auch von den Nöten und Problemen der eigenen Gemeinde, man ist unter sich und spricht über die gleichen Themen. Es tut gut und erfüllt das Herz mit Freude, Tausende von Christen an einem Ort versammelt zu sehen, von denen jeder mit großer Offenheit neue geistliche Impulse für sich selbst und seine Gemeinde erwartet.

Nach zwei oder drei Tagen vermittelt diese Konferenzatmosphäre ein geistliches Hochgefühl, dem man sich nur schwer entziehen kann und meist auch gar nicht entziehen will. In den Psalmen des Alten Testaments wird betont, dass Gott im Lobpreis seines Volkes wohnt, und wenn es den Lobpreismusikern gelingt, die Konferenzteilnehmer mitzunehmen in die Nähe Gottes, dann spüren nicht nur klassische Charismatiker diese besondere geistliche Dichte. In solchen Momenten ist Gott gegenwärtig und offenbart sich durch Überführung von Schuld, durch Heilungen und Befreiungen und

---

[130] Diese in den USA und England in verschiedenen Zeitschriften veröffentliche Erklärung John Wimbers konnte ich – nach mehreren Umzügen – in meinen Unterlagen nicht mehr auffinden und habe sie sinngemäß wiedergegeben.
[131] Aus: Charisma Nr. 144, 2. Quartal 2008, Seite 22

auch durch Prophetien in unterschiedlicher Form. Unter den Anwesenden wächst die Sehnsucht nach mehr vom Heiligen Geist, nach einer persönlichen und auch gemeindlichen Erneuerung – und daraus entsteht ein Wunsch nach Erweckung. Prophetisch begabte Referenten erfassen diese Sehnsüchte und erliegen nicht selten der Gefahr, die Herzenswünsche der Teilnehmer mit der Absicht Gottes zu verwechseln. Im Überschwang der allgemeinen Begeisterung kommt es dann zu prophetischen Ankündigungen wie: „Heute Abend wird Gott alle Kranken heilen!" oder „Gott wird unserem Land eine Erweckung schenken, und in dieser Stadt wird sie ihren Anfang nehmen!" Hier sind die anwesenden geistlichen Leiter gefordert, ihre Prüfungsverantwortung wahrzunehmen und vorprogrammierten Enttäuschungen rechtzeitig zu begegnen.

Im Matthäusevangelium wird am Anfang des siebzehnten Kapitels berichtet, wie Jesus zusammen mit Petrus, Jakobus und Johannes auf einen hohen Berg ging, wo er vor ihren Augen umgestaltet wurde. Als dann noch Mose und Elia erschienen, wollte Petrus diese Atmosphäre der großen geistlichen Dichte einfangen und nach Möglichkeit zu einem Dauerzustand machen. Deshalb machte er Jesus den Vorschlag, an diesem besonderen Ort zu bleiben; zugleich bot er sich an, Hütten oder Zelte zu errichten. Auch Konferenzbesucher sprechen so eine Sehnsucht manchmal aus: Die Konferenz müsste einfach so weitergehen. Hier tut es richtig gut, Christ zu sein. Ich halte dem entgegen: Nicht auf christlichen Konferenzen, sondern im Alltag und besonders in schwierigen Situationen erweist es sich, ob ich fest in Jesus Christus gegründet bin und seine Stimme höre.

Erinnern Sie sich an das, was ich bereits in den ersten vier Kapiteln betont habe: Sie selbst können und sollen Gottes Stimme hören und so erfahren, was er Ihnen mitteilen möchte. In einem größeren Rahmen wird Gott auch zunächst verantwortlichen geistlichen Leitern in Deutschland mitteilen, welche Gedanken er über unser Land hat und was er möglicherweise zu tun gedenkt. Solche Prophetien können ohne Weiteres durch Impulse und Eindrücke, die ein prophetisch Begabter aus einem anderen Land für unsere Nation hat, bekräftigt oder bestätigt werden. Wenn allerdings Prophetien weitergegeben werden, die mehr oder weniger deutlich als gutgemeinte Segenswünsche, Spekulationen oder Prognosen einzuordnen sind, sollten geistliche Leiter nicht zögern, verantwortungsvoll von ihrem Recht und ihrer Pflicht zur Prüfung Gebrauch zu machen und sich nicht von der unterschwelligen Furcht abhalten lassen, sie könnten damit gegen den Heiligen Geist reden und ihn dämpfen oder betrüben. Gott sieht in die Herzen hinein und freut sich über eine aufrichtige und ehrliche Haltung.

11. Prüfung von Prophet und Prophetie

Bei der Weitergabe von Prophetie fordert uns das Neue Testament mehrfach auf, eine Prüfung vorzunehmen. Ich möchte Sie auf die folgenden fünf Bibelstellen aufmerksam machen, die sich näher damit befassen.

1. Korinther 14,29: „Lasst zwei oder drei prophetisch reden und die anderen beurteilen, was gesagt wurde."

1. Thessalonicher 5,20-21: „Verachtet das prophetische Reden nicht, sondern prüft alles, was gesagt wird, und behaltet das Gute."

1. Johannes 4,1: „Liebe Freunde, glaubt nicht jedem, der behauptet, was er sagt, käme vom Heiligen Geist. Ihr müsst die Menschen prüfen, um festzustellen, ob der Geist, durch den sie reden, wirklich der Geist Gottes ist. Denn es gibt zahllose falsche Propheten in der Welt!"

Matthäus 24,24: „Denn falsche Erlöser und falsche Propheten werden überall auftauchen und große Zeichen und Wunder vollbringen, um selbst die von Gott Auserwählten zu verführen."

Bei der fünften nun folgenden Stelle geht es wieder um die Symbolsprache Gottes. Die bekannteste Predigt von Jesus, die Sie in den Evangelien finden, ist die Bergpredigt. Sie heißt deshalb so, weil Jesus auf einen Berg gestiegen ist und von dort aus zu seinen Jüngern und später zu einer großen Menschenmenge gesprochen hat. Bei Matthäus sind es die Kapitel 5, 6 und 7. Der vorletzte Abschnitt im Kapitel 7 des Matthäusevangeliums hat in vielen Bibelausgaben die Überschrift „Warnung vor falschen Propheten". Die Verse 15-20 in diesem 7. Kapitel möchte ich mit Ihnen genauer ansehen: „Nehmt euch vor falschen Propheten in Acht. Sie kommen daher wie harmlose Schafe, aber in Wirklichkeit sind sie gefährliche Wölfe, die euch in Stücke reißen wollen. Ihr erkennt sie an ihrem Verhalten, so wie ihr einen Baum an seinen Früchten erkennt. An Dornbüschen wachsen keine Trauben und an Disteln keine Feigen. Ein gesunder Baum trägt gute Früchte, ein kranker Baum dagegen schlechte. An einem guten Baum wachsen keine schlechten Früchte, ebenso wenig wie ein kranker Baum gesunde Früchte hervorbringt. Deshalb wird jeder Baum, der keine guten Früchte bringt, umgehauen und ins Feuer geworfen. Ihr seht, man erkennt sie an ihren Früchten."

Jesus beginnt mit einer Beschreibung der falschen Propheten: Äußerlich kommen sie daher wie harmlose Schafe, innerlich sind sie gefährliche Wölfe. Äußerlich sind sie von den echten Schafen nicht zu unterscheiden. Die echten Schafe sind die, von denen Jesus gesagt hat: „Meine Schafe hören auf meine Stimme; ich kenne sie, und sie folgen mir. Ich schenke ihnen das ewige Leben."[132] Die echten Schafe sind die Nachfolger Jesu; es sind die, die seine Stimme hören. Zur Zeit der Bibel waren die gefährlichsten Feinde der Schafe die Wölfe. Wenn man diese Tatsache vor Augen hat, dann sagt Jesus in der Bergpredigt in aller Deutlichkeit: Falsche Propheten sehen äußerlich genau so aus wie meine echten Nachfolger, doch in ihrem Inneren, in ihrem Wesen sind sie gefährliche Feinde meiner echten Nachfolger. Am äußerlichen Erscheinungsbild kann man falsche Propheten nicht erkennen, und wir können auch nicht in einen Menschen hineinschauen, um sein Wesen zu prüfen, seine Gesinnung, seine Haltung und seine Gedanken. Darum sagt Jesus zweimal, in Vers 16 und in Vers 20: „An ihren Früchten erkennt ihr die falschen Propheten." Er geht sogar noch weiter und fährt fort in den Versen 21-23:

„Nicht alle Menschen, die sich fromm gebärden, glauben an Gott. Auch wenn sie ‚Herr' zu mir sagen, heißt das noch lange nicht, dass sie ins Himmelreich kommen. Entscheidend ist, ob sie meinem Vater im Himmel gehorchen. Am Tag des Gerichts werden viele zu mir kommen und sagen: ‚Herr, Herr, wir haben in deinem Namen prophezeit und in deinem Namen Dämonen ausgetrieben und viele Wunder vollbracht.' Doch ich werde ihnen antworten: ‚Ich habe euch nie gekannt. Fort mit euch. Was ihr getan habt, habt ihr gegen das Gesetz getan.'"

Das bedeutet im Klartext: Selbst wenn solche Propheten sich bei dem, was sie sagen und lehren, auf Jesus beziehen, oder wenn sie genau so geistlich und fromm reden können wie mancher bekannte Bibellehrer, ist das keine Hilfe bei der Unterscheidung. Jesus erwähnt hier sogar drei wichtige Bereiche, die mit Geistesgaben und Vollmacht zu tun haben: Das prophetische Reden, das Austreiben von Dämonen und das Vollbringen von Wundern. Und doch sagt Jesus in der abschließenden Beurteilung: „Ich habe euch nie gekannt. Fort mit euch." Ein sehr hartes Wort. In diesen wenigen Versen finden Sie zwei Kernaussagen, auf die es nach den Worten Jesu entscheidend ankommt: „Ihr erkennt sie an ihren Früchten" und „Wer dem Vater im Himmel gehorcht, der kommt in das Himmelreich." Befassen wir uns zuerst näher mit den Früchten.

Echte Propheten unterscheiden sich von falschen Propheten an ihren Früchten. Der Apostel Paulus hat in einem seiner Briefe einmal aufgezählt, was darunter zu verstehen

---

[132] Joh. 10,27-28

ist: Die Frucht des Geistes in ihrer neunfachen Ausprägung als Liebe, Freude, Friede, Geduld, Freundlichkeit, Güte, Treue, Sanftmut, Selbstbeherrschung.[133] Sie wissen so gut wie ich, dass Frucht nicht über Nacht entsteht. In der Natur wird erst etwas gesät, und dann beginnt ein Reifungsprozess, der solange andauert, bis die Frucht fertig entwickelt ist. Dieser Prozess ist sichtbar. Wenn ich ein Maiskorn in die Erde lege, ist es ja auch nicht so, dass drei Monate lang gar nichts passiert und dann eines Morgens eine Maispflanze von über zwei Metern Höhe auf dem Feld steht mit ein oder zwei ausgereiften Maiskolben. Aber gerade beim Mais kann man fast täglich ein kleines Stück Wachstum beobachten.

Mit der prophetischen Gabe ist es nicht anders. Sie als Nachfolger Jesu machen die Entdeckung, dass Sie die innere Stimme Jesu nicht nur für sich selber hören, sondern Impulse des Heiligen Geistes empfangen, die andere Menschen betreffen. Jesus offenbart Ihnen etwas, was einem anderen weiterhelfen kann, was ihn ermutigt oder tröstet oder eine Frage beantwortet, die derjenige innerlich bewegt hat. Durch diese neue Erfahrung, prophetische Eindrücke für andere Menschen zu bekommen, sind Sie jetzt nicht über Nacht zu einem Propheten geworden, sondern Sie haben den Anfang eines längeren Weges entdeckt. Es ist ein Weg, den Sie treu gehen sollen, auf dem Sie lernen sollen, und den Sie bis zum Ziel beibehalten sollen. Gott hat Ihnen die Gabe der Prophetie geschenkt. Diese Gabe in Ihnen soll jetzt wachsen, soll sich weiterentwickeln, soll sich verfeinern, und sie soll im Laufe der Jahre zu einer vollmächtigen Ausübung des prophetischen Dienstes führen.

Mein Rat an Sie ist: Suchen Sie sich in Ihrer Gemeinde einen Ansprechpartner, mit dem sie Ihre prophetischen Eindrücke besprechen können. Vielleicht besuchen Sie einen Hauskreis oder Arbeitskreis; bitten Sie auch dort den Leiter, Sie mit Ihrer Gabe zu begleiten, und bringen Sie in diesem geschützten Rahmen Ihre Träume, Visionen, Bilder und Impulse ein. Hauskreise sind oft der richtige Ort, an dem Sie sich weiterentwickeln können.

In der zweiten Kernaussage ging es darum, dem Vater im Himmel zu gehorchen und seinen Willen zu tun. Theoretisch finden wir den Willen Gottes, wenn wir in der Bibel lesen und darin seine Maßstäbe entdecken, nach denen wir unser Leben gestalten sollen. Ein Grundmuster bilden hier beispielsweise die Zehn Gebote, aber daneben gibt es noch eine Fülle von Leitlinien für das persönliche Leben, für Ehe und Familie, für das Gemeindeleben und für das Leben in einem Staat.

---

[133] Gal. 5,22-23

Einmal wurde Jesus von jemandem darauf aufmerksam gemacht, dass seine Mutter Maria und seine Brüder draußen auf ihn warteten und ihn sprechen wollten. Es waren immerhin seine engsten Verwandten, doch die Reaktion Jesu ist erstaunlich. Jesus fragte: „Wer ist meine Mutter? Und wer sind meine Brüder?" Und er zeigte auf seine Jünger und sagte: „Diese Leute sind meine Mutter und meine Brüder. Wer den Willen meines Vaters im Himmel erfüllt, ist mein Bruder und meine Schwester und meine Mutter."[134] Diejenigen, die den Willen Gottes tun, sind Jesus näher als selbst seine engsten Verwandten!

Die Prüfung des Propheten

Jetzt gehen wir zurück zu den Propheten, die Sie prüfen sollen. Dazu müssen Sie sich ihren Charakter anschauen und auch prüfen, ob sie nach den Ordnungen Gottes leben und seinen Willen tun.

Vor einiger Zeit rief uns ein Pfarrer an und bat uns, einen reisenden Propheten zu prüfen, der in unserer Nähe in einer Gemeinde ein Seminar veranstaltete. Wolly und ich hatten diesen Propheten vor etwa zehn Jahren in einer anderen Gemeinde schon einmal gehört und gingen also in die Abendveranstaltung. Nach einer kurzen Zeit der Lehre bat er alle diejenigen aufzustehen, die noch nie eine persönliche Prophetie bekommen hatten. Rund dreißig Leute standen auf. Er fing dann an, einem nach dem anderen Fragen zu stellen: Was machst du beruflich, bist du verheiratet, wo ist dein Ehepartner, gehörst du zu dieser Gemeinde? So antwortete ein junger Mann, er studiere Jura, worauf der Prophet erwiderte: Ich sehe, dass du clever bist. Als eine Frau sagte, dass ihr Mann zuhause sei und nicht mitkomme in die Gemeinde, sagte er ihr, dass Jesus ihren Mann verwandeln und er ein eifriger Nachfolger Jesu werden würde. Ähnliches hatte er bei seinem letzten Besuch in dieser Gemeinde einer anderen Frau zugesagt. Deren Mann kam allerdings nicht zum Glauben, sondern sie leben gerade in Scheidung und verkaufen das gemeinsame Haus.

Einem anderen Ehepaar sagte er, wenn sie viel geben würden, würden sie auch viel bekommen, ja sie würden sogar Millionäre werden. Das Ehepaar hatte bereits viel Geld in die Gemeinde gegeben, doch jetzt stehen sie vor dem Bankrott, und ihr Haus muss verkauft oder versteigert werden. Ein fünfzehnjähriges Mädchen fragte er, wo ihre Eltern seien. Ihre Antwort war: Meine Eltern sind zuhause. Nun kennen wir diese Familie seit über fünfundzwanzig Jahren. Sie sind hingegebene Christen und an diesem Abend waren die Eltern verhindert. Der Prophet zog dann ersichtlich folgende

[134] Matth. 12,48-50

Schlussfolgerung: Dieses Mädchen ist gläubig, seine Eltern offensichtlich nicht, denn sonst wären sie ja hier. Das Mädchen wird sicher für seine ungläubigen Eltern beten. Er sprach dem Mädchen dann nämlich folgendes zu: Gott hat deine Gebete für deine Eltern gehört! – Das Mädchen kam dann nach Hause, berichtete seinen Eltern davon und meinte etwas ratlos: Aber ich bete doch gar nicht für euch! Über den weiteren Verlauf des Abends kann ich nichts sagen, da ich danach die Veranstaltung verlassen habe. Mein Fazit: Solche Aussagen halte ich nicht für Prophetien, sondern – wie bereits im letzten Kapitel erwähnt – für Wunschdenken; manchmal kann man das, was so ein „Prophet" sagt, auch gut gemeinte Segenswünsche nennen.

Optimal ist es, wenn ein Prophet in seiner Gemeinde fest eingebunden ist und dort seinen Dienst tut. Die Leiter der Gemeinde und die Gemeinde selbst können ihn erleben: Wie ist er im Alltag? Wie geht er um mit seiner Frau, mit seinen Kindern? Kann er sich unterordnen, hat er eine gesunde und ausgewogene Lehre, lebt er in Versöhnung mit jedermann, kann er Korrektur annehmen? Aber auch, wenn er in einem übergemeindlichen Dienst steht, sollte er eine feste Leiterschaft über sich haben. Wer prophetisch begabt ist, braucht keine eigenen Nachfolger oder Jünger, keine Fans, die sich um ihn scharen, sondern Leiter über sich, denen er verantwortlich ist und denen er Rechenschaft ablegen muss.[135] Das gilt auch für reisende Propheten. Wo ist das Team, das neben dem Propheten steht und seinen Dienst leitet und führt, seine Prophetien auslegt, über die Anwendung entscheidet und ihn vielleicht sogar korrigiert?

Jack Deere schlägt in seinem Buch „Überrascht von der Stimme Gottes" fünf wichtige Fragen vor, die man sich zum Dienst prophetischer Personen stellen sollte:[136]

1. Ehren sie Christus und bringen sie ihm Ruhm, oder wollen sie die Aufmerksamkeit auf sich selbst lenken?

2. Benehmen sie sich bescheiden und führt ihr Dienst zur Demut?

3. Bringt ihr Dienst die Früchte des Heiligen Geistes hervor?

4. Sind ihre Worte zutreffend und sind ihre Voraussagen wahr?

5. Stimmen ihre Lehren mit der Heiligen Schrift überein?

---

[135] vgl. dazu auch Jack Deere, a.a.O., Seite 186-187
[136] A.a.O., Seite 184

Soweit diese mit Sicherheit hilfreichen Fragen. Ich halte es insgesamt für sehr wichtig, dass prophetisch begabte Menschen ihren Charakter schulen, denn die neunfache Frucht des Geistes hat mit unserem Charakter zu tun. Auch während der Zeit der Urgemeinde im ersten Jahrhundert muss es schon Probleme mit reisenden Propheten gegeben haben, denn in der Didache, der Lehre der zwölf Apostel, eine etwa im Jahre 69 n. Chr. entstandene Schrift, werden in den Kapiteln 11 bis 13 interessante Verhaltensregeln aufgeführt. Das eine oder andere davon möchte ich Ihnen nicht vorenthalten:

„Mit Aposteln und Propheten verfahrt nach den Grundsätzen des Evangeliums, und zwar so: Jeder Apostel, der zu euch kommt, soll aufgenommen werden wie der Herr. Doch soll er höchstens einen Tag, notfalls zwei Tage bleiben. Wenn er drei Tage bleibt, ist er ein falscher Prophet. Wenn ein Apostel euch verlässt, soll er nur so viel Brot mitnehmen, wie er bis zur nächsten Übernachtungsmöglichkeit braucht. Wenn er um Geld bittet, ist er ein falscher Prophet. Doch nicht jeder, der mit der Autorität des Heiligen Geistes redet, ist ein Prophet. Das ist er nur, wenn er auch prophetisches Verhalten zeigt. Ob er ein echter oder ein falscher Prophet ist, erkennt man an seinem Verhalten. Wenn ein Prophet im Namen des Heiligen Geistes eine Mahlzeit bestellt, dann darf das nicht eigennützig sein. Isst er selber davon, dann ist er ein falscher Prophet. Jeder Prophet, der etwas über Gottes Wirklichkeit erzählt, aber nicht tut, was er sagt, ist ein falscher Prophet."[137]

Wenn Sie noch einmal an den Anfang dieses Kapitels zurückgehen und die fünf zitierten Bibelstellen miteinander vergleichen, dann fällt Ihnen sicher etwas auf: Die Warnungen richten sich hauptsächlich gegen falsche Propheten, nicht so sehr gegen falsche Prophetien. Der Umstand, dass hier zur Prüfung der Prophetien aufgefordert wird, deutet vielmehr darauf hin, dass durchaus auch falsche Prophetien vorkommen können, oder weniger hart ausgedrückt, dass es auch Prophetien gibt, bei denen teilweise deutliche Abstriche zu machen sind. Unsere deutsche Kurzfassung dafür lautet: Es ist nicht alles Gold, was glänzt. Die Frage, die sich gleich anschließt, lautet natürlich: Wer soll prüfen und wie soll man prüfen? Auch dafür gibt es eine Hilfestellung in der Bibel. Auf seiner letzten Reise nach Jerusalem traf sich der Apostel Paulus in Milet mit den Ältesten der Gemeinde von Ephesus, verabschiedete sich für immer von ihnen und gab ihnen Anweisungen für die Zukunft mit.[138] Paulus sagte: „Und nun seht euch vor! Achtet darauf, die Herde Gottes – seine Gemeinde, die er durch das Blut

---

[137] Didache, Kap. 11,3-6 und 8-10, zitiert nach Klaus Berger u. Christiane Nord, Das NT und frühchristliche Schriften, S. 308-309.
[138] Dieses Treffen ist in Apg. 20,17-38 beschrieben.

seines eigenen Sohnes erkauft hat –, zu hüten und zu betreuen, über die der Heilige Geist euch als Älteste eingesetzt hat. Ich weiß genau, dass sich nach meinem Weggang falsche Lehrer wie böse Wölfe unter euch mischen und die Herde nicht verschonen werden. Ja, selbst einige von euch werden die Wahrheit verdrehen, um eine eigene Anhängerschaft an sich zu binden."[139]

Es ist also die Aufgabe der Ältesten, zu prüfen, ob sich falsche Propheten in der Gemeinde befinden. Woran erkennt man falsche Propheten? Ich erinnere Sie an die Worte Jesu: Falsche Propheten erkennt man an ihren Früchten. Deshalb denken Sie noch einmal an das, was ich Ihnen einige Seiten zuvor über die Frucht des Geistes gemäß Galater 5,22-23 gesagt habe. Das, was dort steht, kann man zusammengefasst auch als den Charakter eines Menschen bezeichnen, und ich denke, der Charakter eines Menschen lässt sich schon prüfen. Charakter ist wichtiger als die Gabe! Besonders hilfreich ist es, wenn sich in einer Gemeinde neben prophetisch begabten Menschen auch jemand mit der Gabe der Geisterunterscheidung befindet. Diese Gabe halte ich übrigens für eine der wichtigsten Geistesgaben.

Auch im Alten Testament gibt es Stellen, die sich mit falschen Propheten und mit Verführung befassen – das sind 5. Mose 13 und Hesekiel 13. Ich möchte daraus nur wenige Verse zitieren:

„Angenommen, ein Prophet tritt unter euch auf oder jemand, der prophetische Träume hat, und kündigt euch Zeichen und Wunder an, die auch tatsächlich eintreffen. Wenn ein solcher Prophet euch dann aber auffordert: ‚Kommt, lasst uns anderen Göttern nachfolgen, Göttern, die ihr noch nicht kennt, und sie verehren‘, sollt ihr nicht auf die Worte dieses Propheten oder Träumers hören. Der Herr, euer Gott, stellt euch damit auf die Probe, um zu sehen, ob ihr ihn aufrichtig und mit aller Kraft liebt. Folgt allein dem Herrn, eurem Gott, nach und achtet ihn. Gehorcht seinen Geboten und hört auf seine Stimme! Dient ihm und haltet euch an ihn."[140]

„Menschenkind, weissage gegen die Propheten in Israel, sprich zu denen, die sich ihre eigenen Weissagungen ausdenken: Hört das Wort des Herrn! So spricht Gott, der Herr: Den dummen Propheten, die sich selbst etwas ausdenken und gar keine echten Visionen haben, wird es schlecht ergehen! Stattdessen habt ihr gelogen und falsch geweissagt und gesagt: meine Botschaft ist vom Herrn, obwohl der Herr euch nicht geschickt hat. Und doch erwartet ihr, dass er eure Worte erfüllt! Ist es etwa nicht so,

---

[139] Apg. 20,28-30
[140] 5. Mose 13,2-5

dass ihr erlogene Offenbarungen und falsche Visionen geweissagt und dann behauptet habt: Diese Botschaft ist vom Herrn, obwohl ich gar nichts gesagt habe?"[141]

Ich denke, diese Texte sprechen für sich. Jesus hat für die Endzeit angekündigt, dass wir uns besonders vor der Verführung in Acht nehmen sollen. Satan verstellt sich als Engel des Lichts, und auch er kann Menschen Prophetien geben, die tatsächlich eintreffen.

Die Prüfung der Prophetie

In 1. Korinther 14,29 konnten Sie zu Beginn dieses Kapitels lesen: „Lasst zwei oder drei prophetisch reden und die anderen beurteilen, was gesagt wurde." Wer sind die anderen? Im griechischen Urtext steht „hoi álloi", was wörtlich heißt: die anderen. Es steht dort nicht andere, sondern eben die anderen, und wenn man den gesamten Vers 29 als eine Einheit ansieht, lässt sich zwanglos übersetzen: Lasst zwei oder drei prophetisch reden und die anderen Propheten oder prophetisch Begabten beurteilen, was gesagt wurde. Wenn also jemand in der Gemeinde ein prophetisches Wort bekommt, dann sind seine Ansprechpartner für die Prüfung der Prophetie einmal die Ältesten der Gemeinde, daneben aber auch diejenigen, die als prophetisch Begabte anerkannt sind und über eine gewisse Erfahrung verfügen, was die Auslegung von Prophetien angeht.[142]

Ich habe früher schon darauf hingewiesen, dass Prüfungsmaßstab Nummer eins die Bibel ist. Wer also prüfen will, muss sich in der Bibel gut auskennen. Das zeigt sich besonders bei biblischen Zitaten, denn oft kommt es auf den Zusammenhang an, in dem ein bestimmter Vers steht. Wenn jemand sagt: Schon in der Bibel steht: es gibt keinen Gott!, dann hat er recht, denn so steht es beispielsweise in Psalm 14,1. Man muss aber den Zusammenhang sehen, und der vollständige Vers 1 lautet: „Nur Narren sagen sich: Es gibt keinen Gott." Sie sehen, biblische Zitate, die aus dem Zusammenhang gerissen werden, können sogar das Gegenteil von dem belegen, was biblische Grundüberzeugung ist. Solche Dinge geschehen leider auch im Bereich des prophetischen Redens. Wenn jemand immer wieder Dinge für die Zukunft voraussagt und nicht das Geringste davon eintrifft, sollte man ihn auf die Seite nehmen und ein ernstes Gespräch mit ihm führen: Wie bist du eigentlich darauf gekommen, dass du prophetisch begabt bist? Manchmal steckt mehr Wunschdenken dahinter als alles

[141] Hes. 13,1-3 und 6-7
[142] vgl. auch Gentile, a.a.O.: Wer soll beurteilen? Seite 387 f.

andere, und in der Seelsorge kann man ihm helfen, die Gabe zu entdecken, die Gott ihm wirklich gegeben hat.

Zum Thema Prüfung hat Frank Buchman, den ich in der Einführung schon zitiert habe, darauf hingewiesen, dass die Gedanken, die einem in der stillen Zeit kommen, unbedingt geprüft werden müssen, um heraus zu finden, welche von Gott sind. Er schlug zwei Stufen der Prüfung vor: Zum einen durch die Bibel, und zum anderen durch Menschen, die auch auf Gott hören. Weiter betont er: „Niemand, der allein arbeitet, kann völlig von Gott geführt sein. Am eindeutigsten spricht Gott zu einer Gruppe von Männern und Frauen, die sich ihm zur Verfügung gestellt haben."[143]

Manchmal werden auch Prophetien weiter gegeben, mit denen man überhaupt nichts anfangen kann. In solchen Fällen gebe ich meistens den Rat, diese Prophetie genau aufzuschreiben und aufzubewahren. Manch eine Prophetie braucht Zeit, bis Sie oder bis die Umstände reif sind. Gott wird Sie wieder an diese Prophetie erinnern, wenn seine Zeit gekommen ist. In der Zwischenzeit können Sie darüber beten und Gott nach der Bedeutung der Prophetie fragen. In Sprüche 25,2 heißt es dazu: „Es ist das Vorrecht Gottes, eine Sache zu verbergen; und das Vorrecht des Königs, sie aufzudecken." In so einer zunächst unverständlichen Prophetie ist häufig eine Wahrheit, eine Absicht oder ein Plan Gottes verborgen. Nach 1. Petrus 2,9 und Offenbarung 1,6 sind wir als Christen königliche Priester, und so sollte es für uns eine ehrenvolle Aufgabe sein, die Bedeutung einer Prophetie zu erforschen. Oft ist einfach die Situation noch nicht vorhanden, für die die Prophetie eine Hilfe sein soll. Wenn sich dann später diese Situation zeigt – sei es in Ihrem eigenen Leben, sei es im Leben eines anderen –, dann sind Sie vorbereitet und können so reagieren, wie Gott es möchte. Meine Erfahrung ist, dass es sich häufig um eine Zeitspanne von zwei bis drei Jahren handelt, bis sich solche Prophetien auflösen und eine ganz konkrete Bedeutung entfalten. Gelegentlich kommt es auch vor, dass die Zeitspanne fünf bis zehn Jahre beträgt.

Im Neuen Testament gibt es ein interessantes Beispiel für den Umgang mit einer zukunftsweisenden Prophetie.[144] Die Bibelstelle kam jetzt schon einige Male zur Sprache, doch jetzt möchte ich sie mit Ihnen einmal etwas genauer ansehen.

Apostelgeschichte 21, 10-11: „Als wir nun mehrere Tage blieben, kam ein Prophet mit Namen Agabus von Judäa herab. Und er kam zu uns und nahm den Gürtel des Paulus und band sich die Füße und die Hände und sprach: Dies sagt der Heilige Geist:

---

[143] Zitiert nach Bockmühl, a.a.O. Seite 84-85
[144] Ausführlich zu dieser Begebenheit: Wayne Grudem, Seite 90-96

Den Mann, dem dieser Gürtel gehört, werden die Juden in Jerusalem so binden und in die Hände der Nationen überliefern." (Elberfelder) Hier gab Agabus in Caesarea eine Prophetie weiter, die an Paulus gerichtet war und ihm zeigte, was mit ihm in Jerusalem geschehen würde. Wenn Sie diese Prophetie vergleichen mit dem, was später wirklich geschah, werden Sie feststellen, dass die Prophetie des Agabus zwei Fehler enthält. Damit Sie jetzt in ihrer Bibel nicht nachschlagen müssen, finden Sie hier die maßgeblichen Verse 30-33: „Es kam zu einem Tumult. Die Juden zerrten Paulus aus dem Tempel und schlossen hinter ihm sofort die Tore. Während sie versuchten, ihn zu töten, erfuhr der Oberste der römischen Garnison, dass ganz Jerusalem in Aufregung war. Sofort ließ er seine Soldaten und Offiziere antreten und ging rasch hinaus, mitten unter die Menge. Als das Volk den Befehlshaber und die Soldaten kommen sah, hörten sie auf, Paulus zu prügeln. Der Befehlshaber verhaftete ihn und ließ ihn mit zwei Ketten fesseln."

Der erste Fehler liegt darin, dass nicht die Juden den Paulus festbanden, sondern die Römer. Der zweite Fehler ist dieser: Es war nicht so, dass die Juden Paulus an die Heiden auslieferten. Erst als die Juden Paulus totschlagen wollten, griffen die Römer ein, nahmen Paulus fest und brachten ihn in Sicherheit. Sie entgegnen mir jetzt vielleicht: Kann man das wirklich als Fehler bezeichnen, wenn kleine Abweichungen in nebensächlichen Einzelheiten auftreten? Nun, wenn Sie diese Einzelheiten aus der Prophetie des Agabus weglassen würden – was bleibt dann noch von seiner Prophetie übrig? Paulus wird in Jerusalem gebunden werden – mehr nicht. Das ist eigentlich keine großartige Prophetie, wenn man den Dienst von Paulus im Zusammenhang sieht. In anderen Städten wurde Paulus jedes Mal von den Juden übel behandelt, immer wieder wurde er verjagt und einmal sogar gesteinigt. Er war sich sicher bewusst, dass ihn in Jerusalem nichts Gutes erwarten wird. Mit etwas Kombinationsgabe hätte auch jemand ohne prophetische Begabung voraussagen können, dass Paulus in Jerusalem gebunden werden wird. Nun, Agabus hatte mit Sicherheit eine Offenbarung vom Heiligen Geist erhalten – darauf weist er ja selber hin. Doch bei der Wiedergabe der Szene, die er wohl als Vision gesehen hatte, war er recht ungenau und reimte sich da offensichtlich auch etwas zusammen.

Ganz am Anfang hatte ich darauf hingewiesen, dass eine Prophetie aus den drei Elementen Offenbarung, Auslegung, Anwendung besteht. Hier war Agabus bei der Wiedergabe der Offenbarung schon etwas ungenau. Was die Auslegung angeht, sah er im Wesentlichen schon das Richtige, mit Ausnahme der beiden Einzelheiten, auf die ich Sie gerade hingewiesen habe. Interessant ist hier wiederum die Frage der Anwendung. Die Christen in Caesarea und auch Lukas, der Verfasser des Berichts, verstanden diese Prophetie als Warnung an Paulus, dass er nicht nach Jerusalem gehen sollte. Paulus dagegen verstand diese Prophetie als Vorbereitung – er sollte sich auf seine Verhaftung einstellen. Kurz zuvor in Milet sagte er nämlich den Ältesten von Ephesus: „Nun gehe ich nach Jerusalem, unwiderstehlich gezogen vom Heiligen Geist, ohne genau zu wissen, was mich dort erwartet, obwohl der Heilige Geist mir in jeder Stadt gesagt hat, dass mich Gefangenschaft und Leid erwarten."[145] Nachdem Paulus vom Heiligen Geist bereits mehrfach auf die bevorstehende Gefangenschaft hingewiesen worden war, konnte er die symbolische Handlung des Propheten Agabus als weitere Bestätigung dafür auffassen, dass er sich nach wie vor im Plan Gottes befand. Sie sehen, die Schwierigkeiten im Umgang mit Prophetie, was die Bereiche der Offenbarung, Auslegung und Anwendung betrifft, haben wir nicht erst heute, damit hatten die ersten Christen auch schon Probleme.

Das meiste an Lehre über den Umgang mit den Gaben des Geistes finden wir in den Kapiteln 12 bis 14 des 1. Korintherbriefs. Hier folgt eine kleine persönliche Zusammenfassung: Kapitel 12: „Es ist gut, die verschiedenen Gaben zu gebrauchen, die Gott jedem von Ihnen gegeben hat." Kapitel 13: „Es ist noch besser, die Gaben, die Sie haben oder die Sie sich wünschen, in Liebe zu gebrauchen." Kapitel 14: „Die Gaben in Liebe zu gebrauchen heißt aber auch, bestimmte Ordnungen einzuhalten, Rücksicht auf andere zu nehmen und sich selbst nicht in den Vordergrund zu stellen."

Wer sich nach der Gabe der Prophetie ausstrecken möchte, sollte sich einmal ganz ehrlich folgende fünf Fragen stellen, die ich in dem Buch von Wayne Grudem gefunden habe:[146]

1. Habe ich Gott ernsthaft um diese Gabe gebeten?

2. Bin ich wirklich zufrieden mit den Gaben, die ich im Moment besitze?

3. Wachse ich zu geistlicher Reife hin?

4. Wünsche ich mir die Gabe zum Nutzen der Gemeinde, oder geht es mir um mein eigenes Ansehen?

5. Gebrauche ich die Gaben zum größtmöglichen Nutzen der Gemeinde?

Noch eine wichtige Beobachtung zum Schluss: Wenn in einer Gemeinde die Gabe der Prophetie entdeckt wird, ist das ein Zeichen, dass Gott diese Gemeinde segnen will.

---

[145] Apg. 20,22-23
[146] Wayne Grudem, Seite 207

12. Erfahrungen aus der Praxis

Die neue Offenheit für das Reden Gottes, verbunden mit dem Wunsch, für sich persönlich Gottes Antworten auf drängende Fragen zu erhalten, ermutigt immer mehr Christen, von den vielfältigen Angeboten Gebrauch zu machen und gemeinsam mit anderen auf Gott zu hören bzw. von anderen für sich hören zu lassen. Das geschieht auf speziellen Seminaren oder Veranstaltungen ebenso wie in Gebetsgruppen unter geschulter Leitung und wird als „Prophetisches Gebet", als „Hörendes Gebet", als „Beten und Hören" oder unter ähnlichen Begriffen angeboten. Solche Treffen sind in den letzten Jahren vielfach zu einer festen Größe im Gemeindeleben geworden, angestoßen und weiterentwickelt durch grundlegende Seminare der GGE.

Der überwiegende Teil der Suchenden wird fündig und macht positive Erfahrungen, die viele in ihrer geistlichen und persönlichen Entwicklung weitergebracht haben. Doch nicht allen geht es so. Immer wieder bekommen wir Anfragen von Menschen, die prophetisches Gebet bekommen bzw. an einem entsprechenden Seminar teilgenommen haben. Die empfangenen Eindrücke wurden gewissenhaft auf einem Blatt Papier mitgeschrieben und den Betreffenden ausgehändigt. Zuerst waren sie begeistert, dass Gott durch seinen Heiligen Geist gesprochen hat, dann haben sie sich zuhause hingesetzt und in Ruhe noch einmal alles nachgelesen. Anschließend wurde die Stirn in Falten gelegt und innerlich die Frage formuliert: Was um alles in der Welt mag das bloß bedeuten? Soweit diese prophetischen Eindrücke nicht auf Anhieb einleuchtend oder verständlich waren, fehlte es an Hilfestellung zur Auslegung und Anwendung.

Was macht so jemand also? Er oder sie hört sich ratlos zunächst in den eigenen Kreisen und Gemeinden um, bekommt aber keine befriedigenden Antworten. Als nächstes schaut man in entsprechende Bücher, um unverständliche und rätselhafte prophetische Eindrücke entschlüsseln zu können. Diese Methode führt meist nicht zu der ersehnten Klarheit, sondern stiftet oft weitere Verwirrung. Ein anderer Teil gibt gleich auf, wenn die Ansprechpartner in der eigenen Gemeinde nicht weiterhelfen können, und sieht das prophetische Gebet nicht länger als eine Möglichkeit an, Führung und Leitung durch den Heiligen Geist zu bekommen.

Wieder andere wollen sich nicht so leicht geschlagen geben, suchen gezielt nach Hilfe und wenden sich u.a. an uns. Vor einigen Monaten erreichte mich folgender Brief, den ich mit Genehmigung des Verfassers hier gekürzt weitergebe: „Ich möchte mich heute mit einer Bitte an euch wenden. Ich war die letzten Wochen noch einmal beim

‚Hörenden Gebet' und habe für mich beten lassen. Diesmal hatte ich mir eine erfahrene Gruppe ausgesucht, die schon einige Zeit Gästeabende anbietet, in der Hoffnung, klarere Eindrücke am besten mit Auslegung zu bekommen. Also bin ich vor zwei Wochen dorthin gefahren. Meine Hoffnung hat sich dabei nicht erfüllt. Wieder habe ich Bilder und Zusprüche, diesmal auch ganz verworrene, empfangen, die doch sehr viel Spielraum zur Interpretation und ihren Konsequenzen offen lassen und mich verwirrt haben. Etwas unumstößlich Handfestes war nicht dabei. Ich weiß, Prophetie braucht Prüfung und Auslegung, wie ich wieder sehe, dennoch habe ich noch nie das Eine noch das Andere zu ‚meiner Person' erfahren, und tappe im Dunkeln. Deshalb wollte ich mich an dich wenden. Bisher war ich drei Mal beim ‚Hörenden Gebet', es waren schon Dinge dabei, die auf mich passen könnten oder eben auch nicht.

Ich habe die Geschichte einer Frau vor Augen, die auch einmal für sich beten ließ und die danach auch noch im Dunkeln tappte. Sie hatte auch das Empfinden, dass die Eindrücke zu ihr passen würden, wenngleich nichts Konkretes herauszulesen war. Als sich eine Situation in ihrem Leben zuspitzte, die sehr stark an die Eindrücke erinnerte, und sie sich fast sicher war, dass Gott jetzt umsetzen würde, was er ihr verschwommen vorausgesagt hatte, kam alles ganz anders. Es verlief sich im Sande, und schlussendlich hat die junge Dame ihr Blatt, auf denen die Eindrücke notiert waren, genommen, zerrissen und weggeschmissen, weil sie keinen Wert mehr in etwas sah, das unkonkret und scheinbar in mehrere Situationen übertragen werden konnte. Und wenn die erste es nicht war, dann die nächste oder die nächste oder die nächste ... Sie hatte nichts, woran sie sich festhalten konnte. Ich hoffe, ihr versteht meine Unsicherheit und könnt sie nachvollziehen. Aber nun zu den gesammelten Eindrücken.“

Dieser Brief enthielt dann über mehrere Seiten hinweg etliche Eindrücke und Bilder, die verschiedene Teams beim hörenden Beten für den Briefschreiber empfangen hatten. Zunächst muss ich aber betonen, dass Wolly und ich uns nicht zu den Experten zählen, die alle Fragen zum Thema „Prophetisches Reden“ und „Hörendes Gebet“ beantworten können. Andererseits befassen wir uns seit Jahrzehnten mit diesen Dingen, und durch beständiges Bibelstudium, durch die praktischen Erfahrungen im Rahmen der prophetischen Arbeitskreise, die wir seit Ende der 90er Jahre leiten, und durch den Austausch mit anderen prophetisch Begabten sind wir in der Lage, Hilfestellung zu geben und in manchen Fällen mehr Klarheit zu vermitteln.

Wenn Anfragen wie der oben zitierte Brief eingehen, dann ist es oft nicht leicht, im Rückblick etwas dazu zu sagen, weil die konkrete Gebetssituation nicht wieder „aufleben“ kann. Gleichwohl bemühen wir uns, herauszufinden, ob es sich bei den Eindrücken um Prophetie handelte und was die richtige Auslegung und Anwendung sein könnte. Das macht uns sehr viel Arbeit. Wir haben nämlich die Erfahrung gemacht, dass es beim hörenden Beten hilfreich ist, direkt nachfragen zu können, welche Empfindungen jemand beim Empfang eines prophetischen Eindrucks hatte (positiv – neutral – negativ); auch ist es wichtig, zu wissen, wie der damalige geistliche Zustand des Gebetsuchenden war, also z.B. wo er eine Not hatte, eine Ermutigung brauchte, eine Antwort auf eine bestimmte Frage suchte usw. Der Versuch, sich gemeinsam mit dem Betreffenden nach mehreren Wochen oder Monaten quasi im Rückblick in jene Situation zurückzuversetzen, führt in vielen Fällen leider nicht weiter – die damalige besondere geistliche Dichte lässt sich nicht „reproduzieren".

Reiner-Friedemann Edel spricht von „Jetztworten", einer Art von Impulsen zur Ermutigung, Korrektur und Leitung für den betreffenden Menschen oder die geistliche Gemeinschaft in einer konkreten Situation, in einem ganz bestimmten Augenblick. Daher sagen sie nicht jedem und auch nicht zu jeder Zeit etwas. Sie sind zu einem bestimmten Zeitpunkt und speziell in eine bestimmte Lage oder Anfechtung gesprochen, die kein Zweitleser jemals exakt miterleben kann.[147] Im Gegensatz zu den in der Bibel enthaltenen Worten Gottes nennt R.F. Edel persönlich empfangene Worte Gottes „Privatoffenbarungen", die keine öffentliche Anerkennung beanspruchen, sondern die gleichsam von Herz zu Herz durch den Heiligen Geist da reden, wo sie Ohren finden, die hören können und wollen.

Bei dem Ganzen geht es letztlich auch um Grundsätzliches: nicht alles, was den hörenden Betern durch den Kopf geht, ist Reden Gottes. Wer in der Runde prüft das? Wer in der Runde legt aus und findet bei mehreren verschiedenen Eindrücken den „roten Faden"? Wir denken, da braucht das prophetische Gebet noch wichtige Ergänzungen, denn sonst lässt man die Suchenden mit ein paar Eindrücken, mit denen sie letztlich nichts anfangen können, buchstäblich im Regen stehen.

Trotz vielfältiger Erfahrung mit dem Reden Gottes steht jeder von uns immer in der Gefahr, eigenes Wunschdenken überzubewerten oder manchen Gedanken einen so hohen Stellenwert beizumessen, dass sie uns als klare Anweisungen Gottes erscheinen, während sie im Grunde genommen nur fixe Ideen sind. Dazu das folgende Beispiel aus unserem eigenen Leben: Als Wolly für einige Jahre in einer Behörde im Odenwald arbeitete, wohnten wir in einem kleinen Dorf zwischen Heidelberg und Würzburg. Eines Morgens im Sommer hatte ich in der Stillen Zeit folgenden Eindruck: Ihr kommt nach Karlsruhe, und im November seid ihr schon dort.

---

[147] Reiner-Friedemann Edel, Gott spricht mit mir, Seite 371

Das konnten wir uns nicht vorstellen, vor allem so rasch. Kurz darauf kam jedoch ein Telefonanruf aus dem Ministerium, ob Wolly im Dezember in einer anderen Behörde in Karlsruhe anfangen könnte. Durch die weitere Entwicklung und unseren Umzug nach Karlsruhe zeigte sich, dass ich richtig gehört hatte.

Fünf Jahre später bewarb sich Wolly von Karlsruhe aus auf eine Stelle in Freiburg. Ich hörte immer wieder den Ort „Heitersheim". Heitersheim ist ein kleines Städtchen mit einem berühmten Malteserschloss etwa fünfundzwanzig Kilometer südlich von Freiburg. So dachten wir, wir sollten nach Heitersheim umziehen. Als Wolly die Stelle in Freiburg antrat, suchten wir fleißig in Heitersheim nach einer Wohnung oder einem Haus – doch es tat sich keine Tür auf. Wolly pendelte fünf Monate lang zwischen Karlsruhe und Freiburg, doch wir fanden nichts in Heitersheim. Schließlich entschieden wir uns für ein Reihenhaus im Osten von Freiburg und zogen dort ein. Hier hatte ich offensichtlich falsch gehört oder mir etwas ausgedacht.

Selbst wenn jemand prophetisch begabt ist und in dieser Gabe seit vielen Jahren geübt ist, sind Impulse, Eindrücke, Bilder oder auch Träume, die man bekommt und für prophetisch hält, nicht immer von Gott. Was kann ich also tun, um das herauszufinden? Wir möchten auf einige Hilfsmittel hinweisen, die wir wie eine Art Filter benutzen können, wenn wir uns sicher sein wollen. Wir haben sie in dem kürzlich erschienenen Buch „Gottes leise Stimme hören" von Bill Hybels entdeckt.

1. Passt der Impuls, der innere Eindruck, zu dem, was ich von Gott weiß? Passt er zu Gottes Charakter, zu seinen Eigenschaften?

2. Ist der innere Eindruck im Einklang mit der Bibel oder widerspricht er ihr?

3. Widerspricht die Eingebung meinem Wesen, meiner Persönlichkeit?

4. Was halten erfahrene Christen davon?

Bei meinem Impuls „Heitersheim" waren zwei dieser Merkmale nicht erfüllt. Zunächst der dritte Punkt aus der obigen Übersicht: Widerspricht die Eingebung meinem Wesen? Heitersheim liegt in der Rheinebene, es hat keinen Wald, ist sonnenbeschienen und vom Klima her heiß und drückend. Ich dagegen liebe frische Luft, schattige Plätze und Wald. In heißen Gegenden wird mir schlecht und ich bekomme Kreislaufprobleme.

Auch der vierte Punkt der obigen Liste sprach dagegen. Erfahrene Christen gaben uns den Rat, nicht zu weit von Freiburg entfernt zu wohnen, weil Wolly sonst viel Zeit für die täglichen Fahrten zum Arbeitsplatz braucht. Jeden Tag wäre eine Stunde Fahrtzeit draufgegangen, und wenn er zum Mittagessen nach Hause kommt, noch einmal eine Stunde. So sind wir also in einen östlichen Freiburger Stadtteil gezogen, acht Kilometer von der Innenstadt entfernt in einem Seitental mit viel frischer Luft, Schatten und Wald. Hinter dem Haus fing wirklich der Schwarzwald an. Wir waren dort sehr glücklich, waren gut erreichbar für unsere Freunde und haben dort mit dem ersten prophetischen Arbeitskreis der GGE angefangen, um Leiter zu schulen.

Wenn wir etwas hören, sehen oder träumen und dabei den Eindruck haben, es könnte von Gott sein, dann gibt es einen wichtigen Punkt zu beachten. Wir können alles ausprobieren, solange das, was wir empfangen, uns selbst betrifft. Wenn es niemand anderem schadet, dürfen wir die Probe aufs Exempel machen, um herauszufinden, ob wir wirklich die Stimme Gottes gehört haben.

Es liegt einige Monate zurück, da machte ich mich fertig, um zu einem Einkaufszentrum zu gehen und einzukaufen. Während ich meine Jacke anzog, hörte ich innerlich: Geh jetzt nicht einkaufen! Ich machte weiter, zog meine Schuhe an und hörte wieder deutlich: Geh jetzt nicht einkaufen! Ich überlegte kurz: ich hatte noch genügend Lebensmittel im Haus, um das Mittagessen zu kochen, ich musste also jetzt nicht unbedingt losgehen, und so gehorchte ich dem Impuls und blieb zuhause.

Wozu war das Ganze gut? Ein Blick auf meine damalige Lebenssituation enthält vielleicht eine Erklärung. Ich war schon seit sechs Monaten krank, hatte keine Abwehrkräfte und sollte wegen der Ansteckungsgefahr möglichst wenig unter Menschen kommen. Vielleicht hätte ich mich im Laden bei jemandem angesteckt? Ich weiß es nicht. Es kann sein, dass es Gott war, der den Impuls gegeben hat; im Augenblick war es für mich jedenfalls nicht nachprüfbar. Da war es dann wichtig, loszulassen und im Vertrauen zu handeln. Die innere Stimme hatte ja nur mich persönlich betroffen, und deshalb konnte ich im Grunde genommen nichts falsch machen. Wenn wir aber etwas hören, was nicht nur uns selbst, sondern (gleichzeitig auch) andere betrifft, sollen die anderen prüfen, ob sie einen solchen Impuls, der nicht auf Anhieb einleuchtend ist, mit ausprobieren wollen.

Dieses „Prüfungssieb" der vier Punkte, die ich eben erwähnt habe, gilt ganz besonders auch für das prophetische Gebet. Hierbei haben wir es nämlich mit fragenden Menschen zu tun, die uns eine große Portion Vertrauensvorschuss entgegenbringen und die auf Grund unserer Erfahrung darauf hoffen und gelegentlich fest damit rechnen, dass wir leichter und besser als sie selbst hören können, ob Gott ihnen etwas sagen möchte. Es geht in erster Linie nicht um die prophetisch Begabten und die Bestätigung ihrer Gabe, sondern um den suchenden, hilflosen, ratlosen, enttäuschten oder entmutigten Menschen, der durch ein persönliches Reden Gottes aufgerichtet und gestärkt werden soll und dadurch Klarheit über den nächsten Schritt bekommt, den er gehen soll. Prophetisches Gebet ist ein anteilnehmender Dienst, hat etwas mit Seelsorge zu tun und ist kein „Gabenspiel". Mit Erstaunen lasen wir kürzlich auf der Website eines prophetischen Dienstes, dass jemand in einer Stunde bis zu fünf Suchenden prophetisch dienen könne. Wir schaffen das nicht. Wir nehmen uns Zeit und merken im Rückblick immer wieder, dass wir noch mehr Zeit gebraucht hätten. Gott spricht zu seiner Zeit und nicht, wenn wir das Startzeichen geben.

In unseren monatlichen Arbeitskreisen ist es zu einer beliebten Einrichtung geworden, denen, die im vergangenen Monat Geburtstag hatten, prophetisches Gebet anzubieten. Aus dem Kreis der Teilnehmer kommen oft Worte der Ermutigung oder wegweisende Impulse. Kürzlich hatte eine junge Frau Geburtstag, die als Kind erlebt hatte, wie ihr Vater die Familie verließ. Vor nicht langer Zeit starb ihre gläubige Mutter überraschend an Krebs. Beim hörenden Gebet für sie meldete sich ein Teilnehmer mit dem inneren Eindruck: Ich soll dir auf ganz besondere Weise sagen, dass Gott dich sehr liebt. Ich selbst bekam den Impuls, ich sollte der jungen Frau einen Kunstkalender mit Engelbildern eines christlichen Künstlers schenken, und dazu hatte ich innerlich die Worte bekommen, die ich auch aussprach: Wenn deine Mutter könnte, dann würde sie jetzt mit dir über den Himmel und die Engel reden. Wie ein prophetisches Zeichen erhielt die junge Frau von mir die Engelbilder und erzählte tief berührt, dass sie die Liebe ihrer Mutter vermisste, die genau an diesem Tag vor zwei Jahren gestorben war. Niemand wusste von diesem denkwürdigen Tag, und die prophetischen Worte bewirkten Trost und Ermutigung.

Bei Anfragen mit der Bitte um prophetisches Gebet gehen wir so vor, dass wir aus unseren Arbeitskreisen ein mehrköpfiges Team zusammenstellen, in dem die Gaben der Prophetie, der Auslegung, der Geisterunterscheidung, des Gebets (Fürbitte) und der Seelsorge vertreten sind. Wir nehmen uns gut zwei Stunden Zeit, hören uns kurz das Anliegen des Fragenden an und gehen dann in das hörende Gebet über. Dabei bewegen wir innerlich die aufgeworfenen Fragen und versuchen hörend zu erfassen, was Jesus dazu sagen könnte.

Anschließend sammeln wir die einzelnen Eindrücke, notieren sie und fragen den Betreffenden zunächst, ob er spontan von einem der Eindrücke getroffen oder stark angesprochen wurde. Ist das der Fall, bemühen wir uns um die richtige Auslegung. Wenn weitere Beiträge gegeben wurden, suchen wir nach dem „roten Faden" innerhalb der verschiedenen Eindrücke und entdecken in aller Regel die Richtung, in die es geht. Das kann in einem Fall Ermutigung oder Trost sein. Das ist in einem anderen Fall vielleicht eine Warnung, verbunden mit der Aufforderung, in einem bestimmten Lebensbereich eine Veränderung vorzunehmen. Die richtige Auslegung ist der schwierigste Teil in dem Ganzen. Ich möchte das deutlich machen an einem Text aus dem Alten Testament; es geht um Jeremia, Kapitel 24, wo Gott in den Versen 1-10 dem Propheten durch eine Vision etwas ankündigt:

Nachdem König Nebukadnezar von Babel Jechonja, den Sohn Jojakims und König von Juda, zusammen mit den Fürsten von Juda und allen fähigen Handwerkern nach Babel in die Gefangenschaft gebracht hatte, schickte der Herr mir folgende Vision: Ich sah zwei Körbe mit Feigen vor dem Tempel des Herrn in Jerusalem stehen. Einer der Körbe war mit frischen, sehr guten Feigen gefüllt, der andere war voll von sehr schlechten Feigen, so faulig, dass sie nicht mehr genießbar waren. Der Herr fragte mich: „Was siehst du, Jeremia?" Ich antwortete: „Feigen. Die guten Feigen sind einwandfrei, die schlechten dagegen sind so faul, dass sie völlig ungenießbar sind."

Soweit die ersten drei Verse. Ab Vers 4 erklärt Gott den Sinn oder die Bedeutung dieser Vision. Bevor Sie weiterlesen, möchte ich Ihnen die Frage stellen: Wären Sie durch gründliches Nachdenken, durch Vergleiche mit ähnlichen Bibelstellen und durch eine Bewertung der damaligen politischen Umstände in der Lage gewesen, die richtige Auslegung dieser Vision weiterzugeben?

Die Meisten von Ihnen erinnern sich an das Gleichnis Jesu vom Feigenbaum aus Lukas 13. Ein Gleichnis enthält Symbole, oft Dinge oder Ereignisse des täglichen Lebens, durch die Jesus eine geistliche Wahrheit anschaulich und leichter verständlich machen wollte. Das Gleichnis ging so: Ein Mann pflanzte in seinem Garten einen Feigenbaum und kam von Zeit zu Zeit nachsehen, ob er schon Früchte trug, aber er wurde jedes Mal enttäuscht. Schließlich sagte er zu seinem Gärtner: „Ich habe jetzt drei Jahre gewartet und noch keine einzige Feige gesehen! Fälle den Baum. Er beansprucht nur noch unnötig den Boden." Der Gärtner erwiderte: „Gib ihm noch ein Jahr Zeit. Ich werde ihn besonders pflegen und kräftig düngen. Wenn wir dann im nächsten Jahr Feigen ernten, gut. Wenn nicht, kannst du ihn fällen."[148]

Gott investiert in sein Volk und möchte Frucht sehen. Der Feigenbaum ist hier ein Symbol für das Volk Gottes, für Israel. Jetzt gehen wir von Lukas zurück zu Jeremia und sehen diese Vision: zwei Körbe mit Feigen, einer mit guten Feigen, einer mit schlechten Feigen, stehen vor dem Tempel in Jerusalem. Wenn wir jetzt wissen, Feigenbaum steht für das Volk Gottes und die Feigen für das, was an Frucht hervorgebracht wird, könnte man auf folgenden Gedanken kommen: Der Korb mit den guten Feigen steht für diejenigen, die Gott treu geblieben sind, und der Korb mit den schlechten Feigen für diejenigen, die vom Glauben abgefallen sind

---

[148] Lukas 13,6-9

Leider ist es nicht so einfach, denn Gott ist immer wieder voller Überraschungen. Lesen wir, wie es in Jeremia 24 weitergeht: Daraufhin sprach der Herr zu mir: „So spricht der Herr, der Gott Israels: Wie man sich über die guten Feigen freut, so will ich auch an den Männern, die ich in die babylonische Gefangenschaft geschickt habe, Gefallen haben. Ich will um ihr Wohlergehen besorgt sein und sie wieder in ihre Heimat zurückbringen. Dann will ich sie wieder aufbauen und nicht mehr niederreißen; ich will sie einpflanzen und nicht wieder ausreißen. Und ich will ihnen ein Herz geben, das verständig ist, damit sie erkennen, dass ich der Herr bin. Sie sollen mein Volk sein, und ich werde ihr Gott sein, denn sie werden sich aus ganzem Herzen wieder zu mir hinwenden.

Die verdorbenen Feigen aber, die so verfault sind, dass sie nicht mehr gegessen werden können", sprach der Herr, „stehen für König Zedekia von Juda und seine Minister, für alle, die in Jerusalem geblieben sind, und für alle, die nach Ägypten gezogen sind. Ich will sie zum Inbegriff des Entsetzens und des Grauens machen für alle Königreiche dieser Erde, zu Spott und Hohn in allen Orten, in die ich sie verstoßen werde. Ja, ihr Elend soll sprichwörtlich sein, und wenn man jemanden verfluchen will, so wird man sagen: Dir ergehe es so wie den Männern von Jerusalem! Ich will Krieg, Hungersnot und Pest über sie kommen lassen, bis sie vollständig ausgerottet sind aus dem Land Israel, das ich ihnen und ihren Vorfahren gegeben habe".[149]

Jetzt muss ich Ihnen kurz den geschichtlichen Hintergrund erläutern. König Josia war ein gottesfürchtiger Mann und hinterließ bei seinem Tod drei Söhne und einen Enkel. Nach den Beschreibungen der Bibel waren diese vier Männer gottlos und handelten gegen Gottes Gebote. Der erste Sohn namens Joahas regierte nur drei Monate (im Jahre 609) und wurde dann von Pharao Necho nach Ägypten verbracht, wo er starb. Der zweite Sohn Eljakim musste seinen Namen in Jojakim verändern und regierte elf Jahre (bis 598). Dann wurde dessen Sohn Jojachin König, also Josias Enkel, der auch Jechonja genannt wurde und der wiederum nur drei Monate lang regierte. Als dieser gegen den babylonischen König Nebukadnezar rebellierte, wurde er im Jahre 597 nach Babel gebracht, wo er siebenunddreißig Jahre lang im Gefängnis lag, bis er begnadigt wurde. Schließlich kam Josias letzter Sohn auf den Königsthron, Mattanja, der seinen Namen in Zedekia verändern musste. Zedekia regierte wiederum elf Jahre in Jerusalem und wurde dann bei der zweiten großen Wegführung des Volkes ebenfalls nach Babel verbracht.

Soweit der historische Hintergrund. Jeremia bekam nun die Vision mit den beiden Körben voller Feigen, als der gottlose König Jojachin nach nur kurzer Herrschaft von

[149] Jeremia 24,4-10

drei Monaten in die Verbannung nach Babel geführt wurde und sein Onkel, der ebenfalls gottlose König Zedekia, dessen Nachfolge in Jerusalem antrat.

Erstaunlicherweise sagt Gott in seiner Auslegung der Vision folgendes: Der Korb mit den guten Feigen steht für den gottlosen König Jojachin und seine Mitgefangenen in Babel, und der Korb mit den schlechten Feigen steht für den ebenfalls gottlosen König Zedekia, der gegenwärtig in Jerusalem regiert. Beide Gruppen, um die es geht, gehören zu meinem Volk, und beide sind böse, doch um die Gefangenen in Babel werde ich mich kümmern und sie zurückbringen, während die Herrschenden in Jerusalem zugrunde gehen werden.

Wären Sie auf diese Auslegung gekommen? Ich nicht. Es gibt etliche solcher Beispiele in der Bibel, wo Gott rätselhafte Dinge zeigt und wir mit unseren menschlichen Möglichkeiten keine passende Auslegung finden. Leider ist es oft auch heute noch so.

Warum redet Gott so geheimnisvoll verschlüsselt? Wir wissen es nicht, sondern müssen demütig zur Kenntnis nehmen, dass 4. Mose 12, 8 von „Rätselworten" spricht, wo es um prophetisches Reden geht. Auslegung ist eine besondere Gabe und darf nicht mit den Gedanken verwechselt werden, die einem kommen, wenn man mit seinem Verstand über die verschiedenen Symbole nachdenkt, die in einem Eindruck, Bild oder Traum enthalten sind. Vielmehr kommt die Auslegung durch die Weisheit und die Erkenntnis, die Gott dazu schenkt.

Jemand hat in einer anderen Gemeinde als Ratsuchender am prophetischen Gebet teilgenommen, wobei verschiedene innere Bilder und Eindrücke empfangen und ausgelegt wurden, und doch war der Betreffende in der Folgezeit verunsichert, da er mit der Auslegung nichts anfangen konnte und keine der ermutigenden Zusagen eingetroffen ist. Als wir nachfragten, stellte sich heraus, dass es wohl verschiedene Vorschläge für die Auslegung gab und schließlich diejenige Lösung favorisiert wurde, auf die die Mehrheit der Beter sich geeinigt hatte. Teilweise geschieht ähnliches in Gemeinden, wenn prophetische Eindrücke besprochen werden und zusammenfassend ein Stimmungsbild eingeholt wird, zu welcher Auslegung die Mehrheit der Gemeinde tendiert. Kann die richtige Auslegung wirklich das Ergebnis einer demokratischen Abstimmung sein, bei der die Mehrheit entscheidet? Nach meinem Bibelverständnis mit Sicherheit nicht. Wenn Gott eine Offenbarung schenkt, die wegen der darin enthaltenen Symbole erklärungs- und auslegungsbedürftig ist, wird er auch durch die Gabe der Erkenntnis, der Weisheit oder der Geisterunterscheidung für die zutreffende Auslegung sorgen.

Der übliche Fehler ist im Allgemeinen der, dass man sich eines oder mehrere solcher Symbole anschaut und dann dazu reflektiert, was einem in den Sinn kommt. Wichtig ist dagegen, das Gesamtbild zu erfassen und durch den Heiligen Geist zu erspüren, was Gott sagen möchte. Als nächstes dienen dann die einzelnen Symbole der weiteren Erläuterung. Sonst stehen Spekulationen im Vordergrund, die häufig in eine ganz andere und leider oft auch falsche Richtung führen. Das ist dann auch der Grund, dass Gemeinden, in denen diese Art der „Auslegung" vorgekommen ist, einen Schlussstrich ziehen und von Prophetie nichts mehr wissen wollen, obwohl ursprünglich zutreffende Prophetien gegeben wurden – nur haperte es massiv in den Bereichen Auslegung und Anwendung.

Auch wenn jemand – seelsorgerlich – bei der Befassung mit Eindrücken, Bildern und Träumen das eine oder andere richtig erspürt hat, ist das doch nicht die Auslegung der Offenbarung. Deshalb muss man zurückhaltend und vorsichtig bei der Weitergabe sein. Durch unbedachtes Vorpreschen kann man sonst in manchen Kreisen für viele Jahre die Tür für das Prophetische wieder zuschlagen.

Eine Frau schickte uns folgenden Traum, der sie seit mehr als fünf Jahren beunruhigte und mit dem sie nichts anzufangen wusste: „Ich ging mit meinem Mann spazieren. Unterwegs trafen wir drei Bekannte, die sich uns anschlossen. Diese Leute waren im gleichen Verein wie mein Mann, nämlich bei der Feuerwehr. Wir kamen an eine Holzbaracke, in der sich eine Art Zoo befand. Es war alles alt, schief, baufällig und dunkel. Wir schauten uns alles an. Uns fiel ein Körbchen auf, das in Augenhöhe in einem Holzregal stand, und darin befand sich eine ganz kleine Schlange. Ich hatte Angst und wollte gar nicht hingehen. Aber mein Mann spielte und tänzelte vor ihr herum. Auf einmal schnappte sie nach ihm und biss ihn in den Arm. Sie kroch langsam aus ihrem Körbchen und wurde immer größer und größer. Alle Menschen erschraken sehr und flohen schreiend aus der Holzbaracke. Die Schlange verfolgte meinen Mann, der in eine andere Richtung lief als ich. Ich wartete draußen auf ihn, aber er kam nicht mehr."

Wir baten Gott im Gebet um die richtige Auslegung, und ich hatte spontan den inneren Impuls, die „beißende Schlange" in den Sprüchen Salomos zu suchen. Darin fand ich folgende Worte:

Wer hat Kummer? Wer hat Sorgen? Wer hat ständig Streit? Wer jammert in einem fort? Wer hat unnötige Verletzungen? Wer kommt mit blutunterlaufenen Augen daher? Das sind die, die bis spät Wein trinken und einen Becher nach dem anderen leeren. Lass dich nicht vom perlenden, weichen Geschmack des Weins täuschen. Am Ende beißt er wie eine giftige Schlange und sticht wie eine Otter.[150]

---

[150] Sprüche 23,29-32

Der Mann dieser Frau hatte im Traum die kleine Schlange nicht ernst genommen, so dass sie ihn beißen konnte. Danach wurde sie größer – was zunehmenden Einfluss bedeutete. Im späteren Gespräch mit dieser Frau stellte sich heraus, dass ihr Mann durch rege Vereinstätigkeit im Übermaß Alkohol zu sich nahm und schließlich alkoholkrank wurde. Da ein Haus häufig ein Symbol für ein Lebenshaus ist, stellte die Holzbaracke in dem Traum das Leben des Alkoholkranken dar (alt, schief, baufällig, dunkel). Andere Menschen zogen sich von ihm zurück. Als er an Leberkrebs erkrankte, erinnerte sich seine Frau an den alten Traum und ließ ihn uns zukommen. Wir konnten sie an einen erfahrenen Seelsorger verweisen, der mit ihrem Mann die Problematik aufarbeitete.

An solchen Erlebnissen sehen wir unsere beständige Abhängigkeit von Gott. Wir sind zurzeit in der Überlegung, wie wir weiter vorgehen können, andere, die prophetisch begabt sind, in der Gabe der Auslegung richtig zu unterweisen. Die prophetische Gabe, Impulse von Gott zu erfassen, ist im Allgemeinen recht gut vertreten, doch bei Fragen der Auslegung und Anwendung ist noch ein sehr großer Bedarf vorhanden – deutschlandweit, wie die vielen Anfragen, die wir bekommen, nachdrücklich belegen. Das war auch ein Grund für uns, das vorliegende Buch zu schreiben. Es gilt nun, bei prophetisch Begabten diejenigen zu entdecken, die zusätzlich zu ihrer Gabe, Impulse zu empfangen, auch die Fähigkeit haben, ihre eigenen Eindrücke sowie die Eindrücke anderer richtig auszulegen.

Ein wesentliches Fundament dürfte eine fundierte Bibelkenntnis sein, da Gott seine besondere Symbolik bzw. Bildersprache durch alle Zeiten beibehalten hat. Das hilft bereits enorm bei der Auslegung. Ein weiteres dürfte eine gewisse seelsorgerliche Komponente sein, zu erfassen, was Gott im Augenblick für einen Menschen vordringlich tun will bzw. für wichtig ansieht. Schließlich ist auch die Gabe der Geisterunterscheidung nötig. Diese Dinge lassen sich nicht einfach schematisch als Lehre vermitteln, sondern werden vom Heiligen Geist geschenkt, wenn er ein ernsthaftes Trachten danach in uns findet. Bei meinem Mann Wolly kam es erst dann zu einer fundierten Bibelkenntnis, nachdem er die komplette Bibel etwa ein Dutzend Mal gelesen und darüber hinaus rund zehn Jahre lang – einmal pro Woche – Stück für Stück die Bibel gelehrt hatte. Wir wissen, das erfordert Disziplin, doch dann kommen die Antworten des Heiligen Geistes und er wirkt durch uns, weil er unsere Ernsthaftigkeit erkannt hat.

Nicht zuletzt ist es auch ein Zeichen persönlicher Reife, gegebenenfalls einzuräumen, dass im Augenblick keine Gedanken zur Auslegung vorhanden sind, und dass die prophetischen Eindrücke beiseitegelegt werden sollten, bis Gott eine Auslegung schenkt. Oft findet sich jedoch diese Form von Geduld nicht, weil insbesondere die Ratsuchenden rasch eine Auslegung haben möchten. Dann fangen sie an, nachzufragen und zu bohren, was denn wohl gemeint sein könnte, und wenn wir dann nicht standhaft bleiben, geraten wir unweigerlich ins Spekulieren. Da tut Zurückhaltung Not.

Unsere Treffen zum prophetischen Gebet schließen mit dem Abschnitt der Anwendung: Wie kann der Betreffende mit der empfangenen Prophetie und der zugehörigen Auslegung etwas anfangen in seinem Leben? Im abschließenden Gebet segnen wir den Betreffenden unter Handauflegung, sprechen ihm Ermutigung oder Trost zu oder erbitten für ihn den Mut und die Kraft, die anstehende Veränderung umzusetzen.

Damit ist unser Dienst des prophetischen Gebets jedoch noch nicht zu Ende, sondern in der Regel bleibt mindestens einer aus unserem Gebetsteam für die nächsten Tage oder Wochen zumindest telefonischer Ansprechpartner, um gegebenenfalls auf weitere Fragen eingehen zu können. Gelegentlich erfolgt als Teil einer solchen Nachbetreuung auch eine gezielte Vermittlung an eine Vertrauensperson in der jeweiligen Heimatgemeinde des Betreffenden.

Die Gabe der Prophetie wird geschenkt zum Dienst in der Gemeinschaft, wobei Gemeinschaft mehr ist als ein zeitlich festgelegtes Zusammentreffen mehrerer Personen. Gemeinschaft hat mit Anteilnahme, echtem Interesse und Sorge um den Nächsten zu tun. Das sollten wir gerade beim prophetischen Gebet immer wieder neu beherzigen.

Ausklang

Nachdem Sie sich jetzt auf den letzten Seiten des Buches befinden und sehr viel über mich und meinen Mann Wolly, über unser Leben und über unsere Beziehung zu Jesus Christus erfahren haben, tendieren Sie möglicherweise dazu, einen Vergleich mit Ihrem persönlichen Leben zu ziehen und über Ihre eigenen Erfahrungen mit Gott nachzudenken. Vielleicht sind Sie enttäuscht und fragen sich: Warum habe ich keine prophetischen Träume, warum höre ich Gottes Stimme nicht oder nicht so oft, warum spricht Gott nicht klar in meinen Alltag hinein? Mir ging es lange Zeit genauso, dass ich mich mit anderen Menschen verglichen habe und gern so gewesen wäre wie sie: redegewandt, immer im Mittelpunkt stehend, von allen geliebt, beeindruckend durch ihre charmante Art, bewundert wegen ihrer geistlichen Begabungen usw. Durch die Vertiefung meiner Vertrauensbeziehung zu Jesus Christus ist mir jedoch klar geworden, dass ich einzigartig bin in seinen Augen – so, wie ich gerade jetzt bin. Ich muss mich nicht an anderen messen. Während eines Seminars im Herbst 2008 in einem französischen Kloster am Fuß der Vogesen sprachen Wolly und ich zu dem Thema: „Wie kann ich das Potential, das Gott in mich hineingelegt hat, entdecken und entwickeln?"

Bei der Vorbereitung der einzelnen Vorträge ist mir noch einmal bewusst geworden, dass die prophetische Gabe zwar ein Teil von mir ist, ich selbst aber ein Teil der Gemeinschaft bin, in die ich hineingestellt wurde. Diesen Menschen gegenüber habe ich eine Verantwortung, die ich nur dann richtig wahrnehmen kann, wenn ich die Gabe, die mir anvertraut ist, weiterentwickele und zugleich darin wachse. Doch mein Potential besteht nicht nur aus der Gabe oder gar mehreren Gaben. Ich selbst bin Potential – das, was mein Sein und Leben ausmacht ist genauso ein Potential wie meine Begabungen es sind. Dazu gehören auch meine Beziehungen, meine Ausbildung, die Lebensumstände, die Prüfungen des Lebens, mein Besitz, sei er groß oder klein, und vieles mehr.

Eines meiner Hauptprobleme war lange, dass es mir an Geduld fehlte. Wenn ich nun Eindrücke, Bilder, Träume oder Visionen bekam, musste ich Geduld lernen, denn alles ging zunächst an jemanden, der es prüfte. Die richtige Auslegung erforderte manchmal eine gewisse Zeit, und auch die Anwendung erfolgte nicht überstürzt, sondern aus der Ruhe heraus. Schließlich kam die Zeit des Abwartens hinzu: Trifft es wirklich ein, was ich gesehen habe? Wann werden die Verantwortlichen handeln, und was machen sie dann mit der Prophetie? So hat mich über viele Jahre hinweg die prophetische Gabe zur Geduld erzogen.

Prophetisch begabt zu sein heißt aber auch, mit Enttäuschungen, Unverständnis und manchmal Einsamkeit fertig werden zu müssen. Manche Menschen haben sich von mir zurückgezogen, da sie befürchteten, von mir „durchschaut" zu werden. Wenn Jesus zu mir redet, dann erhalte ich damit natürlich nicht die Fähigkeit, mit einem „seherischen" Blick alle Herzensgedanken meines Gegenübers lesen zu können. An dem einen oder anderen Beispiel in diesem Buch konnten Sie sehen, dass Gott mir gelegentlich gewisse Einzelheiten aus dem Leben eines Menschen zeigt, weil er denjenigen liebt und eine Veränderung zum Guten bewirken will – dieses Reden Gottes ist kein Selbstzweck und es steht in meiner Verantwortung, mit den mir anvertrauten Informationen richtig umzugehen.

Es gab aber auch Phasen, in denen Gott mir Negatives offenbart und mir Einblicke in gewisse Dinge gewährt hat, die mir gar nicht gefielen und mich sogar erschreckten. Mein Harmoniebedürfnis wurde dadurch empfindlich gestört – das ging sogar soweit, dass ich keine Prophetien mehr bekommen wollte. Doch auch diese Zeiten musste ich durchstehen. Diese Erlebnisse dienten dazu, mein Verständnis für die Dinge in der unsichtbaren Wirklichkeit zu verbessern. Andererseits konnte ich dadurch auch mehr von der Güte Gottes und seiner Geduld verstehen.

Mit der Gabe der Prophetie zu leben ist nicht immer einfach, doch nach der Erfahrung aus mehreren Jahrzehnten möchte ich Ihnen gleichwohl Mut machen und Ihnen zurufen: Lassen Sie sich auf das Reden Gottes ein – es lohnt sich!

Eine langwierige körperliche Erkrankung machte mir das ganze Jahr 2011 erheblich zu schaffen und schränkte mich so sehr ein, dass ich meine geplante Mitwirkung an verschiedenen prophetisch ausgerichteten Seminaren rückgängig machen musste. Die Ärzte verordneten mir neben den Medikamenten viel Ruhe, ausgiebigen Schlaf und nach Möglichkeit stressfreie Zeiten. Meine Gebete und Fragen nach dem Sinn dieser als „Zwangspause" empfundenen Phase beantwortete Gott auf eine ganz besondere Weise. Eines Nachts konnte ich nicht schlafen und erlebte in einer Art Vision die Gegenwart Gottes und sein Reden so stark, dass ich das Gefühl hatte, im Wort Gottes „gebadet" zu werden. Während einer Zeitspanne von rund zwei Stunden wurde ich insbesondere von den ersten fünf Versen von Psalm 103 innerlich und äußerlich regelrecht durchdrungen. Nach Monaten der Erschöpfung und Kraftlosigkeit fühlte ich mich am nächsten Morgen erfrischt und gestärkt wie schon seit Langem nicht mehr. Auch körperlich ging es mir viel besser.

Jetzt bete ich mehrmals täglich diese ersten fünf Verse aus Psalm 103 und spreche sie mir als persönliche Ermutigung Jesu zu: „Lobe den Herrn, meine Seele, und alles, was in mir ist, seinen heiligen Namen! Lobe den Herrn, meine Seele, und vergiss nicht, was er dir Gutes getan hat! Der dir alle deine Sünden vergibt und alle deine Gebrechen heilt; der dein Leben vom Verderben erlöst und dich krönt mit Gnade und Barmherzigkeit; der dein Alter mit guten Gaben sättigt und deine Jugend erneuert wie das Gefieder eines Adlers."[151]

Auch wenn der Prozess der körperlichen Heilung nicht so rasch vorangeht, wie ich es mir wünsche, hat das Erleben und Durchleben dieses Jahres meine Vertrauensbeziehung zu Jesus Christus gestärkt und vertieft. Ich schlafe jetzt wieder gut und träume deshalb mehr. In prophetischen Träumen macht Jesus mich auf verschiedene Dinge aufmerksam, die ihm wichtig sind. Auch eine weitere Erfahrung habe ich gemacht: Wenn ich krank bin und deshalb nicht schlafen kann, kommen auch keine Träume. Doch Jesus spricht dann eben auf andere Weise zu mir, durch sein Wort in der Bibel oder durch innere Bilder und Eindrücke, die ich beim Gebet bekomme. Jesus ist wirklich kreativ, wenn er mir etwas mitteilen möchte. Jetzt möchte ich bei Ihnen aber keine falschen Vorstellungen wecken. Ich warte nicht auf Träume, Visionen, innere Bilder und Eindrücke, um mein Leben zu gestalten, sondern ich tue das, was mir vor den Füßen liegt, was also jeden Tag „dran" ist. Dabei lesen Wolly und ich in der Bibel und beten, haben Gemeinschaft mit anderen Christen und tauschen uns mit ihnen aus, und in diesen Tagesablauf spricht Jesus immer wieder hinein, um manches zu bestätigen, anderes zu korrigieren oder als Wegweisung eine neue Richtung vorzubereiten.

Wie könnten Sie jetzt damit anfangen, Ihr Leben umzugestalten und ähnliche Erfahrungen wie wir beide zu machen? So wie das Reden und Hören unter uns Menschen in einer Beziehung geschieht, hat auch das Reden Gottes seinen Platz in der Beziehung zu ihm. Das gilt auch für das Hören. Eine Beziehung – ihre Entwicklung, Vertiefung und Pflege – erfordert Zeit. Nehmen Sie sich diese Zeit, indem Sie täglich in der Bibel lesen und das Wort Gottes auf sich wirken lassen. Sehen Sie das tägliche Gebet als eine Einladung für ein Gespräch mit Gott an. Bringen Sie ihm Ihre Fragen und erwarten Sie, dass Gott Ihnen antwortet. Lernen Sie, hinzuhören und seine oft leisen Impulse zu erfassen. Das erfordert Geduld, doch nach einer gewissen Zeit der Einübung werden Sie feststellen, dass es anfängt, Ihnen Freude zu machen. Und genau das ist es, was ich Ihnen von ganzem Herzen wünsche!

---

[151] nach Luther, Bruns, Schlachter

Literaturverzeichnis

Aschoff, Friedrich u.a.: *Prophetie – ein Werkstattheft.* GGE-Verlag, Hamburg 1992

Aschoff, Friedrich und Toaspern, Paul: *Die Gaben des Heiligen Geistes.* GGE-Verlag, Hamburg, 2. Auflage 2007

Berger, Klaus und Nord, Christiane: *Das Neue Testament und frühchristliche Schriften.* Insel Verlag, Frankfurt/Main und Leipzig 1999

Bevere, John: *Spricht so der Herr?* Adullam-Verlag, Grasbrunn 2002

Bickle, Mike und Sullivant, Michael: *Prophetie oder Profilneurose.* Projektion J / Gerth Medien, Asslar 1996

Bockmühl, Klaus: *Leben mit dem Gott, der redet.* Brunnen-Verlag, Gießen, 2. Auflage 2002

Bühne, Wolfgang: *Die Propheten kommen!* Christl. Literatur-Verbreitung e.V., Bielefeld, 2. Auflage 1995

Christenson, Larry: *Komm, Heiliger Geist!* Ernst Franz Verlag, Metzingen/Württemberg 1989

Conner, Kevin: *Interpreting the Symbols and Types.* City Bible Publishing Portland, Oregon USA 1992

Deere, Jack: *Überrascht von der Kraft des Heiligen Geistes.* Projektion J / Gerth Medien, Asslar 1995

Deere, Jack: *Überrascht von der Stimme Gottes.* Projektion J / Gerth Medien, Asslar 1997

Deere, Jack: *Das Geschenk der Prophetie.* Projektion J / Gerth Medien, Asslar 2001

Edel, Reiner-Friedemann: *Gott spricht mit mir.* Verlag Dr. R. F. Edel, Lüdenscheid 2006

Fitzpatrick, Graham: *Gottes Stimme erkennen.* STIWA Druck und Verlag, Urbach,3. Auflage 1993

Föller, Oskar: *Charisma und Unterscheidung.* Brockhaus Verlag, Wuppertal, 2. Auflage 1995

Gire, Ken: *Windows Of The Soul.* Zondervan Publishing House, Grand Rapids, Michigan USA 1996

Großmann, Siegfried: *Haushalter der Gnade Gottes.* Oncken-Verlag, Wuppertal und Kassel, 2. Auflage 1978

Großmann, Siegfried: *Der Geist ist Leben.* Oncken-Verlag, Wuppertal und Kassel, 2. Auflage 1991

Großmann, Siegfried: *Weht der Geist, wo wir wollen?* Oncken-Verlag, Wuppertal und Kassel, 1995

Grudem, Wayne: *Die Gabe der Prophetie.* Immanuel Verlagsgesellschaft, Nürnberg 1994

Hayes, Norvel: *Und du wirst Visionen haben.* Aufbruch-Verlag, Berlin 1996

Hedgecock, Joseph C.: *Meine Schafe hören meine Stimme.* J. C. Hedgecock Publications, Tulsa, 2002

Heller, Adolf: *200 biblische Symbole.* Paulus-Verlag Karl Geyer, Heilbronn, 7. Auflage 2001

Horton, Harold: *Die Gaben des Geistes.* Leuchter-Verlag, Erzhausen, 2. Auflage 1978

Hybels, Bill: *Gottes leise Stimme hören.* Gerth Medien, Asslar, 2. Auflage 2011

Jacobs, Cindy: *Der Prophet in dir.* Asaph-Verlag, Lüdenscheid 1996

Kaldewey, Jens: *Die starke Hand Gottes.* C & P Verlag, Emmelsbüll 2001

Kendall, R. T.: *God Meant It For Good.* Morning Star Publications, Charlotte, North Carolina USA 1988

Kischkel, Arnd: *Auf Gottes Stimme hören.* Glory World Medien, Bruchsal 2006

Kühn, Ulrich: *Träume – die vergessene Sprache Gottes.* R. Brockhaus Verlag, Wuppertal 2003

Langenberg, Heinrich: *Die prophetische Bildsprache der Apokalypse.* Ernst Franz Verlag, Metzingen, 3. Auflage 1999

Marshall, Catherine: *Gott hat keine Enkel.* Friedrich Bahn Verlag, Konstanz 1970

Milligan, Ira: *Träume deuten, Träume verstehen.* Aufbruch-Verlag, Berlin 2007

Mühlan, Eberhard: *Führung durch den Heiligen Geist.* STIWA Druck und Verlag, Urbach, 2. Auflage 1983

Pytches, David: *Redet Gott heute noch?* Leuchter-Verlag, Erzhausen 1990

Pytches, David: *Some Said It Thundered.* Thomas Nelson Publishers, Nashville, Tennessee USA 1991

Richter, Arthur: *Auf der Suche nach Freiheit.* R. Brockhaus Verlag, Wuppertal, 20. Auflage 1986

Richter, Arthur: *Leben aus erster Hand.* R. Brockhaus Verlag, Wuppertal, Nachdruck 1987

Rust, Heinrich Christian *Charismatisch dienen – Gabenorientiert leben.* Oncken Verlag, 2006

Ryle, James: *Ein Traum wird wahr.* Verlag R. Hassmann, Fürth 1999

Ryle, James: *Das Nilpferd, der Garten und die Stimme Gottes.* Projektion J / Gerth Medien, Asslar 1993

Sandford, John: *Elia mitten unter uns.* Asaph-Verlag, Lüdenscheid 2003

Sandford, John und Paula: *Elias Auftrag.* Verlag Gottfried Bernard, Solingen 1992

Schmidt, Ursula und Manfred: *Hörendes Gebet.* GGE-Verlag, Hamburg 2004

Sjöberg, Kjell: *Prophetische Gemeinde.* Immanuel Verlagsgesellschaft, Nürnberg 1994

Spangler, Ann: *Ich hatte einen Traum ...* Brunnen-Verlag, Basel und Gießen 1999

Thompson, Steve: *Alle können prophetisch reden.* Schleife-Verlag, CH-Winterthur 2000

Traut, Ed: *Der Herr redet.* Aufbruch-Verlag, Berlin 1995

van Niekerk, Hennie: *Die Deutung von Träumen und Visionen*, Bd. 1. Prophetic Voice Ministries, Pretoria, 1994

van Niekerk, Hennie: *Die Deutung von Träumen und Visionen*, Bd. 2. Prophetic Voice Ministries, Pretoria, 1996

Warren, Rick: *Leben mit Vision.* Projektion J / Gerth Medien, Asslar 2003

Wendel, Ulrich: *Die erstrebenswerte Gabe.* Aussaat-Verlag, Neukirchen-Vluyn 2000

White, John: *Die Sache mit der Führung.* Verlag der Francke-Buchhandlung, Marburg 1982

Wimber, John: *Vollmächtige Evangelisation.* Projektion J / Gerth Medien, Asslar 1986

Wimber, John: *Heilung in der Kraft des Geistes.* Projektion J / Gerth Medien, Asslar 1987

Wimber, John und Springer, Kevin: *Fundamente für geistliches Wachstum.* Projektion J / Gerth Medien

Soweit manche Bücher vergriffen sind, können sie eventuell noch antiquarisch erworben werden. Über das Zentralverzeichnis antiquarischer Bücher kann man viele bereits vergriffene Titel noch käuflich erwerben: www.ZVAB.com

Ursula und Manfred Schmidt
Hörendes Gebet.
Grundlagen, Praxis, Wachstum
Erweiterte Neuauflage 2009
€ 8.95, 152 Seiten
ISBN 978-3-980834049

Das vorliegende Buch aus der Reihe „GGE thema" ist aus der Erfahrung vieler Seminare zu dem Thema „Hörendes Gebet" entstanden. Es vermittelt nicht nur die geistlichen Grundlagen in kompakter Form, sondern liefert zugleich viele Hinweise zur Umsetzung. Einige Kapitel widmen sich dem Empfangen von Eindrücken, ihrer verantwortlichen Auslegung, sowie der Anwendung. In Kleingruppen können diese Dinge praktisch geübt, vertieft und reflektiert werden. Verschiedene Möglichkeiten werden vorgestellt, „Hörendes Gebet" und prophetisches Reden in eine Gemeinde zu integrieren, sei es durch einen sogenannten „Gästeabend" oder im Gottesdienst.

Einfach online in unserem Webshop bestellen!
Ab 25,00 € Einkaufswert versandkostenfreie Lieferung.
www.gge-verlag.de

Geistliche Gemeinde-Erneuerung
in der Evangelischen Kirche